O cérebro na infância

Um guia para pais e educadores
empenhados em formar
crianças felizes e realizadas

Proibida a reprodução total ou parcial em qualquer mídia
sem a autorização escrita da editora.
Os infratores estão sujeitos às penas da lei.

A Editora não é responsável pelo conteúdo deste livro. A Autora conhece os fatos narrados, pelos quais é responsável, assim como se responsabiliza pelos juízos emitidos.

Consulte nosso catálogo completo e últimos lançamentos em **www.editoracontexto.com.br**.

MARIANA PEDRINI UEBEL

O cérebro na infância

Um guia para pais e educadores
empenhados em formar
crianças felizes e realizadas

Copyright © 2022 da Autora

Todos os direitos desta edição reservados à
Editora Contexto (Editora Pinsky Ltda.)

Foto de capa
Shirota Yuri/Unsplash

Montagem de capa e diagramação
Gustavo S. Vilas Boas

Ilustrações de miolo
Ivo Nikaitow (págs. 17, 25, 27 e 139)

Coordenação de textos
Luciana Pinsky

Preparação de textos
Lilian Aquino

Revisão
Mariana Carvalho Teixeira

Dados Internacionais de Catalogação na Publicação (CIP)

Uebel, Mariana Pedrini
O cérebro na infância : um guia para pais e educadores
empenhados em formar crianças felizes e realizadas /
Mariana Pedrini Uebel. – 1. ed., 3ª reimpressão. –
São Paulo : Contexto, 2025.
304 p. : il.

Bibliografia
ISBN 978-65-5541-172-0

1. Crianças – Cérebro – Desenvolvimento
2. Lactentes – Cérebro – Desenvolvimento
3. Crianças – Aprendizagem I. Título

22-1540	CDD 618.928

Angélica Ilacqua – Bibliotecária – CRB-8/7057

Índice para catálogo sistemático:
1. Crianças – Cérebro – Desenvolvimento

2025

Editora Contexto
Diretor editorial: *Jaime Pinsky*

Rua Dr. José Elias, 520 – Alto da Lapa
05083-030 – São Paulo – SP
PABX: (11) 3832 5838
contato@editoracontexto.com.br
www.editoracontexto.com.br

Ao meu marido, Paulo, um pai incrível e meu maior incentivador.
Às minhas filhas, Stella e Gabriela, minha verdadeira inspiração.
Aos meus pais, Pedrini e Rosana, pelo amor e apoio incondicional.
Ao meu irmão, Marcelo, pela cumplicidade e parceria desde sempre.

Sumário

INTRODUÇÃO 9

O FUNCIONAMENTO CEREBRAL 13
    Como o cérebro se desenvolve 13
    Natureza *versus* criação 29
    O papel do sexo e do gênero 35
    Transmissão de valores e virtudes 47

O BEBÊ E SEUS PAIS 53
    Mãe saudável, bebê saudável 53
    Os bebês precisam de previsibilidade 59
    Estilos parentais 67

COMO DESENVOLVER
O CÉREBRO E AS EMOÇÕES DA CRIANÇA ... 79

Movimento ... 79

Comunicação ... 90

Alimentação ... 105

Sono ... 116

Autorregulação:

controle de impulsos e regulação emocional ... 133

Birras e castigo: o que fazer? ... 161

O MUNDO NA INFÂNCIA ... 187

Brincar ... 187

Música ... 204

Amizade e empatia ... 213

Realização ... 228

Resiliência e esforço ... 242

Bullying ... 255

Telas e aparelhos eletrônicos ... 268

POSFÁCIO ... 287

BIBLIOGRAFIA ... 293

A AUTORA ... 299

Introdução

Acompanhar o crescimento de uma criança é fascinante. A cada dia ela evolui e aprende. O que ontem era impossível, hoje é uma conquista e amanhã já se tornará rotina. Mas como funciona seu cérebro e como nós, pais, podemos ajudá-la a desenvolver todo o seu potencial? Em primeiro lugar, é importante conhecermos, de forma geral, o funcionamento do cérebro e como é o seu desenvolvimento na infância. A influência do meio ambiente, da cultura, assim como o tipo de educação que a criança recebe são extremamente importantes.

Se quisermos que nossos filhos, no futuro, tenham uma vida satisfatória, produtiva e feliz, sejam quais forem suas escolhas pessoais e profissionais, precisamos pensar nisso enquanto são pequenos. Até os 6 anos, preferencialmente. Parece muito cedo? Pois não é. A Neurociência tem mostrado que o cérebro do bebê, além de ter uma excelente plasticidade, apresenta janelas ótimas de desenvolvimento: períodos sensíveis em que a criança tem maiores condições de adquirir novas habilidades, totalmente dependentes de experiências, nos primeiros anos de vida.

Nas páginas deste livro, você vai descobrir como moldar um cérebro eficiente, que seja capaz de reconhecer seus limites e suas potencialidades, que consiga transformar as capacidades biológicas em habilidades cognitivas e socioemocionais, ajudando seu filho a solucionar problemas e a trilhar seu próprio caminho pela vida. Os bebês nascem com muita garra, com uma intensa motivação para aprender. Eles não sabem se a tarefa é fácil ou difícil, se vale a pena ou não tentar. Sem medo de falhar, eles seguem em frente em busca de desafios. Esse entusiasmo genuíno é que deve ser mantido nas crianças e jovens.

Muitas vezes, com a melhor das intenções, nós superprotegemos nossos filhos, procurando evitar que tenham qualquer tipo de frustração ou sofrimento. Porém, como veremos ao longo deste livro, isso não é desejável do ponto de vista do desenvolvimento cerebral. Devemos achar o equilíbrio entre a superproteção e a negligência, criando oportunidades para que nossos filhos aprendam a superar as inevitáveis adversidades da vida em um ambiente protegido e com o nosso suporte nos seus primeiros anos.

Somos os principais educadores de nossas crianças. Embarcamos em uma viagem e estamos no comando do barco: a responsabilidade é nossa. Nessa jornada, o que elas mais precisam é de pais atentos e amorosos, que, mesmo com medo de errar, sigam seu coração e se divirtam genuinamente na criação delas. É um privilégio ser o

Introdução

comandante dessa nova vida e poder acompanhar a formação e o desenvolvimento da personalidade de um ser humano desde o nascimento. Por isso, a educação de seus filhos não pode ser delegada.

Como médica psiquiatra e neurocientista, atendendo tantas crianças e suas famílias, me dei conta de que a maioria dos pais entende a importância do cérebro do seu filho. Mas, ao mesmo tempo, não tem ideia de como promover seu desenvolvimento saudável. Assim como os músculos do corpo, o cérebro da criança pode ser estimulado e enriquecido, desde antes do seu nascimento, sendo modificado, melhorado e aperfeiçoado continuamente.

Parte do meu trabalho é educar, seja em palestras, entrevistas ou programas de TV. Meu objetivo é desfazer mitos e esclarecer conceitos sobre como podemos promover hábitos que favoreçam a saúde mental, realizando a verdadeira prevenção dos transtornos emocionais e de comportamento. Para ter uma comunicação efetiva, é preciso explicar não somente o *como* e o *quê* acontece no nosso cérebro, mas principalmente o *porquê*. Assim como acontece com as crianças, que obedecem com mais facilidade quando explicamos o motivo, nós, adultos, também temos a tendência de aderir melhor a mudanças importantes quando entendemos seu significado.

Quando estava grávida, li livros incríveis e artigos científicos interessantes. Porém, cada um deles tratava de um assunto, muitos não estão disponíveis em português e poucos falam sobre o cérebro da criança. Depois, quando me tornei mãe das gêmeas, Stella e Gabriela (a Gabi, como gosta de ser chamada), passei a estudar ainda mais sobre o desenvolvimento e a educação infantil. No momento em que tais assuntos são abordados, as informações tendem a ser desconexas e divergentes demais. Agora, escrevi o livro que gostaria de ter lido naquela época: a reunião das principais pesquisas, minha experiência atendendo diversas famílias ao longo dos anos, além da minha vivência pessoal, sendo mãe de duas meninas.

Neste livro, você encontrará os achados mais atuais em neurociência e será capaz de entender o funcionamento cerebral de forma fácil e descomplicada. A primeira parte traz noções básicas do desenvolvimento e funcionamento do cérebro, além da importância da transmissão de valores e virtudes na primeira infância. Na segunda parte, vamos descobrir como a saúde materna e o relacionamento do bebê com seus pais influencia o seu neurodesenvolvimento. Qual a relação entre o cérebro e as emoções da criança? Esse é o tema da terceira parte da obra, que também aborda como lidar com as inevitáveis birras e a polêmica gerada quando o assunto é o castigo. Por fim, na última parte do livro, são apresentados temas relacionados ao mundo da infância, como a importância do brincar, da música e da amizade, junto de conceitos como realização e resiliência, além de *bullying* e uso de tecnologia.

Estudamos e nos aperfeiçoamos para tantas coisas, por que não fazer o mesmo em relação à educação infantil? Uma família feliz e harmoniosa é aquela que tem convicção de suas escolhas, da forma como educa os filhos e orienta seu desenvolvimento. E tudo isso começa na informação que você recebe e na forma como a aplica. É claro que fazemos escolhas e agimos de acordo com o nosso instinto e com o que aprendemos com os nossos pais. Mas há vezes em que queremos fazer de forma diferente e não sabemos por onde começar. O objetivo deste livro é trazer informações preciosas, baseadas em ciência, para pais, avós, familiares, educadores, gestores e formuladores de políticas públicas, além de profissionais que trabalham com crianças e suas famílias. O que propomos aqui é muita reflexão, seguindo sua intuição! Pense neste livro como um guia sobre o cérebro e seu funcionamento, que vai abrir portas para que você seja um melhor pai ou uma melhor mãe.

As histórias que ilustram este livro foram retiradas de experiências reais. Os nomes e as informações dos pacientes, cujos casos clínicos são apresentados, foram alterados para impedir sua identificação.

O funcionamento cerebral

COMO O CÉREBRO SE DESENVOLVE

A arquitetura básica do cérebro é construída por meio de um processo contínuo que começa antes do nascimento e se mantém até a idade adulta. As primeiras experiências afetam a qualidade dessa arquitetura, estabelecendo uma base sólida ou frágil para todos os eventos de aprendizado, saúde e comportamento que se seguem ao longo do tempo. Nos primeiros anos de vida, mais de 1 milhão de novas conexões neurais são formadas a cada segundo. Após esse período de rápida proliferação, as conexões são reduzidas por meio de um processo chamado "poda", para que os circuitos cerebrais se tornem mais eficientes.

Mesmo pesando em média de 1,2 kg a 1,5 kg, o cérebro é, sem dúvida, a mais complexa massa de matéria conhecida no universo e sua formação depende de dois processos simples, mas extremamente potentes:

- **Superprodução:** nos primeiros anos de vida, o cérebro produz muito mais células e conexões do que as que podem sobreviver. Durante o primeiro ano de vida, o número de sinapses no cérebro de uma criança aumenta mais de dez vezes. Por volta dos 2 ou 3 anos, uma criança tem cerca de 15 mil sinapses por neurônio. Há diversos fatores que contribuem para o crescimento, como vários nutrientes, mas há também um limite de espaço no crânio.

- **Eliminação:** após essa vasta superprodução, ocorre uma etapa feroz e competitiva, na qual as células cerebrais e as conexões lutam pela sobrevivência. Apenas uma pequena porcentagem das células e conexões consegue permanecer. A poda sináptica é um processo natural, que ocorre no cérebro entre a primeira infância e a vida adulta, tendo início perto do nascimento e durando até por volta dos 25 anos. Seu período mais intenso ocorre entre 2 e 10 anos de idade. Nessa época, 50% das sinapses são eliminadas. A poda continua até a adolescência, mas não tão intensa quanto antes, quando o número total de sinapses começa a se estabilizar.

O cérebro de um recém-nascido tem aproximadamente 25% do tamanho do de um adulto. Já nos primeiros 3 anos de vida, o órgão passa por um rápido crescimento e desenvolvimento, sendo que seu tamanho aumenta três vezes no período. A formação de **sinapses**, os locais de comunicação entre os neurônios, células nervosas, é tão abundante

O funcionamento cerebral

que por volta de 3 anos a densidade sináptica é mais alta do que em qualquer momento da vida, e pelo menos 50% maior do que no adulto.

Antes do nascimento, os neurônios proliferam, migram e se agregam para formar o *"hardware"* do cérebro em desenvolvimento. O sistema intrauterino provê experiências que exercem influências no comportamento do feto, que por sua vez faz avançar o desenvolvimento cerebral. Dessa forma, desde a concepção, esse órgão está criando neurônios e células específicas a uma velocidade incrível: 250 mil células nervosas por minuto.

A atividade cerebral é intensa nos primeiros anos de vida. Os pesquisadores examinam o uso de energia do cérebro por meio de um exame de neuroimagem que detecta a glicose radiomarcada chamado PET-Scan (Tomografia de Emissão de Prótons), mostrando que o tecido cerebral da criança usa duas vezes mais energia que o cérebro de um adulto. A taxa de consumo de glicose, que serve de combustível aos neurônios, tem um pico de atividade aos 3 anos. Ocorre um platô no seu metabolismo entre 4 e 10 anos de idade, com um declínio gradual para os níveis de adulto no final da adolescência.

É provável que você já tenha ouvido falar da **substância cinzenta**, que é a superfície dos hemisférios cerebrais, em grande parte composta de neurônios densamente compactados. Graças à tecnologia de exames de imagem, como a ressonância magnética, cientistas foram capazes de observar o que acontece em nosso cérebro durante a infância e a adolescência. Quando Jay Giedd, um proeminente neurocientista do National Institute of Mental Health, passou a acompanhar um grupo de crianças, examinando-as em intervalos de dois anos, ele constatou que aos 6 anos o cérebro já apresenta 95% do tamanho do órgão de um adulto. A região pré-frontal, responsável pelo aprendizado e pela memória, tem uma segunda onda de superprodução de células no início da adolescência, além da que acontece nos primeiros anos de vida. Com isso, ocorre um espessamento real da camada cortical – como uma árvore que desenvolve ramos, galhos e raízes – e o volume total do cérebro tem seu pico, em média, aos 11 anos de idade para as meninas e aos 14 anos para os meninos. Mas ele não estará totalmente maduro em termos de seu desenvolvimento e funcionamento até por volta dos 25 anos de idade.

Por baixo da substância cinzenta do cérebro, encontramos a **substância branca**, uma massa de cabos de comunicação (axônios), que são as partes dos neurônios responsáveis pela condução dos impulsos elétricos em diferentes partes do cérebro. Esses "cabos" são revestidos pela mielina, estrutura que lhes confere a cor branca que aparece nos exames de imagem de ressonância magnética. A mielina é uma camada lipoproteica, uma substância "gordurosa" que isola a membrana celular ao redor do axônio, envolvendo e protegendo a sua condução e tornando a transmissão da mensagem nervosa mais rápida e eficaz ao redor do cérebro. Ela não apenas maximiza a velocidade de transmissão e processamento entre os neurônios, mas também modula o tempo e a sincronia dos padrões de disparo neuronais que criam as redes funcionais no cérebro, contribuindo para a neuroplasticidade, como veremos a seguir.

Um achado importante dos estudos de neuroimagem longitudinais foi que enquanto as regiões sensoriais e motoras do cérebro tornam-se totalmente mielinizadas (revestidas de mielina) nos primeiros anos de vida, a mielinização no córtex pré-frontal continua até a adolescência, sendo a última parte do cérebro a amadurecer. Assim, a sequência na qual o córtex amadurece, como veremos, está de acordo com as funções relevantes para o desenvolvimento cognitivo e funcional da criança.

Dessa forma, as partes do cérebro associadas às **funções mais básicas** do ser humano amadurecem precocemente, como as áreas **motoras e sensoriais**. Essas conexões, as sinapses, têm origem e se fortalecem pela experiência do bebê com o mundo por meio dos sentidos, como audição, visão, tato, olfato e paladar. Quando o bebê prova o leite materno, escuta uma música, toca em algo macio ou áspero, tais sensações são levadas da periferia do corpo ao cérebro, que serve como centro processador da informação. Com isso, o órgão forma e molda "vias", ou "redes neuronais", responsáveis por organizar as mais diversas funções cerebrais.

Essas redes não são isoladas, dependem umas das outras, e entender a conexão entre elas é parte do grande desafio da neurociência.

As conexões sensoriais são seguidas por áreas envolvidas **no desenvolvimento da linguagem**. Mais tarde, por último na sequência, vêm outras áreas responsáveis pelas **funções executivas**, que realizam o processamento das informações no cérebro, incluindo todas as memórias, a organização, o planejamento e a velocidade de pensamento, controle de impulsos e tempo de persistência nas tarefas.

As funções executivas representam o último grupo da cognição a concluir seu desenvolvimento, que tem início no primeiro dia de vida e continua durante a idade adulta até por volta dos 25 anos. Curiosamente, durante esse período, a poda ocorre sobretudo no córtex pré-frontal, que é a parte do cérebro fortemente envolvida nos processos de tomada de decisão, desenvolvimento da personalidade e pensamento crítico. A simplificação desses circuitos neurais pode explicar o aumento nas habilidades cognitivas, que ocorre no final da adolescência e início dos 20 anos.

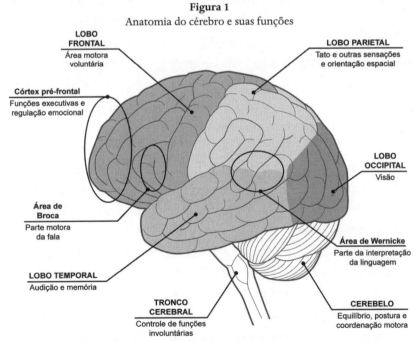

Figura 1
Anatomia do cérebro e suas funções

O cérebro é um órgão complexo que controla o pensamento, a memória, a emoção, os sentidos e as habilidades motoras, a linguagem, a respiração, a temperatura, a fome e todos os processos que regulam nosso corpo.

O cérebro na infância

Ao mesmo tempo que ocorre uma superprodução de neurônios, com formação de ramos e conexões extras, além do amadurecimento cerebral, com o processo de mielinização, se dá a **poda
neural,** ou *pruning*. Por esse processo, algumas sinapses não usadas
são aparadas, abrindo espaço para novas. Do ponto de vista evolutivo, em um primeiro momento é como se o cérebro estivesse
preparado para lidar com qualquer situação. Porém, quando ele
estabelece o que vai ser útil, acaba se livrando da bagagem em excesso logo no início da vida. Muitas vezes, usamos a metáfora da
lapidação para descrever esse processo, como um escultor que la-
pida as porções de pedra bruta existentes para produzir o resultado
final que se deseja. Dessa forma, podemos dizer que maior não é
necessariamente melhor; caso contrário, o pico da função cerebral
ocorreria aos 11 ou 12 anos, o que, como sabemos, não é verdadeiro. Isso também ajuda a explicar porque o tamanho do cérebro não
está necessariamente relacionado diretamente à inteligência.

As sinapses que são "exercitadas" pela experiência tornam-se
mais fortes, enquanto outras ficam mais fracas e são eventualmente
eliminadas. Ou seja, o cérebro humano, de forma muito elegante,
cria redes neuronais por meio da superabundância, acompanhada
de podas. As células e conexões que forem usadas sobrevivem e flo-
rescem. Porém, as células e conexões que não forem usadas "mur-
cham" e morrem. O cérebro não "desaprende" com a poda neural,
ele otimiza sua função, uma vez que somente as conexões inúteis
ou não utilizadas são as descartadas (podadas). Esse é um processo
natural, fisiológico, que acontece desde a infância até o início da
idade adulta com o objetivo de tornar os processos cerebrais mais
eficientes, eliminando vias neurais desnecessárias ou redundantes.

Em princípio, pode parecer ineficiente criar um excesso de conexões com o objetivo de remover muitas delas mais tarde. Mas é
justamente o contrário: estudos recentes sugerem que a poda seletiva otimiza os circuitos do cérebro. Um grupo de pesquisadores
criou redes neurais simuladas, por meio de experimentos de biologia

computacional, para observar como a remoção de determinadas sinapses molda a estrutura e a função da rede, comparando diferentes taxas de transmissão e tempos de eliminação das conexões. Os cientistas concluíram que os avanços do funcionamento cerebral decorrem de ele conseguir eliminar, por intermédio da poda, certas conexões. Por isso, quando adicionamos mais informações ao cérebro, ele não aumenta de tamanho, o que aumenta é o número de neurônios e a complexidade de sua rede por meio de poda e "crescimento" contínuos e ativos das conexões cerebrais.

No passado, havia a ideia de que o cérebro era estático e de que as coisas eram, em grande parte, definidas em idades muito precoces. Agora, sabemos que isso não é verdadeiro: o cérebro tem uma enorme capacidade de mudança durante as diferentes fases da vida graças a uma caraterística que a neurociência chama de **neuroplasticidade**. Dá-se esse nome à condição que o sistema nervoso tem de modificar suas propriedades funcionais e morfológicas em resposta às experiências por que passamos. Ou seja, o cérebro se adapta às mudanças, reorganizando os neurônios e as conexões sinápticas a partir dos aprendizados e das experiências vivenciadas. E como sabemos disso? Exames de neuroimagem, como a ressonância magnética funcional, mostram as mudanças cerebrais em resposta a certos estímulos, assim como partes do cérebro que não estão em uso sendo podadas.

O cérebro tem essa capacidade, que é fundamental para o movimento, a coordenação motora, o aprendizado e a forma como nos relacionamos com as outras pessoas, durante toda a vida, sendo ainda mais importante nos primeiros anos. Principalmente entre 0 e 6 anos, o cérebro exibe uma neuroplasticidade extraordinária, ele é extremamente moldável, refinando os circuitos cerebrais em resposta às experiências ambientais: as sinapses são construídas, fortalecidas, enfraquecidas e eliminadas conforme a demanda.

Atualmente, os neurocientistas procuram entender quais são as experiências capazes de guiar a plasticidade cerebral. Como podemos otimizar a capacidade do cérebro de aprender? Estamos, como pais, fazendo um bom trabalho? O desafio, nos dias de hoje, é preencher a lacuna entre a Neurociência e a orientação prática para pais, professores e sociedade como um todo: *o que podemos fazer para ajudar a criança a otimizar o desenvolvimento de seu próprio cérebro?* Sabemos que se uma criança está fazendo aula de música ou de esportes, ou recebendo o carinho e a atenção dos seus pais, essas são as células neuronais que serão conectadas e fortalecidas. Por outro lado, caso a mesma criança esteja sentada no sofá jogando *games* no *tablet*, assistindo ao YouTube ou a desenhos infantis, essas são as células e conexões que irão sobreviver.

Tendo em mente o conceito de neuroplasticidade, podemos usá-lo a nosso favor e orientar nossos filhos desde o início para desenvolverem características que os ajudarão a levar uma vida significativa e bem-sucedida. Portanto, a aprendizagem e o desenvolvimento cerebral, durante a infância e além, podem ser considerados principalmente uma função de eliminação de associações desnecessárias e manutenção daquelas que são usadas.

Como já conversamos, a Neurociência mostra que o nosso cérebro é mais adaptável do que antes se acreditava. Isso significa que sempre somos capazes de mudar para melhor. Quanto mais praticamos hábitos novos e aprimoramos habilidades, melhor nossa performance se torna. Aqui vale aplicar os famosos conceitos da Neurociência "use-a ou perca" e "use-a e melhore" para exemplificar a importância da experiência nas conexões cerebrais. Ou seja, devemos prestar atenção nas funções e habilidades que estamos estimulando, pois quanto mais uma determinada área cerebral for usada, mais fortes e especializadas serão suas conexões.

Veremos ao longo deste livro que os circuitos cerebrais se organizam e reorganizam em resposta às interações do bebê com seu ambiente. Daí a importância de expormos os bebês a uma variedade de experiências positivas, como falar, acariciar, ler, cantar e brincar em diferentes ambientes. Tudo isso não só os ajuda a entrar em sintonia com a linguagem de sua cultura, mas também constrói

O funcionamento cerebral

uma **base** para o desenvolvimento da atenção, da cognição, da memória, das habilidades sensoriais, motoras e socioemocionais, que ajudarão os bebês a alcançarem seu potencial mais tarde.

Segundo a neuropsicóloga Rochele Fonseca, pesquisadora com vasta experiência na primeira infância, as janelas ótimas de desenvolvimento são períodos críticos, mais sensíveis, quando para cada fase da criança há maior chance de ela transformar capacidades biológicas de redes neurais em determinadas habilidades socioemocionais e cognitivas.

As funções executivas, por exemplo, têm seu pico de desenvolvimento aos 3 anos de idade, quando o cérebro depende da interação social (do relacionamento da criança com seus pares, pais e cuidadores) para desenvolver as redes neurais responsáveis por essas funções. Até 3 anos, aproximadamente, também é a melhor fase de promoção do desenvolvimento de palavras e de compreensão e expressão de linguagem pela conversação, por contação de histórias e leitura em família. Tudo isso deve ocorrer antes que venha um dos mais impactantes momentos de poda neural, entre os 2 e 3 anos, quando os neurônios que não estão sendo usados são removidos por economia cerebral por não terem sido alvo da transposição da capacidade biológica em habilidade cognitiva, que é a forma como o cérebro se manifesta na vida.

Vamos imaginar que o cérebro do bebê já venha com rotas pré-programadas, que devem ser usadas em um momento específico de acordo com suas experiências com o ambiente. Se esses caminhos não são usados, o cérebro entende que eles não são importantes, sua existência deixa de fazer sentido e sua rota acaba "saindo do mapa". Por ter permanecido em desuso, quando o cérebro precisar usar essa rota, ela deve ser toda refeita, levando mais tempo e dando mais trabalho do que antes, já que o cérebro "esqueceu" o caminho.

No processo de proliferação e poda, as conexões neurais mais simples se formam primeiro, seguidas por circuitos mais complexos. O momento em que a poda sináptica inicial ocorre em determinada região do cérebro é principalmente influenciado pelos genes.

21

Mais tarde, é baseado nas experiências. Em outras palavras, o fato de uma sinapse ser podada ou não é influenciado pelas experiências que uma criança em desenvolvimento tem com o mundo ao seu redor, determinando se os circuitos são fortes ou fracos.

As vias sensoriais, como as da visão e audição básicas, são as primeiras a se desenvolver, seguidas pelas primeiras habilidades de linguagem e funções executivas, incluindo a capacidade de autorregulação emocional.

Figura 2
Desenvolvimento do cérebro durante a vida

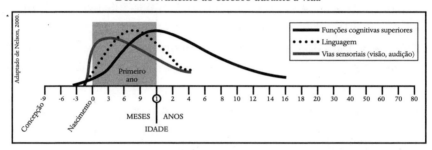

O desenvolvimento das conexões neurais das diferentes funções do cérebro ocorre sequencialmente ao longo do tempo em um processo contínuo que começa antes do nascimento e continua até a idade adulta.

Nos primeiros dois anos de vida, por exemplo, o cérebro é extremamente sensível à formação de um apego saudável entre o bebê e seu cuidador, o que requer um adulto atento, cuidadoso, que esteja interessado genuinamente nas necessidades da criança. Outro exemplo da importância das experiências precoces para a formação de conexões entre os neurônios em períodos específicos do neurodesenvolvimento é a necessidade de tratar as crianças nascidas com catarata logo nos primeiros meses da vida para que seu cérebro receba os estímulos do meio externo e desenvolva as vias neurais da visão normalmente.

Podemos dizer que, durante os períodos sensíveis, quando ocorre a plasticidade cerebral máxima, com o pico de novas sinapses em determinadas regiões do cérebro, as experiências podem "cortar os dois caminhos". Ou seja, as experiências positivas provavelmente irão direcionar o desenvolvimento ao longo de uma trajetória com resultados positivos, enquanto as experiências negativas podem levar a prejuízos durante a trajetória do neurodesenvolvimento. Por esse motivo, intervenções com o objetivo de corrigir possíveis atrasos ou desvios provavelmente terão maior sucesso se forem implementadas precocemente, quando muitas regiões do cérebro e seus circuitos neuronais estão no auge da sua capacidade de plasticidade. Como sabemos disso? O economista James Heckman, ganhador do prêmio Nobel de 2000, mostrou que o aprendizado da criança na primeira infância tem impacto consideravelmente maior na sua vida do que aquilo que ela aprende nas outras fases da vida.

Figura 3
Cérebro e mudanças

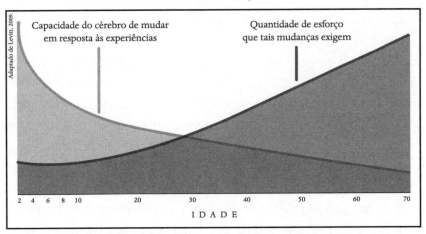

É mais fácil e menos custoso formar circuitos cerebrais fortes
durante os primeiros anos de vida do que intervir ou modificá-los mais tarde.

Apesar de uma grande parte da arquitetura do cérebro ser moldada durante os primeiros três anos após o nascimento, as janelas ótimas de desenvolvimento não se fecham no terceiro aniversário de uma criança. Longe disso! Em que pese o princípio básico de que "mais cedo é melhor do que mais tarde", elas permanecem abertas, muito além dos 3 anos de idade, para a maioria dos domínios de desenvolvimento. Ou seja, as crianças continuam capazes de aprender maneiras de "contornar" os impactos anteriores, bem como os adultos.

O cérebro na infância

A capacidade de mudança do cérebro diminui com a idade. O órgão é mais flexível, ou "plástico", no início da vida, para acomodar uma ampla gama de ambientes e interações, mas, à medida que o cérebro em maturação se torna mais especializado para assumir funções mais complexas, ele se torna menos capaz de se reorganizar e se adaptar a novas tarefas ou inesperados desafios. A última parte do cérebro a amadurecer é justamente o córtex pré-frontal, que fica na parte anterior do lobo frontal. Como essa região do cérebro é responsável pelas funções cognitivas mais sofisticadas, quando atingimos a maturidade nos tornamos mais equilibrados, organizados e focados nos objetivos. Nosso comportamento se torna mais complexo, assim como passamos a fazer melhores julgamentos e escolhas, com base no bom senso e na racionalidade.

A desvantagem, porém, é que no momento mesmo em que amadurece o cérebro perde boa parte da sua plasticidade, a capacidade de ser moldado com a mesma facilidade da infância. Assim, nunca mais seremos capazes de aprender algo novo como se fosse parte da nossa natureza. Isso acontece com a música, os idiomas, o esporte e qualquer outra habilidade. É claro que ainda somos capazes de aprender, mas nunca mais poderemos ter o nível de "excelência" em qualquer coisa que aprendemos, como ocorre com aquelas pessoas que iniciaram o aprendizado mais precocemente. Isso também explica a razão pela qual as crianças são biologicamente mais eficientes em aprender novos conceitos do que os adultos.

Por exemplo, no primeiro ano de vida, as partes do cérebro que diferenciam o som estão se tornando especializadas na linguagem a que o bebê foi exposto; ao mesmo tempo, o cérebro já começa a perder a capacidade de reconhecer diferentes sons encontrados em outras línguas. Embora as "janelas" para o aprendizado de línguas e outras habilidades permaneçam abertas, esses circuitos cerebrais ficam cada vez mais difíceis de se alterar com o tempo. A plasticidade precoce significa que é mais fácil e eficaz influenciar o desenvolvimento da arquitetura do cérebro de um bebê do que religar partes de seus circuitos na idade adulta.

O funcionamento cerebral

O cérebro, que faz parte do sistema nervoso central, e os outros sistemas do corpo humano trabalham como uma equipe altamente qualificada, cada um com uma função especializada que complementa a dos outros, sendo todos eles dedicados a um objetivo comum. Adversidades na infância, principalmente nas formas de negligência e abusos emocional, físico ou sexual estão associadas a prejuízos não apenas ao sistema nervoso e ao cérebro em desenvolvimento, mas também a outros sistemas do organismo, incluindo a resposta imunológica e a regulação metabólica.

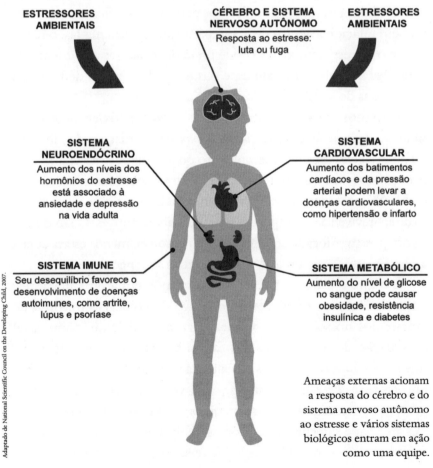

Figura 4
Adaptação do cérebro e de outros sistemas do corpo em resposta ao estresse

Infelizmente, situações de maus-tratos na infância são mais comuns do que se imagina. O assunto merece um livro específico de tão importante e vasto. De qualquer forma, precisamos abordá-lo cada vez mais com transparência para instruir os pais, educadores e responsáveis por políticas públicas em relação à verdadeira prevenção em saúde mental.

Experimentar o estresse é uma parte importante do desenvolvimento saudável, segundo o pediatra Jack P. Shonkoff, da Universidade de Harvard. A ativação da resposta ao estresse produz uma ampla gama de reações fisiológicas que preparam o corpo para lidar com as ameaças. No entanto, quando essas respostas permanecem ativadas em níveis elevados por períodos significativos de tempo, sem relacionamentos de apoio para ajudar a acalmá-las, o resultado é o estresse tóxico. Isso pode prejudicar o desenvolvimento de conexões neurais, especialmente nas áreas do cérebro dedicadas a habilidades de ordem superior, como o aprendizado.

Devemos deixar bem claro que o **estresse tóxico** ocorre em situações graves: quando a criança é exposta a situações de violência ou pobreza extrema, por exemplo. Isso quer dizer que se a criança não tiver suporte nutricional adequado ou estiver sob grande estresse no ambiente doméstico, seu cérebro ficará focado em atividades de instinto de sobrevivência e de funções básicas, mais primitivas. Quanto mais a criança estiver focada em entender seu entorno, menos estará apta a aprender, estudar ou brincar, como veremos ao longo deste livro.

E o que o estresse causa? O estresse põe em ação a nossa resposta de "luta ou fuga" com o objetivo de colocar o máximo de sangue nos nossos músculos para sairmos o mais rápido possível da situação de perigo. Quando está sob ameaça, o cérebro envia sinais às glândulas adrenais (localizadas acima dos rins), que liberam cortisol. Esse hormônio, por sua vez, tem efeitos específicos sobre os receptores de glicocorticoides dos neurônios presentes em três áreas que são chaves no processamento do estresse: córtex pré-frontal (região responsável pelo planejamento, tomada de decisões e resolução de problemas); hipocampo (estrutura responsável pela navegação e memória); e amígdala (onde são processadas as nossas emoções, como detecção de medo e ameaça).

Figura 5
Alterações persistentes da arquitetura cerebral em resposta ao estresse

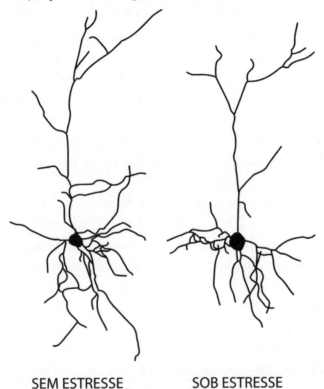

SEM ESTRESSE   SOB ESTRESSE

O estresse persistente prejudica o desenvolvimento das conexões neuronais, tornando-as mais fracas, como mostra a figura acima, e modificando a própria anatomia cerebral do hipocampo e do córtex pré-frontal, duas áreas do cérebro que são as mais importantes para o aprendizado e o comportamento bem-sucedido na escola.

Além de produzirem alterações hormonais persistentes no eixo Hipotálamo-Pituitária-Adrenal (HPA) de resposta ao estresse, as experiências traumáticas precoces também provocam alterações na produção de fatores inflamatórios, tendo sido associadas a maior vulnerabilidade para diabetes tipo II, asma, doença coronariana, infarto do miocárdio, acidente vascular encefálico e alguns tipos de câncer.

O cérebro em desenvolvimento é extremamente vulnerável. Se no primeiro ano de vida o cérebro do bebê se desenvolve em um ambiente tranquilo, em um lar emocionalmente estável, tudo vai bem. Porém, quando o ambiente é tóxico, há uma falha no processo de como lidar com o estresse e a criança fica em estado de alerta com hipercortisolismo (quando constantemente submetida a experiências de violência) ou em estado de completo colapso com hipocortisolismo (quando exposta a negligência severa). Ou seja, essas respostas de medo aprendidas podem perturbar a fisiologia do sistema de resposta ao estresse, tornando mais difícil para o corpo responder apropriadamente ao estresse típico e leve em contextos cotidianos no decorrer da vida.

A memória é extremamente influenciada pelas emoções. O primeiro tombo do bebê a gente não esquece! Quem não lembra onde estava quando seu filho teve a primeira queda mais brusca? É mais difícil esquecermos eventos como esse, que têm alta carga emocional e que nos colocam em estado de alerta e necessidade de proteção, do que de eventos comuns. Isso ocorre porque, em situações de risco, a produção de níveis elevados de cortisol fortalece a formação da memória, bloqueia a capacidade de esquecer essas memórias de medo e aumenta a formação de memórias do contexto circundante em que o evento de medo ocorreu. Curiosamente, o cortisol elevado também pode ter o efeito oposto e, na verdade, prejudicar a memória e o aprendizado em contextos não ameaçadores. Assim, a resposta biológica ao estresse está intimamente envolvida na capacidade da aprendizagem.

Uma pesquisa do início na década de 1970, chamada *The Minnesota Study*, acompanhou 180 crianças desde os 6 meses de gestação da mãe até a fase adulta e mostrou que crianças com 3 anos de idade que sofreram maus-tratos ou algum tipo de abuso apresentavam baixa autoestima e menor capacidade de manter a atenção, de ter persistência e entusiasmo, além de alta agressividade. Da mesma forma, a experiência de abuso ou negligência relacionou-se fortemente com problemas de relacionamento e de aprendizagem na pré-escola.

As crianças pequenas que foram expostas a adversidades ou violência nem sempre desenvolvem transtornos relacionados ao estresse ou se tornam adultos violentos. Apesar de todas as adversidades, o ser humano é resiliente, sendo capaz de se adaptar às situações, ressignificando sua história. Mesmo sabendo que as crianças que passaram por essas experiências traumáticas claramente correm um risco maior de impactos adversos no desenvolvimento do cérebro e problemas posteriores, elas não estão condenadas a resultados ruins.

Sem dúvida, o mesmo esforço que colocamos na educação e cuidado dos nossos filhos é o que precisamos implementar como política pública em nosso país. Investir na primeira infância é essencial para construirmos um país melhor. Há iniciativas do terceiro setor muito interessantes, capazes de gerar impacto positivo na vida de milhões de crianças. Temos alguns ótimos exemplos, tanto nacionais quanto regionais e vou citar alguns em seguida. O Instituto Ayrton Senna foca a educação integral desde 1994 e já impactou milhões de crianças. A Fundação Maria Cecília Souto Vidigal procura mostrar para a sociedade a importância da primeira infância. E, ainda, a Organização Mente Viva, que trabalha com exercícios meditativos nas escolas.

NATUREZA *VERSUS* CRIAÇÃO

Desde que minhas filhas nasceram, as gêmeas bivitelinas Stella e Gabi, tenho respondido várias vezes às mesmas perguntas: Elas dormem ao mesmo tempo? Quando uma chora, a outra chora também? Elas são idênticas? Você já percebe diferenças no temperamento delas?

Posso dizer que desde o nascimento das meninas, e até mesmo desde a gestação (pela movimentação delas na barriga), percebemos algumas diferenças entre as duas: a Stella sempre soube o que queria, era mais ativa, movimentava-se mais no berço, chorava por mais tempo e também já mamava mais rápido e tinha a pegada mais forte desde o berçário. A Gabi sempre foi mais observadora e curiosa, dormia com mais facilidade e chorava somente quando precisava ser trocada ou alimentada, era mais tranquila e superdócil. Eu sempre amamentei as duas ao mesmo tempo; quando ficaram maiores, a Stella passou a empurrar a irmã para ter mais espaço e permanecer sozinha nas mamadas.

Ora, se ambas são criadas praticamente da mesma forma, por que essa diferença? Ela seria explicada pela genética? Pesquisas mostram que a genética é responsável por aproximadamente 50% do que somos. Então, o que nos torna um indivíduo? É a natureza ou a criação que determina quem somos? O que nos faz ser do nosso jeito é exatamente a combinação desses dois elementos, trabalhando de forma complexa. Atualmente, já sabemos que genética NÃO é destino e que a soma das nossas experiências determina quem somos. Natureza e criação nos fazem ser assim; é a interseção dos dois que nos faz únicos. Simplificando, a biologia nos mostra que somos um produto de genes e ambiente ou *"nature and nurture"* (natureza e criação). Cada bebê nasce com uma carga genética diferente, com diferentes gostos, talentos, temperamentos e habilidades.

Como as mães sempre perceberam, inclusive eu, os fetos manifestam claras diferenças individuais. Seus níveis de atividade e responsividade estão em parte relacionados ao temperamento que manifestarão mais tarde, o qual, como já sabemos a partir de estudos de gêmeos idênticos, é fortemente determinado pela genética. Embora o termo **"temperamento"** não tenha uma definição consensual, a maioria dos cientistas concordaria com o seguinte significado: a tendência temperamental refere-se a um perfil distinto de sentimentos e comportamentos que se originam na biologia da criança e aparecem cedo no desenvolvimento.

Ou seja, assim que o bebê nasce já é possível perceber se ele tem um temperamento mais tranquilo e calmo ou mais reativo e choroso, por ser uma característica bastante fixa e inata. Bebês de 4 meses de vida que demonstram menores níveis de atividade motora e choro, chamados de "bebês de baixa reatividade", são mais propensos a se tornar desinibidos no segundo ano de vida. Por outro lado, bebês que manifestam altos níveis de atividade motora e angústia, os "bebês de alta reatividade", tendem a se tornar inibidos.

As crianças já nascem com características herdadas (biológicas ou inatas), sendo uma delas o temperamento. Isso faz com que algumas pessoas enxerguem o mundo de uma forma mais ou menos otimista, tímida, ativa ou sociável do que outras, por exemplo. Talvez essa seja a razão pela qual nós, como pais, muitas vezes identificamos as crianças que fomos no comportamento dos nossos filhos. Lembrar como éramos na infância é muito interessante e pode nos ajudar a lidar com as expectativas, os pontos fortes e as limitações em relação ao temperamento dos nossos filhos no presente.

E como sabemos disso? Por meio de estudos de gêmeos, conseguimos abordar algumas questões básicas do conceito "natureza *versus* criação". Ao comparar as semelhanças entre gêmeos idênticos (monozigóticos e, portanto, com genética idêntica) e gêmeos bivitelinos (dizigóticos e, portanto, com genética semelhante à de irmãos não gêmeos), podemos estimar as contribuições relativas dos efeitos genéticos (ou seja, da herdabilidade) e dos efeitos ambientais (da criação) para os achados das pesquisas que envolvem exames de imagem, por exemplo.

Isso ocorre porque, quando os irmãos gêmeos ainda são pequenos, eles costumam ter a maior parte das atividades diárias iguais e a mesma rotina familiar. Assim, os cientistas podem realizar os exames de imagem por ressonância magnética dos cérebros dos irmãos gêmeos em dois momentos: quando ainda são crianças e fazem tudo da mesma forma; e mais tarde, quando são adolescentes e começam a realizar atividades diferentes na rotina diária. Isso nos dá uma ideia de quais partes do cérebro são influenciadas pelo comportamento e ambiente e quais pelos próprios genes e pela hereditariedade.

A personalidade é a forma como interagimos com o meio. Ela se desenvolve ao longo da vida, incluindo a infância e adolescência, pela interação entre o temperamento e os eventos da vida. Temperamento,

O cérebro na infância

como vimos, é um direcionamento hereditário responsável por modificar a maneira como sentimos e processamos os estímulos à nossa volta. É muito comum que os pais confundam personalidade com temperamento, porém esses são conceitos diferentes. Personalidade é mais mutável, uma vez que é moldada principalmente por fatores parentais e culturais. Muitos pesquisadores se referem ao temperamento como uma base de blocos com componentes emocionais e comportamentais sobre os quais a personalidade será construída.

O "Twins' Early Development Study" (TEDS), um estudo longitudinal realizado no Reino Unido, em larga escala, com gêmeos acompanhados desde o início da infância até os dias de hoje, traz resultados interessantes sobre a formação da personalidade. Semelhante a muitas outras pesquisas realizadas com gêmeos e crianças adotadas, os dados do TEDS indicam que tanto os genes quanto as influências ambientais são importantes em quase todas as áreas do desenvolvimento comportamental.

O estudo, que teve início em 1994 e acompanha os participantes há 25 anos, mostrou que a genética é mais importante do que se pensava em relação à personalidade, habilidades cognitivas e desempenho escolar. Em todas essas áreas, os gêmeos idênticos eram mais parecidos do que os não idênticos.

Apesar de os resultados dos estudos com gêmeos mostrarem que, provavelmente, existe uma contribuição da genética na determinação do tipo de temperamento de cada criança, em razão do maior nível de coincidência entre os temperamentos de gêmeos idênticos, podemos dizer que não há um gene único responsável pelo temperamento. Além disso, as conclusões dos estudos indicam tendências, mas não definem o destino de cada um: são as interações dos genes e da experiência que moldam o cérebro em desenvolvimento. Embora os genes forneçam o projeto para a formação dos circuitos cerebrais, esses circuitos são reforçados pelo uso repetido, como vimos anteriormente.

Mas como os estudos com gêmeos idênticos avaliam a contribuição genética para o desenvolvimento de uma característica do comportamento ou de uma condição médica? A herdabilidade genética é definida como a frequência de determinada condição na população, que pode ser atribuída a fatores predominantemente genéticos. Uma das formas de essa condição ser estimada é por meio de estudos de adoção de gêmeos, que avaliam indivíduos com a mesma genética, mas criados em ambientes diferentes. Os neurocientistas também podem escolher um número de pares de gêmeos que diferem em uma característica comportamental importante, como praticar determinado esporte ou tocar determinado instrumento – essa prática permite analisar a influência de alguma variável ambiental, descartando as variações induzidas pela genética. Outra possibilidade é estudar a agregação familiar, utilizando modelos matemáticos para avaliar a frequência da ocorrência de um dado transtorno na mesma família.

O ambiente no qual uma pessoa se desenvolve antes e logo após o nascimento fornece experiências poderosas que modificam quimicamente certos genes de maneira a definir quanto e quando eles são expressos. A **epigenética** se refere a mudanças estáveis na estrutura de cromatina (complexo de DNA e proteínas que se encontra no interior das células) que levam a alterações permanentes na expressão genética sem que ocorram mudanças na sequência de DNA. Quando essas mudanças acontecem em células reprodutivas, elas podem ser herdadas.

Assim, enquanto os fatores genéticos exercem influências potentes no desenvolvimento humano, os fatores ambientais têm a capacidade de alterar a herança familiar. O QI (Quociente de Inteligência – um índice obtido por meio de testes que avaliam as capacidades cognitivas do indivíduo) é fortemente influenciado pela genética, havendo correlação semelhante entre os valores do QI de gêmeos monozigóticos criados separados e o QI de gêmeos monozigóticos criados juntos. Porém, se um dos gêmeos crescer em um ambiente de privação nutricional ou de estímulos nos primeiros anos de vida, por exemplo, essa herança familiar pode ser alterada e sua inteligência sofrer prejuízo.

A interação dos genes com o ambiente é capaz de silenciar ou potencializar muitos daqueles genes relacionados a doenças. Dessa forma, o entorno exerce influência sobre os genes, que dão uma diferente resposta, podendo "ligar ou desligar" a sua expressão, dependendo do estímulo externo. A forma como esses genes são expressos cria o que os cientistas chamam de um perfil epigenético, que vem a ser o que nos diferencia uns dos outros e que também distingue os irmãos gêmeos idênticos entre si.

O desenvolvimento é um processo altamente interativo, cujos resultados na vida não são determinados apenas pelos genes. Os sentidos constroem o cérebro. Os sistemas sensoriais nos fazem sentir e entender o mundo. Com o tempo, os sentidos do bebê se conectam. As suas capacidades sensoriais desenvolvem-se desde a vida intrauterina e, ao nascer, ele já está apto a utilizá-las para entender o ambiente que o cerca, o que o ajuda a sobreviver e a estimular ativamente seus cuidadores. Por esse motivo, os bebês devem explorar livremente o ambiente, tendo o máximo de experiências possíveis, estimulando os cinco sentidos por meio de diferentes aromas, sabores, imagens, texturas, sons, além do movimento. Assim, seu cérebro expande a própria capacidade, criando cada vez mais novas conexões.

Como vimos anteriormente, o cérebro humano não é predeterminado. Na verdade, ele é altamente plástico e mudanças podem ocorrer. Isso significa que os pais conseguem alterar não apenas características do comportamento, mas também a própria estrutura da arquitetura cerebral, dependendo das experiências que têm com seu bebê. Estudos mostram que o estilo parental, a dinâmica da interação entre os pais e os filhos, pode provocar uma mudança no temperamento do bebê devido à sua excelente neuroplasticidade na primeira infância.

Em suma, é importante reconhecermos que as crianças são diferentes, respeitando suas particularidades, sem tentar "ir contra" sua natureza. Com isso em mente, podemos ajudar nossos filhos a descobrirem suas preferências e habilidades inatas, aproveitando tais características para que construam a sua personalidade com autenticidade e encontrem o seu próprio lugar no mundo de acordo com todo seu potencial.

O PAPEL DO SEXO E DO GÊNERO

Quando o assunto é a existência ou não de diferenças entre as habilidades e os interesses de meninas e meninos, a questão da natureza *versus* criação é amplamente debatida. Atualmente, o estudo das diferenças entre o cérebro e o comportamento de meninos e meninas é um dos temas mais proeminentes e controversos em Neurociência, já que fatores biológicos (genes e hormônios), em interação com fatores sociais e psicológicos, contribuem para o desenvolvimento da identidade de gênero.

Foi uma mulher, a fantástica professora e cientista Nettie Stevens, que, aos 39 anos, desenvolveu pesquisas para desvendar o processo de determinação do sexo. Na Universidade de Stanford, Stevens tinha curiosidade em descobrir o que determinava a diferenciação sexual, e a teoria mais aceita na época era de que o sexo fosse determinado por fatores ambientais, como a temperatura corporal do macho ou a nutrição. Apesar disso, a cientista acreditava que a resposta estava nas células, mais especificamente nos cromossomos, e ela estava certa. Em 1905, estudando o bicho-da-farinha ou tenébrio, Stevens percebeu que as larvas femininas tinham 20 cromossomos grandes, enquanto as larvas masculinas tinham 19 cromossomos grandes e um pequeno. A cientista também descobriu que a união de dois cromossomos grandes (XX) determinaria o sexo feminino, e a união de um cromossomo grande (X) e um pequeno (Y) determinaria o sexo masculino. Esse foi o início da teoria da determinação sexual cromossômica, que foi reconhecida um pouco mais tarde como correta, quando o cientista Edmund Wilson fez uma descoberta parecida, encontrando as bases para determinação sexual, que seriam os cromossomos X e Y.

Para entender melhor esse assunto, vamos esclarecer dois conceitos básicos.

O primeiro, o **sexo**, refere-se aos indicadores biológicos de feminino (XX) e masculino (XY), sendo determinado na concepção pelo

DNA. O sexo da criança é determinado no momento da fertilização, porém o processo de diferenciação sexual começa somente algum tempo depois. Na 5ª semana do desenvolvimento embrionário, as gônadas começam a se desenvolver para formar os órgãos que produzem as células sexuais necessárias para a reprodução, como os testículos (XY) ou os ovários (XX).

No esperma do homem, existe o cromossomo X ou Y. Se o óvulo da mulher (X) é fertilizado por um espermatozoide com o cromossomo X, o resultado é um bebê com cromossomos XX, que nascerá com uma vagina e dois ovários. Se o óvulo é fertilizado por um espermatozoide com o cromossomo Y, o resultado é um bebê com cromossomos XY, que nascerá com um pênis e dois testículos. Raramente um óvulo é fertilizado por dois espermatozoides, um X e um Y, ocorrendo um mosaico XX/XY, e o bebê nasce com características sexuais de ambos os sexos.

Os testículos são os responsáveis pela produção predominante de testosterona e os ovários de estrogênio e progesterona. Os bebês do sexo masculino também produzem estrogênio e progesterona, assim como os bebês do sexo feminino produzem uma pequena quantidade de testosterona. O equilíbrio entre os hormônios sexuais é individual e complexo. O fato é que os hormônios sexuais agem no corpo todo, em todas as células, inclusive no sistema nervoso desde o período intrauterino. Assim, o cérebro em formação dos meninos e das meninas é influenciado pelos hormônios sexuais, como veremos a seguir.

O segundo conceito, o **gênero**, ao contrário do sexo, não é determinado biologicamente. Refere-se à percepção psicológica e social do indivíduo de pertencer a um determinado sexo. Assim, o termo "gênero" é utilizado para denotar o papel social desempenhado e juridicamente reconhecido, como menino ou menina, homem ou mulher. Geralmente sexo e gênero se combinam em um mesmo indivíduo, mas nem sempre isso ocorre.

Alguns pais, hoje em dia, procuram evitar criar seus filhos usando qualquer tipo de estereótipos, com medo de influenciar o

O funcionamento cerebral

comportamento da criança, e passam a escolher nomes e cores neutras em relação ao gênero ou tomam cuidado para evitar brinquedos "típicos" do sexo do filho. O fato é que a existência dessa influência cultural é natural e sempre vai acontecer, mesmo que inconscientemente. E como sabemos disso? Quando os pais conhecem o sexo do seu filho, eles conversam com as meninas e os meninos de forma diferente desde antes do nascimento e interagem com os bebês também de forma diferente ainda na maternidade. Além disso, estudos mostram que existem diferenças sutis em como o comportamento de meninos e meninas é descrito pelos pais desde a barriga da mãe: quando o menino chuta, é chamado de "ativo" ou "futuro jogador de futebol", o que não acontece com as meninas.

Mas isso não significa um problema. O problema é dar um valor diferente aos meninos e às meninas, julgando mais importante e favorecendo o engajamento em atividades "típicas" de meninos, além de dizer que eles podem fazer certas coisas que elas não podem e vice-versa. Segundo o psicólogo e médico Leonard Sax, autor do livro *Por que gênero importa?*, meninos e meninas têm diferenças inatas que não podem ser relativizadas, já que negar tais diferenças somente reforça os estereótipos e impede que as crianças atinjam todo o seu potencial. Por outro lado, ao reconhecer que meninos e meninas têm preferências e aprendem de formas diferentes, os pais, assim como os professores, podem adaptar o ensino e com isso tornar muito mais interessante e eficaz o aprendizado tanto das habilidades socioemocionais como das cognitivas.

Ou seja, quando os pais e professores entendem essas diferenças e adaptam a abordagem de acordo com cada sexo e suas especificidades, o resultado é que mais meninos passam a se interessar por cuidar de bebês e mais meninas passam a se interessar por robótica e programação de computadores, por exemplo. Da mesma forma, assim como devemos incentivar as meninas a se arriscarem mais (com o devido cuidado e proteção), é importante estimularmos os meninos a expressarem as emoções e vulnerabilidades aos seus pais. Costumamos ouvir a frase:

37

O cérebro na infância

"menino não chora", mas a verdade é que, independentemente de ser menino ou menina, os pais não devem educar as crianças de forma rígida, com muitos limites e pouca conexão emocional. Ao contrário, é importante manter um canal de comunicação aberto até a adolescência, como veremos ao longo desse livro.

Segundo Sax, o fato de cada criança ser única e complexa não contradiz o conceito de que o gênero, junto com a idade, são os dois grandes princípios organizacionais do desenvolvimento infantil: meninos e meninas têm diferenças na forma como percebem o mundo, aprendem, processam suas emoções, demonstram agressividade, assumem riscos e se relacionam com os demais. Por exemplo, os meninos tendem a ser mais ativos e fisicamente agressivos do que as meninas, e essas diferenças parecem ter uma base inata por meio de hormônios que atuam no cérebro precocemente, e não apenas influência cultural. Além disso, as meninas têm melhor controle de impulsos – é mais fácil para elas permanecerem concentradas em uma tarefa – e apresentam vantagens em relação aos meninos na coordenação motora fina. Tudo isso também pode ser explicado pelo fato de o cérebro delas amadurecer antes do deles, como veremos a seguir.

A analogia com as diferenças etárias fornece uma boa maneira de pensar sobre as diferenças de sexo. Apesar de terem interesses, habilidades motoras e formas de se relacionar com os adultos muito parecidos, uma criança de 5 anos nunca vai ser igual a outra colega da sua sala de aula, por exemplo. Da mesma forma como não há duas crianças iguais da mesma idade, não existe uma menina igual a outra menina ou um menino igual a outro menino. Algumas meninas são mais delicadas, enquanto outras, mais "aventureiras". Alguns meninos adoram brincar de "lutinha" e jogar futebol, enquanto outros preferem fazer aulas de culinária e patinação.

O pesquisador Simon Baron-Cohen, professor de Psicopatologia do Desenvolvimento da Universidade de Cambridge, propõe que há um componente biológico nos comportamentos que diferenciam os meninos das meninas. Apesar de ambos os sexos produzirem testosterona, os meninos produzem esse hormônio duas vezes mais do que as meninas durante o período gestacional, o que acaba influenciando o cérebro em desenvolvimento. Seu grupo de pesquisa chegou a essa conclusão através de amostras de testosterona que foram coletadas do líquido amniótico por meio de amniocentese na 16ª semana de gestação, relacionando os níveis desse hormônio com a análise do comportamento das crianças em diferentes idades. Os achados dessa pesquisa mostraram que o nível de testosterona pré-natal está relacionado ao desenvolvimento de comportamentos tipicamente "masculinos" e "femininos" ao longo da infância, afetando uma série de comportamentos posteriores nas crianças, incluindo a inclinação para fazer contato visual com outras pessoas até a extensão do vocabulário.

E o que acontece com o cérebro de uma menina quando recebe quantidades maiores de testosterona durante o seu desenvolvimento? Meninas com uma condição genética chamada Hiperplasia Adrenal Congênita (HAC) produzem níveis maiores de hormônios masculinizantes, como a testosterona, enquanto ainda estão no útero da mãe. O mesmo pesquisador mostrou que meninas com essa condição têm um padrão mais parecido com o dos meninos em relação à preferência por brinquedos. Em comparação com as meninas sem HAC, ao serem incentivadas a buscar um brinquedo, as meninas com HAC foram mais propensas a escolher um avião, uma bola ou soldadinhos do que optar por bonecas ou "canetinhas mágicas". Além disso, quanto mais intenso for seu quadro de HAC e mais seu cérebro for exposto ao hormônio masculino antes do nascimento, maior será a sua tendência a escolher os brinquedos tipicamente preferidos dos meninos.

Alguns especialistas afirmam que os pais criam e reforçam os padrões de diferença entre os meninos e meninas, pois tendem a premiar o comportamento esperado para seu sexo e punir o que não corresponde ao padrão. Porém, as diferenças de comportamento entre meninas e meninos são tão marcantes que não podem ser simplesmente explicadas por tratamentos diferentes por parte dos pais, como o tom de voz mais ou menos doce que usam para falar com os bebês de cada sexo.

O cérebro na infância

Durante o desenvolvimento saudável, é esperada uma fase, por volta dos 3 anos, em que as crianças aderem a um papel sexual de forma intensa. Por exemplo, os meninos brincam de carrinho e as meninas de boneca. Esse comportamento tão estereotipado parece ser importante para o desenvolvimento de uma sólida identidade de gênero nas mais diversas culturas, ocorrendo uma flexibilização dos interesses nos anos posteriores.

Até hoje, não há nenhuma evidência científica, estatisticamente relevante, que demonstre que o tipo de brincadeira que os pais incentivam na infância possa impactar na orientação sexual dos filhos no futuro. Corroborando esse fato, os cientistas do estudo citado acima não conseguiram provar a influência dos pais no comportamento lúdico das crianças. Aqueles que incentivaram as filhas com HAC – que tinham tendência a buscar brinquedos tipicamente preferidos pelos meninos – a brincar com brinquedos "típicos de meninas" não obtiveram efeito no comportamento lúdico delas.

O que os pais devem fazer é aumentar o número de experiências dos filhos, dando chance para que a criança descubra habilidades e talentos naturais que talvez ela não tivesse a oportunidade de experimentar, evitando reforçar os estereótipos. A brincadeira é a forma como as crianças aprendem e praticam novas habilidades que elas vão usar em várias situações de sua vida no futuro. Quanto mais tempo brincarem de boneca, mais as crianças promovem suas habilidades de cuidado e proteção, além da capacidade de comunicação. Já nas brincadeiras com blocos de montar e carrinhos, as suas capacidades espaciais são favorecidas, algo importante para habilidades como matemática e navegação. Dessa forma, o interessante é oferecer o máximo de experiências para as crianças brincarem, apresentando carrinhos, bonecas, kits de cozinha, independentemente do sexo, dando a oportunidade para elas escolherem o que brincar com liberdade.

Lembro de que a Stella e a Gabi tinham 4 anos quando inventaram uma brincadeira muito peculiar depois de passarmos um fim de semana na praia com um casal de amigos queridos e as duas

40

O funcionamento cerebral

filhas pequenas, uma delas recém-nascida. Assim que voltamos para nossa casa, elas começaram a brincar de "mamãe e filhinha" de uma forma diferente. No sofá da sala, uma "dava de mamar no peito" para a outra, imitando aquilo que tinham vivenciado com intensidade nos dias anteriores: a mãe amamentando, nutrindo com todo o amor e toda a dedicação, a pequena bebê. Esses momentos ficaram tão gravados na memória das minhas filhas que elas prontamente iniciaram seu "treinamento para a função materna" por meio da brincadeira, sem que nenhum de nós, pais, tivéssemos estimulado ou incentivado esse tipo de atividade.

O hormônio ocitocina, que entre outras funções maternas faz a liberação do leite, atua também em certas áreas do cérebro, chamadas pró-sociais, sendo responsável pelo desenvolvimento do apego, do aumento da capacidade de empatia e da necessidade de se conectar e pertencer a um grupo. Esses efeitos comportamentais da ocitocina são fortemente modulados pelo estrogênio; por isso têm especial relevância para o comportamento feminino. Sob ameaça, a ocitocina exerce a função de "acalmar" a mulher e promover o comportamento de cuidado e proteção em relação à prole. Uma possível causa subjacente a esses efeitos comportamentais é que a ocitocina diminui o estresse e a ansiedade, assim como a inibição intrínseca que ocorre nos encontros sociais. Por outro lado, o hormônio masculino, a testosterona, está relacionado com o comportamento agressivo e a reação de "luta ou fuga" em resposta ao estresse.

Um achado consistente dos estudos de neuroimagem é que o tamanho do cérebro dos meninos é cerca de 10% maior do que o das meninas. Esse fato é especialmente evidente entre as crianças, em que a diferença do tamanho do cérebro persiste, apesar da pequena diferença no tamanho do corpo. Mesmo quando a comparação é ajustada para o fato de que os meninos são, em média, 8% mais altos, os cérebros deles ainda são um pouco maiores. Porém, ao contrário do que muitos pensavam, o tamanho não influencia o desempenho intelectual, e ambos os sexos têm desempenhos semelhante

O cérebro na infância

nos testes de QI (principal fator para medir a inteligência por meio de testes que avaliam as capacidades cognitivas).

Pesquisas indicam que as diferenças sexuais diminuem em função da idade e, com o passar do tempo, homens e mulheres passam a ter comportamentos e interesses mais similares do que na infância. Uma das explicações está no fato de que meninas e meninos divergem na velocidade com que amadurecem do ponto de vista emocional e cognitivo. Corroborando esse achado, a maioria dos estudos de neuroimagem também mostra que os picos de volume da substância cinzenta do cérebro geralmente ocorrem por volta de um a três anos mais cedo para as meninas: entre elas, o tamanho do cérebro atinge o pico por volta dos 11 e 12 anos. Para os meninos, o pico chega somente três anos depois.

O objetivo das investigações das diferenças entre o cérebro de cada sexo não é declarar um "vencedor" em algum aspecto da função cerebral. Reconhecer as diferenças nas trajetórias de desenvolvimento em oposição ao tamanho médio das estruturas cerebrais de meninos e meninas é de extremo interesse para a psiquiatria infantil, uma vez que muitos dos transtornos psiquiátricos, incluindo alguns com início mais comum na idade adulta, como a esquizofrenia, são cada vez mais descritos como decorrentes de transtornos do neurodesenvolvimento.

Dado que quase todos os transtornos neuropsiquiátricos têm prevalência, idade de início e sintomatologia diferentes entre os indivíduos do sexo masculino e feminino, diferenças relacionadas ao sexo na trajetória do desenvolvimento cerebral são altamente relevantes para a prática clínica, oferecendo pistas importantes quanto aos mecanismos das doenças e eventualmente guiando intervenções mais eficazes. Por exemplo, o autismo é quatro vezes mais comum em meninos do que meninas. Transtorno de Oposição Desafiante (TOD) e Transtorno de Déficit de Atenção e Hiperatividade (TDAH) também são significativamente mais comuns em meninos do que em meninas na infância. Em relação aos sintomas do TDAH, as meninas costumam apresentar mais sintomas de déficit de atenção e os meninos mais hiperatividade.

O funcionamento cerebral

Por conta disso, fica mais fácil perceber os sintomas delas somente depois que entram na escola. Apesar da ansiedade e depressão serem mais comuns em mulheres na idade adulta, até a adolescência sua distribuição tende a ser semelhante entre meninos e meninas. Os Transtornos Alimentares normalmente se tornam mais prevalentes na adolescência, com uma incidência maior no sexo feminino.

As meninas têm vantagens em muitos parâmetros envolvidos no comportamento em sala de aula. Comparando meninos e meninas de 5 anos, em média, elas terão melhor pontuação em teste de autocontrole e maior capacidade de manter a atenção nas tarefas. Isso ajuda a explicar por que muitos meninos desta idade simplesmente não conseguem ficar parados tanto tempo quanto as suas colegas para realizar uma atividade na pré-escola, e acabam sendo rotulados como hiperativos.

Em relação à capacidade de comunicação, as meninas superam os meninos em muitos aspectos do uso da linguagem, incluindo o vocabulário. Tendo isso em mente, converse com seu filho, cultive hábitos de leitura e procure estimular a sua linguagem desde cedo para evitar um descompasso.

Além disso, as meninas são mais sensíveis a alguns ruídos, o que faz com que consigam ouvir certas faixas de som em baixo volume melhor do que os meninos. Em média, eles têm mais dificuldade de escutar do que elas, principalmente alguns tons de voz. Muitas vezes, os meninos não conseguem escutar com tanta facilidade o tom de voz doce das professoras. Assim, aos 6 anos, sem a capacidade de expressar o que está acontecendo nem de explicar a possível causa de sua desatenção ou desinteresse na escola, acabam sendo rotulados como tendo "déficit de atenção" com maior frequência do que as meninas, segundo Leonard Sax.

Nossos sentidos servem como porta de entrada do meio externo para o cérebro. Além das diferenças na audição, meninos e meninas também têm características específicas no modo como enxergam e como sentem cheiros, afetando diretamente seu neurodesenvolvimento. Do ponto de vista evolucionista, nossa espécie é internamente diversa por um importante motivo, que é aumentar as possibilidades de sobrevivência: a mulher consegue se lembrar da cor e da textura de uma determinada planta e poderá avisar às pessoas se ela é venenosa ou não. Um homem olhando para a mesma cena ficará mais alerta ao que está se movendo na periferia.

Então por que, além dos sentidos, a evolução também fez as mulheres e os homens terem comportamentos e preferências diversas? Seguindo a mesma lógica para explicar a diferença entre os sexos, a pesquisadora Anne Campbell afirma que as diferenças no sistema reprodutivo de homens e mulheres vêm da evolução, assim como as características específicas do comportamento de cada sexo. Tudo isso é resultado de um longo processo de seleção natural com o objetivo de produzir o maior número de descendentes possível. Ou seja, como Charles Darwin constatou, qualquer traço que aumente a chance de a prole sobreviver tende a permanecer na herança genética da nossa espécie.

As mulheres geralmente apresentam características comuns, como maior capacidade de acolhimento e cooperação, além de menor tendência a comportamentos arriscados, que possam deixá-las machucadas e feridas. Essas diferenças são confirmadas em pesquisas, como traços típicos femininos, incluindo empatia, apoio e interdependência. Estudos também mostram que as mulheres preferem permanecer em grupo quando estão em perigo ou em situações de estresse. Por outro lado, os homens preferem ficar sozinhos quando se encontram na mesma situação. Sabemos que, até os dias de hoje, é muito importante para as mulheres pertencer a um grupo e ter uma rede de apoio, que lhes dê o suporte necessário durante a gestação e a criação dos filhos.

Segundo Sax, a maioria das pessoas tem a sensação de ser mulher ou homem: a identidade de gênero é real. É algo com que você nasce, algo programado em seus cromossomos, em todas as células de seu corpo. Uma verdadeira angústia pode acontecer quando a identidade de gênero atribuída à criança não se encaixa com a identidade de gênero preestabelecida no seu *hardware*. Na década de 1960, o psicólogo americano John Money, do Hospital John Hopkins, ficou famoso ao afirmar que a identidade de gênero podia ser aprendida, a partir do caso de Brenda Reimer. Crianças não nascem *meninas e meninos*, acreditava Money; eles se tornam meninas e meninos por causa da maneira como seus pais os criam. Mesmo tendo nascido com o sexo masculino, os pais de Brenda foram instruídos a criarem o bebê como uma menina depois do seu pênis ter sido acidentalmente mutilado durante uma circuncisão. O caso foi supervisionado pelo psicólogo e ficou conhecido como "O menino que foi criado como uma menina". Apesar de ter afirmado durante anos que o caso foi um sucesso, isto não é verdade. Reimer era infeliz e não se identificava como menina, nunca gostara de usar vestidos e nem de brincar de bonecas. Além disso, era hostilizado pelos colegas pelo seu jeito masculino, sendo chamado de "menina gorila".

Após a segunda tentativa de suicídio, na adolescência, seus pais decidiram lhe contar a verdade, e Brenda imediatamente exigiu permissão para fazer a transição para o gênero masculino. Mesmo sem ter pênis e testículos, e apesar de ter sido submetida a hormônios femininos por tanto tempo, começou a viver como menino aos 15 anos. David Reimer, como passou a ser chamado, resolveu ir a público para contar sua história e evitar que outras vítimas passassem pelo mesmo sofrimento. Infelizmente, aos 38 anos, ele cometeu suicídio.

E o que fazer quando a criança disser algo como "eu não sou um menino, sou uma menina"? Os pais devem, em primeiro lugar, procurar entender quais são as ideias do filho a respeito de ser um menino e uma menina e o que ele imagina ou gostaria que fosse diferente. O principal objetivo também é ajudar os pais a apoiarem o filho, não importando o caminho que ele irá tomar no futuro, deixando claro para a criança que o sentimento de amor sempre vai permanecer.

Quanto mais nova a criança, menos fixa é a identidade de gênero. A maioria das vezes em que o menino diz que é menina e a menina diz que é menino é uma fase, e nenhuma intervenção médica com injeções de hormônio ou cirurgia será necessária. E como sabemos disso? Pesquisas mostram que o resultado mais comum para meninos que dizem que são meninas é que, quando crescem, tornam-se gays. Ou seja, a garota que insiste que é um menino pode vir a se sentir confortável no corpo feminino, como talvez uma menina lésbica; o garoto que insiste que é uma menina pode se sentir confortável no seu próprio corpo masculino, como talvez um menino gay.

Há algum tempo, um casal me procurou solicitando orientação a respeito da conduta que deveria ter com seu filho, na época com 6 anos, que demonstrava preferência por atividades típicas de uma menina desde pequeno. Nas brincadeiras, ele sempre queria ser uma princesa e usava camisetas longas como se fossem vestidos. Seus pais já não sabiam como agir: o menino pedia para ser chamado de menina, queria que sua festa de aniversário tivesse como tema uma princesa e evitava qualquer tipo de atividade com o grupo dos meninos da escola, dizendo que todos eram cruéis, já que sofria *bullying* pelos colegas.

Em casos como esse, é importante fazer a seguinte pergunta: "o que é melhor para essa criança?". Ao contrário de indicar que os pais mudassem o nome do filho ou que permitissem que ele vestisse uniforme de menina, que era como gostaria de ir para a escola, minha orientação foi que eles apresentassem outros interesses à criança, que estivessem mais alinhados com suas necessidades. Sugeri aos pais que não forçassem o menino a participar de "atividades típicas" ou estereotipadas, mas que mostrassem ao filho outras maneiras de se divertir – além de jogar futebol ou brincar de bonecas. Assim, o menino fez aulas de dança, patinação, teatro e canto, que favoreceram o desenvolvimento das suas habilidades socioemocionais, melhorando seu relacionamento com as outras crianças. Com o tempo, ele deixou de querer ser chamado de menina ou de usar roupas femininas, também parou de reclamar dos meninos e passou a interagir com os meninos da escola também, perdendo o medo dos colegas.

O fato é que a criança, antes da puberdade, ainda não tem maturidade emocional e cognitiva suficiente para definir sua identidade nem orientação sexual. Para a maioria delas, a intimidade entre duas pessoas é algo muito distante. Dessa forma, com o tipo de orientação descrita acima, você estará protegendo seu filho, sem expor sua intimidade e privacidade. Além disso, evita que ele seja vítima de *bullying* pelos colegas, aumentando o risco de sofrer ansiedade e depressão na infância. Por esse motivo, caso precise, não hesite em buscar um profissional especializado, que possa ajudar você e sua família a conduzir as decisões da melhor forma possível, orientados sempre pelo melhor interesse da criança.

TRANSMISSÃO DE VALORES E VIRTUDES

Nosso cérebro conta com áreas pró-sociais, onde existem os circuitos cerebrais que dão origem a capacidades importantes para o relacionamento entre as pessoas, como autoconsciência, empatia, controle de impulsos e regulação das emoções. Esses circuitos emergem em várias partes do cérebro, como a região límbica e principalmente o córtex pré-frontal. Estudos de neuroimagem mostram que essas áreas pró-sociais são ativadas quando nos preocupamos com os outros como se estivéssemos nos preocupando com nós mesmos, tendo papel fundamental para o desenvolvimento da civilização como um todo.

Os seres humanos têm, por natureza, um sentimento pró-social e, se queremos um país e uma sociedade melhores para nossos filhos e netos, com valores sólidos e consistentes, precisamos treinar em nossas crianças tudo isto: empatia, bondade, generosidade, compaixão. O cérebro infantil é um grande aliado nesse sentido, pois foi arquitetado para esse tipo de sentimentos, já que quando exerce um comportamento pró-social, áreas do sistema de recompensa também são ativadas e levam a uma sensação de bem-estar. É claro que, assim como todas as características, esse tipo de comportamento também sofre grande variação, e algumas crianças já nascem com maior capacidade de iniciar o contato visual com um adulto do que outras, por exemplo.

A imaturidade do cérebro humano no nascimento é a chave para o alto nível de aprendizado pós-natal necessário para transmitir nossa cultura tão complexa. Como conversamos anteriormente, nascemos com o *hardware*, que inclui a nossa genética e o nosso temperamento e um *software*, que é o meio externo, com infinitas possibilidades.

Uma vez que o cérebro da criança capta toda a troca com o ambiente, e nós, como pais, vamos lapidando o comportamento dos nossos filhos por meio do nosso modelo e da nossa interação com eles, somos os responsáveis por educar e mostrar às crianças como elas podem desenvolver essas virtudes. O grande momento em que o cérebro está predisposto e preparado para aprender ocorre nos primeiros anos de vida. É nessa etapa que ele faz as conexões que balizam a pessoa que essa criança vai ser. Esses tipos de experiências e valores do 0 aos 6 anos ficam para o resto da vida. Por esse motivo, a primeira infância é o momento crucial para ensinarmos os valores importantes que desejamos passar para nossos filhos.

E como os pais podem **transmitir seus valores e ensinar virtudes** nos primeiros anos de vida? O objetivo da educação é favorecer o que nosso filho tem de melhor e melhorar o que tem de pior, formando um bom ser humano, livre, autônomo e responsável, tendo internalizado valores e virtudes para que faça boas escolhas e deixe um legado no mundo. Devemos fazer grandes esforços para transformar as crianças em bons adultos; descobrir como criar boas pessoas é o projeto mais importante que nós, como pais, podemos acalentar.

Valores representam nossa essência individual, a principal forma de nos expressarmos e nos relacionarmos. Eles servem como uma bússola, apontando o que é correto e verdadeiro para cada um de nós. Quando honramos nossos valores de forma regular e frequente, a vida se torna boa e plena, já que fazemos escolhas conscientes e que nos preenchem.

Virtude é uma disposição para fazer o bem e pode ser dividida em quatro grupos: sabedoria, justiça, coragem e autocontrole. Educar é formar esses valores que a criança aprende através da experiência, vivendo e se relacionando com a família, submetendo-se a limites, deparando-se com frustrações e superando desafios. Para isso, é fundamental que os pais reconheçam as fases do desenvolvimento, entendendo os porquês de cada comportamento para ajudar a criança a atingir seu potencial. A pessoa virtuosa é aquela que livremente pratica o bem.

Quem nunca ouviu a seguinte frase: "O melhor educador é o exemplo"? Nós, como pais, devemos levar essa frase a sério e assumirmos nossa responsabilidade. É importante lembrar que a virtude é uma força do exemplo, sendo mais importante a conduta virtuosa do que as palavras que dizemos. Dessa forma, os pais têm o dever de exercer virtudes com entusiasmo para inspirar seus filhos a terem boas atitudes, de forma que eles também pratiquem o bem. Há forças e virtudes especialmente interessantes de serem desenvolvidas na primeira infância: curiosidade, gosto pela aprendizagem, coragem, perseverança, integridade, bondade, amor, cidadania, imparcialidade, autocontrole, prudência, humildade, apreciação da beleza, gratidão, esperança, espiritualidade, perdão, bom humor, entusiasmo, entre outras.

Os recém-nascidos têm potencial para desenvolver todas essas forças durante os primeiros seis anos de vida. A criança desenvolve suas forças nas áreas onde encontra prazer, amor e atenção, como uma semente que germina onde as condições são mais favoráveis. Na interação de seus talentos, interesses e virtudes, a criança descobre o que dá certo e o que dá errado em seu pequeno mundo e vai moldando cada vez mais suas diferentes forças.

Sendo assim, desde a mais tenra idade, a partir de 1 ano, podemos formar o hábito da ordem, para exemplificar uma das virtudes. Nessa fase, as crianças costumam tirar tudo para fora da gaveta, jogar no chão e fazer a maior bagunça. Se os pais não entendem o significado desse processo, acabam perdendo a oportunidade (e a paciência) de ensinar a importância da ordem e da categorização. Mas como fazer isso? Mostre para seu filho como pode ser divertido

O cérebro na infância

guardar os brinquedos, classificando categorias (carrinhos, bonecos, blocos) em caixas com diferentes cores. Quando seu filho passar por uma situação em que demonstrou uma atitude virtuosa, aproveite para elogiá-lo, e não somente agradecer pelo bom comportamento: "Minha filha, muito obrigada por ter sido paciente e tolerante ao esperar com calma a nossa consulta, que atrasou bastante hoje".

Por falar em paciência, nós, como pais, devemos ter a virtude da paciência, amando o processo do desenvolvimento do caráter do nosso filho, tolerando suas dificuldades e buscando ajudá-lo, incondicionalmente, mesmo quando ele insiste em não organizar o quarto de brinquedos ou deixa de arrumar a cama pela manhã. Use sua imaginação e pense sobre o ser humano que você está criando agora: como ele será no futuro? Tendo isso em mente, lembre-se de que você é o responsável pela construção de um ser humano. Acima de tudo, tenha maturidade, calma e tolerância com a possível dificuldade do seu filho. Coloque-se no lugar dele: como ele entende o mundo? Aproveite e se abaixe para enxergar o mundo na altura dos seus olhos e tente entender a vida com a sua perspectiva.

Embora nossos filhos estejam programados para determinadas forças ou virtudes, essa capacidade deve ser nutrida para que se desenvolva. Com consistência e constância, apontando os bons hábitos e elogiando as atitudes corretas, assim como corrigindo aquelas que foram deixadas de lado ou que não foram corretas, a criança vai formando seu caráter. Dessa forma, procure favorecer as demonstrações das forças pessoais de seu filho, por mais simples e rudimentares que sejam, durante as atividades normais da família. E quando as forças vierem à tona, reconheça e diga o nome de cada uma delas. O importante é conseguir ajustar as atividades da rotina da família às forças pessoais de cada filho.

Depois de algum tempo reconhecendo, dando nome e elogiando todas as demonstrações das diferentes forças de cada uma das meninas, eu e meu marido, Paulo, começamos a observar certa regularidade no comportamento da Stella e da Gabi.

O funcionamento cerebral

A Gabi, por exemplo, sempre se preocupou em ser justa. Na primeira vez em que espontaneamente dividiu seus brinquedos com a Stella, fizemos uma festa, estimulando sua atitude. Desde muito pequena, ela também já se preocupava em incluir todas as crianças nas brincadeiras, dando a mão em uma roda de música ou dividindo seus brinquedos na caixa de areia da praça, demonstrando bondade e generosidade.

A Stella, por outro lado, cedo já se interessava em arrumar o quarto de brinquedos, colocando os instrumentos musicais, os blocos, as bonecas em seus respectivos lugares de categoria. Ela também sempre se preocupou em cuidar das pessoas e servi-las, principalmente as crianças menores. Até hoje ela adora ensinar os pequenos a subir nos brinquedos do parque e é a primeira a aparecer para ajudar quando alguém se machuca. Nós costumamos apontar e valorizar essas atitudes, nomeando-as como exemplos de paciência, bondade e serviço.

No dia a dia em família, também procuramos criar oportunidades para aproveitar ao máximo os talentos e as forças das meninas. É muito importante que a criança sinta que a casa é de todos os integrantes da família, educando sua vontade para fazer o bem desde cedo. Os pais precisam delegar algumas tarefas, ensinando de forma clara o que deve ser feito até que a criança internalize o comportamento e busque fazer o melhor possível de acordo com sua capacidade, recebendo o retorno e o incentivo dos pais.

Toda criança adora se sentir útil e receber o reconhecimento dos pais. Dessa forma, a família serve como uma escola de virtudes, onde a criança aprende a dividir, ser generosa e fazer sua parte pelo bem comum, tendo um modelo de como deve ser o trabalho em sociedade. Ou seja, não é somente pela ajuda da criança em si, é pelo desenvolvimento da responsabilidade, autonomia e confiança. No momento em que se sente importante e valorizada, ela aprende a trabalhar pelo bem comum da família e descobre que se alguém não fizer sua parte, seja por preguiça ou egoísmo, acaba atrapalhando todos os outros membros da família.

O cérebro na infância

Solicitamos a colaboração da Stella e da Gabi para arrumar as camas e pôr a mesa, chamar o elevador, apagar a luz do corredor, alcançar as compras do mercado, quebrar os ovos para preparar o jantar, tirar o sapato e colocar na caixa ao lado da porta ao entrar em casa, depositar a roupa suja no cesto do banheiro antes de entrar no chuveiro. Lembro a satisfação das meninas quando tinham pouco mais de 1 ano de vida e estavam começando a caminhar, mas já levavam uma sacolinha de compras do mercado na mão e a chave do nosso apartamento na outra.

Portanto, seja intencional ao criar um filho virtuoso, esteja presente e com sua atenção voltada às atitudes dele. O bom hábito é a semente da virtude, que conduz a um ser humano melhor. Assim, continue buscando oportunidades para que seu filho pratique suas forças até que isso se torne parte de sua mentalidade e ele possa se descrever como uma "pessoa virtuosa".

Nunca é cedo demais para apresentar heróis da sua cultura, mitos e lendas da sua tradição para que a criança conheça a origem da sua história. Os personagens servem de exemplo que ilustram na prática como percebemos ser o certo e o errado, o bom e o mau, a coragem e a covardia, o valor do trabalho e a consequência da preguiça. Tudo isso também ajuda a criança a começar a entender o que são as virtudes, como ela pode reconhecê-las e como funcionam.

O bebê
e seus pais

MÃE SAUDÁVEL, BEBÊ SAUDÁVEL

A maternidade é, certamente, uma experiência transformadora e desafiadora. Logo que ficamos grávidas, nos fazemos muitas perguntas: Qual comportamento materno traz benefícios para o desenvolvimento do cérebro do bebê? O que a literatura científica mostra a esse respeito?

Cinco fatores são fundamentais para que o bebê tenha um cérebro saudável: **estresse**, **nutrição**, **peso**, **exercício físico** e **sono**. As experiências e as exposições durante a gravidez e nos primeiros anos após o nascimento afetam o desenvolvimento de sistemas biológicos de muitas maneiras que são difíceis de mudar mais tarde. Por exemplo, se a mãe experimenta estresse excessivo, má nutrição ou exposições ambientais tóxicas durante a gravidez, em resposta ao estresse, os órgãos em desenvolvimento da criança e seus sistemas metabólicos podem ser afetados até mesmo na idade adulta, com aumento do risco de doenças cardíacas, obesidade, diabetes e condições relacionadas à saúde mental durante a vida.

O cérebro do feto é extremamente sensível aos níveis de cortisol materno. Quem nunca ouviu aquela frase: "gestante não pode se incomodar, pois pode afetar o bebê"? E a crença popular está correta. Os níveis de cortisol do feto se correlacionam linearmente com os níveis de ansiedade materna. Quando em níveis aumentados na mãe, esse hormônio atravessa a placenta e chega ao cérebro do bebê, causando uma modificação epigenética com consequências a longo prazo, como prejuízo no sistema de resposta ao estresse da própria criança, além de aumento das chances de transtornos comportamentais e emocionais quando adulto. Especificamente, o cortisol interfere no desenvolvimento do sistema límbico (responsável pelas emoções e memória), sendo uma das razões pelas quais a aprendizagem da criança pode ser também afetada.

De qual tipo de estresse estamos falando? Estresse é um termo guarda-chuva, que faz parte das nossas vidas e que muitas vezes nos move, nos faz evoluir e superar desafios. Então como podemos diferenciar um estresse que faz parte do dia a dia daquele que causa prejuízos ao bebê? Algumas características importantes são a frequência e a intensidade do sintoma, além do seu impacto na funcionalidade; ou seja, nas atividades do dia a dia e na qualidade do seu relacionamento com as outras pessoas.

De modo geral, algumas situações devem ser identificadas e precisamos ficar atentos para a necessidade de buscar ajuda especializada em saúde mental: ansiedade e depressão maternas, divórcio, luto, perda do emprego e traumas, como ser vítima de violência, abuso de álcool, tabagismo e drogas, também são considerados importantes estressores e criam um impacto sobre o sistema nervoso durante a vida toda da criança.

Relativamente comum no período pós-parto, ocorrendo em até 50% a 85% das mães, é a **tristeza ou melancolia pós-parto** (*blues puerperal* ou *baby blues*). As mulheres podem apresentar tristeza, irritabilidade, falta de energia, perda de apetite, choros e sentimento de vazio. Esses sintomas são precipitados pela privação de sono junto com uma brusca queda de hormônios, antes produzidos pela placenta, após o parto. Nessa fase, o estrógeno, que estava elevado, cai rapidamente, assim como a progesterona, que sofre uma diminuição abrupta após a expulsão da placenta. As mães têm a sensação de incapacidade, medos e inseguranças em relação aos seus cuidados com o bebê. Recebendo o suporte do pai e dos familiares, esses sintomas desaparecem em alguns dias.

Porém, aproximadamente 15% das mães podem apresentar algo mais profundo e perturbador, a **depressão pós-parto**, que ocorre na gestação ou até 1 ano após o parto. A gestação e o pós-parto são considerados períodos de vulnerabilidade, quando aumentam as chances de desenvolver ou de ocorrer a recorrência de um transtorno depressivo ou ansioso preexistente. Essa condição sempre traz impactos e muito sofrimento para a mãe e os familiares mais próximos e é importante procurar ajuda profissional o quanto antes, pois a depressão materna tem consequências também para o desenvolvimento da criança.

O pediatra e psicanalista britânico Donald Winnicott observou o estado de simbiose, uma união intensa que ocorre entre a mãe e o bebê nos primeiros meses de vida, descrevendo que as mães são um espelho para seus bebês. Winnicott explica: "o que o bebê vê quando olha o rosto da mãe? Muitas vezes é a si mesmo que o bebê vê. Em outras palavras, a mãe está olhando para o bebê e a aparência dela está relacionada àquilo que ela está vendo nele. A mãe e o bebê imitam um ao outro".

O cérebro na infância

Se a mãe está deprimida, a interação é muito prejudicada. Mães com transtorno depressivo têm mais dificuldade de colocar limites na criança, e seus filhos têm maior risco de apresentar transtornos do comportamento na infância. As crianças podem se tornar inseguras, inibidas socialmente, tímidas, passivas e mais ansiosas do que aquelas criadas por mães não deprimidas.

Diferentemente da tristeza pós-parto, os sintomas depressivos e ansiosos duram semanas ou meses. As mães podem chorar o tempo todo ou simplesmente ficar olhando pela janela, sem reação. Algumas podem parar de comer ou comer demais, dormir muito ou não conseguir dormir. Esse quadro pode levar a riscos significativos para a mãe e para a criança, como complicações obstétricas e neonatais, alterações do comportamento do recém-nascido, dificuldades na formação do vínculo mãe-bebê e até mesmo suicídio materno.

Entre os fatores de risco para a depressão pós-parto estão: história prévia de transtornos do humor e de depressão pós-parto em gestação anterior, história de infertilidade ou perdas gestacionais, história de trauma ou abuso, evento estressante recente, bebês que foram para UTI neonatal, bebês com problemas de saúde e que necessitam de tratamento, presença de relacionamentos abusivos ou conturbados. Além disso, a privação do sono tem um papel relevante no desenvolvimento da depressão pós-parto, em sua remissão e tratamento. Por isso, é importante que a mãe tente dormir de 4-6 horas consecutivas pelo menos 2-3 vezes por semana.

E não são somente as mulheres que têm risco para esse quadro, os novos pais também têm risco de desenvolver depressão pós-parto. Nos Estados Unidos, estima-se que 5% a 10% dos novos pais sofram de depressão no período perinatal. A Associação Americana de Pediatria publicou no início de 2020 um apelo para que a depressão paterna seja abordada assim como a materna, realizando a avaliação da saúde mental dos pais nas consultas de rotina durante o pré-natal. No Brasil, estudos apontam a presença de transtornos psiquiátricos paternos entre 12% e 25% dos homens.

Um dos fatores de risco para a depressão paterna é a mãe estar deprimida também, quando esse número aumenta para 50% dos novos pais. Os homens relatam confusão, irritabilidade (que piora pela privação do sono), incômodo com o choro do bebê, culpa e sensação de incapacidade em relação aos cuidados do bebê. Tudo isso pode ocorrer sem que se caracterize um quadro depressivo. A depressão se dá quando o pai tem sensação de desesperança, tristeza intensa, isolamento e pensamentos repetitivos de desvalia e culpa, interferindo no bem-estar da dupla mãe-bebê, no comportamento e na saúde da criança como um todo. Também pode haver consequências a longo prazo para essa criança, já que, quando a relação com o pai é conflituosa ou distante, há maior prevalência de transtornos de comportamento e maior risco de envolvimento com drogas na adolescência.

Um recente estudo foi realizado com mulheres com depressão pós-parto, tendo o objetivo de avaliar a importância da presença da figura paterna no desenvolvimento das habilidades socioemocionais da criança até os 6 anos de idade. Os resultados reforçam o papel do pai na promoção da resiliência, quando ocorre uma condição que fragiliza ou ausenta psicologicamente a mãe, como a da depressão materna, e enfatizam a necessidade de intervenções focadas no pai: os filhos de mulheres com depressão pós-parto, que contaram com um pai participativo e sensível, tiveram 50% menos chances de desenvolver problemas relacionados à saúde mental na infância.

Agora, uma sugestão para os pais: bajule e mime sua esposa durante a gestação! O suporte e o carinho do marido é o principal fator de proteção que a futura mãe pode ter. Por isso, assuma mais algumas tarefas da casa, se interesse mais sobre seu dia e trate-a com ainda mais amor, cuidado e proteção.

Em relação à alimentação, há evidências de que as mães que consomem peixes ricos em ômega-3 durante a gravidez promovem o desenvolvimento do cérebro do bebê, que precisa dessa gordura de alta qualidade para o crescimento neural. Por outro lado, a exposição durante o pré-natal e a primeira infância a substâncias tóxicas, como o mercúrio em peixes, o chumbo no solo e os organofosforados em inseticidas, além de muitas outras, tem efeitos nocivos no cérebro imaturo. De acordo com o Center on the Developing Child da Universidade de Harvard, a exposição fetal ao álcool é a principal causa evitável de deficiência intelectual nos Estados Unidos.

O cérebro em formação é extremamente sensível não somente à qualidade, mas também à quantidade de alimento. Crianças que foram bebês desnutridos têm mais chances de apresentar atrasos de desenvolvimento, problemas de comportamento, além de menor QI com piora no desempenho escolar e nos esportes. Uma vez que a alimentação da gestante é o que faz o bebê crescer, principalmente entre o quarto mês e o final da gestação, ela é um fator crucial para sua inteligência. Isso ocorre porque o volume cerebral, que prediz o QI, está relacionado ao peso do bebê ao nascimento.

E o exercício físico, deve fazer parte de toda a gestação? Manter o seu corpo ativo e saudável é importante para você e para seu bebê. A não ser que seu médico contraindique, o exercício não tem risco e traz muitos benefícios, ajudando inclusive a futura mãe a estar mais preparada para o momento do parto. A atividade física ajuda a manter o sono adequado, reduz os níveis de estresse e ansiedade, além de diminuir os níveis de cortisol. E esse hormônio, como já vimos, pode afetar diretamente o metabolismo fetal, além de seu cérebro em desenvolvimento.

Quando nos exercitamos, o sistema nervoso é ativado e ocorre uma transformação positiva no cérebro, da mesma forma que ocorre no músculo. O exercício aeróbico favorece a formação no cérebro do BDNF (*Brain Derived Neurotrofin Factor*), uma neurotrofina que atua principalmente nas mesmas áreas do cortisol, como o córtex pré-frontal e o hipocampo, bloqueando os seus efeitos negativos nessas regiões. O BDNF tem o papel de um fertilizante, sendo responsável por promover a resiliência celular e a plasticidade sináptica, fornecendo suporte aos neurônios existentes e favorecendo o crescimento de novas células. Além disso, hormônios e neurotransmissores, como noradrenalina, serotonina e dopamina, também são liberados durante o exercício físico, diminuindo o estresse e a ansiedade, provocando relaxamento e bem-estar e servindo, inclusive, de proteção contra a depressão pós-parto.

O bebê e seus pais

Por isso, é recomendado que as mulheres grávidas pratiquem, regularmente, pelo menos 150 minutos por semana de atividade aeróbica com intensidade moderada (o suficiente para aumentar a frequência cardíaca e começar a transpirar). Como sempre, é importante termos bom senso e diminuir a intensidade do exercício físico quando a data do parto se aproxima. Lembro-me de quando eu estava no último trimestre da gravidez das gêmeas e meu obstetra sabiamente me alertou: "faça o máximo de repouso a partir de agora, seja você o exemplo para suas pacientes e faça o melhor para suas bebês. O que elas mais precisam é permanecer o maior tempo possível na sua barriga".

O sono é outro fator muito importante, que contribui para a regulação das emoções e o gerenciamento do estresse da gestante. Além disso, a melatonina, que é o hormônio do sono, desempenha um papel fundamental na gravidez. A melatonina é produzida pela pineal (uma pequena glândula no cérebro) durante a noite, que ajuda a regular o ciclo vigília-sono. Ela também é um antioxidante, protegendo as células dos danos causados pelos radicais livres e interage com o sistema imunológico. A passagem da melatonina materna pela placenta expõe o feto a um ritmo diário de melatonina de baixas concentrações durante o dia e altas concentrações à noite. Portanto, ela está envolvida na indução de um ritmo circadiano para os sistemas em formação do bebê. Estudos recentes em animais demonstraram que a programação metabólica intrauterina pode ser modificada no caso de redução da síntese de melatonina durante a gravidez, levando à intolerância à glicose e à resistência à insulina na prole. Por que isso é importante? As mulheres que trabalham à noite, durante a gravidez, devem estar cientes dessas possíveis alterações metabólicas, evitando, se possível, o trabalho noturno.

OS BEBÊS PRECISAM DE PREVISIBILIDADE

As habilidades incríveis que observamos no cérebro do recém-nascido têm um propósito importante: elas o preparam para a interação com a família e para a vida no mundo. O cérebro do bebê tem uma intensa e profunda necessidade de se relacionar e seu principal interesse é a sobrevivência, uma vez que 70% do crescimento do seu cérebro acontece após o nascimento.

A evolução colocou uma espécie de "interruptor" no cérebro dos pais, que chamamos de instinto materno ou paterno. Esse "interruptor" está localizado na amígdala – que fica no lobo límbico, aquela parte do cérebro mais primitiva e responsável pelas emoções – e desencadeia uma reação do tipo "luta ou fuga" em resposta ao medo. Por isto, automaticamente, fazemos o que for preciso para defender nossos filhos, mantê-los seguros e protegidos.

Conforme o bebê cresce, os pais mudam e se desenvolvem também. Os cuidados atentos e pacientes tornam-se tão compensadores que os pais reorganizam as suas vidas. Quanto mais sensíveis forem aos sinais do bebê, mais fácil será responder a ele. O cérebro do bebê, por sua vez, passa a confiar nas respostas dos pais, e eles a acreditar que são verdadeiramente os pais certos para seu filho. Neste ciclo amoroso, o bebê adapta-se à rotina familiar e gradualmente desenvolve os fundamentos do apego seguro.

O cérebro do bebê "adora" previsibilidade. Antecipar o que vai acontecer traz sensação de controle e segurança. E o que acontece quando o cérebro percebe que está seguro? Ele consegue entrar em um estado de calma e tranquilidade com mais facilidade. A **rotina** é muito importante em todos os estágios da vida, principalmente na fase inicial. Sugiro que os pais já comecem a estabelecer uma rotina familiar mesmo antes da chegada do recém-nascido. Muitas pessoas acham que rotina significa tédio. Porém, a rotina e a ordem não precisam ser sinônimos de uma vida chata, "certinha" e triste. Pelo contrário, o nosso cérebro gosta de previsibilidade e da segurança que ela gera.

Pesquisas mostram que, inclusive, o comportamento e o bem-estar das crianças melhoram com o estabelecimento de rotinas diárias. Quando a criança está inserida em um ambiente com estabilidade, ela não precisa se preocupar se será alimentada ou se vai presenciar uma

O bebê e seus pais

briga em seu lar, por exemplo. Por outro lado, o nível de desorganização ou confusão do ambiente na casa da família, além da ausência de previsibilidade e estrutura nas atividades diárias, está associado a dificuldades na hora de dormir, menor desenvolvimento cognitivo e socioemocional, baixo desempenho acadêmico e problemas comportamentais.

Uma sugestão, que eu gosto de fazer na minha casa e que ajuda bastante, é usar um cartaz de cartolina (ou um quadro) para descrever a rotina das meninas com suas atividades e respectivos horários, incluindo desde a hora de acordar até a hora de dormir. As meninas sempre se envolveram e ajudavam na confecção do cartaz com os desenhos (*sol* quando é dia e *lua* quando é noite), além de colorirem as atividades com suas cores favoritas. Usar essa ferramenta visual ajuda principalmente quando as crianças ainda são pequenas. Nos momentos em que elas queriam "pular" alguma atividade do dia, costumávamos recorrer ao cartaz para mostrar o que havia sido combinado, previamente, de ser feito naquele momento do dia, como a hora da soneca, por exemplo. E, assim, a estratégia funcionava muito bem para nos ajudar a manter a rotina.

A segurança do bebê também vem do vínculo com seus pais. Quem tem filho sabe que, desde a gestação, nós o idealizamos muito, imaginamos como ele vai ser fisicamente, do que vai gostar, quais serão seus talentos e suas habilidades. Escolhemos o esporte que vai praticar e a língua que vai aprender, compramos camisas do time de futebol para o qual vai torcer e quem sabe até mesmo decidimos a profissão que vai exercer – tudo isso enquanto o bebê ainda está na barriga da mãe!

Stella, o nome de uma das minhas filhas, é o mesmo da minha bisavó, que foi parteira no interior do estado do Rio Grande do Sul. Conscientemente ou não, a escolha do nome é parte importante do processo de formação do vínculo. Muitos pais homenageiam figuras significativas em sua vida pondo o mesmo nome no bebê e fortalecendo o vínculo entre ele e suas raízes.

Isso é importante para o neurodesenvolvimento do bebê e da criança porque o cérebro do bebê precisa se sentir parte de uma relação para estar no mundo e se desenvolver. Para que isso aconteça, os pais "projetam" nos filhos seus desejos, sonhos e gostos. Quem não consegue se lembrar de algum exemplo dessa experiência na família?

Os bebês, desde muito pequenos, querem alguém que interaja e converse com eles, que reconheça seu sentimento. Antes mesmo de 1 ano de idade, eles parecem ter senso de humor, sabem provocar e fazer os outros rirem. Tudo isso mostra que sabem se relacionar com seu entorno e se divertir também. Eles querem, acima de tudo, relacionar-se de uma maneira emocional e significativa, o que é muito importante, pois enriquece a nossa conexão com eles. Lembro-me da vez em que a Gabi, ainda bebê, pegou uma pilha de camisas passadas do pai, espalhou pelo chão e, quando viu nossa cara de espanto, abriu os bracinhos e sorriu com uma carinha de sapeca como quem diz: "e agora?". Eu e meu marido começamos a rir enquanto ela tirava cada vez mais camisas da pilha, percebendo que achamos a cena muito engraçada.

Um vínculo seguro com um cuidador (geralmente os pais) é o resultado mais importante dos primeiros dois anos de vida. A construção da proximidade entre os pais e seu filho começa nos primeiros meses de vida do bebê, quando os cuidadores respondem às suas necessidades. Por meio de interações repetidas, bebês e crianças pequenas aprendem que um cuidador pode ser confiável para alimentá-los, trocar suas fraldas, ajudá-los a adormecer e confortá-los. Com um apego seguro, as crianças usam os pais como uma base segura para explorar seu mundo, pois as crianças que se sentem seguramente conectadas aos seus cuidadores têm uma regulação emocional mais desenvolvida, são mais propensas a desenvolver a automotivação, além de terem melhores relacionamentos e são mais felizes e confiantes do que aqueles que não o fazem.

Uma das nossas tarefas enquanto pais é desenvolver emoções e traços positivos nos nossos filhos nos seus primeiros anos de vida, em vez de simplesmente consolar emoções negativas e apagar traços negativos. A emoção positiva leva à exploração, que leva à formação de novas habilidades, que leva não apenas a mais emoções positivas, como à descoberta das forças pessoais e virtudes que começam a emergir na criança, formando-se um verdadeiro círculo virtuoso.

Do ponto de vista biológico, a principal função do apego é aumentar as chances de sobrevivência do bebê. Quando o cérebro da criança sente medo, ansiedade, pânico ou detecta perigo, é acionado um *"drive"* biológico, uma motivação que leva o bebê a procurar aqueles a quem ama – e que também fornece segurança, conforto e proteção.

Nós, como mães e pais, devemos aprender a tolerar e a reconhecer o choro do bebê. Todo desconforto desencadeia uma reação no cérebro do bebê: fome, frio, dor, calor, perigo ao se afastar da mãe ou perante um ambiente desconhecido. Sua forma de comunicação é o choro. Assim, não devemos interpretar todas as vezes que o bebê chora como se estivesse triste, pois não está. Às vezes, quer dizer que a fralda está suja ou que ele está com frio. O ponto aqui é identificar o que o bebê precisa e confortá-lo de acordo com o problema. Isso acontece até mais ou menos os 2 anos de idade, período em que ele ainda não sabe comunicar claramente o que precisa.

As interações mutuamente gratificantes são pré-requisitos essenciais para o desenvolvimento de circuitos cerebrais saudáveis e habilidades cada vez mais complexas. Quando um bebê ou uma criança pequena balbucia, gesticula ou chora e um adulto responde adequadamente com contato visual, palavras ou um carinho, no cérebro da criança são construídas e fortalecidas conexões neurais que apoiam o desenvolvimento de habilidades sociais e de comunicação. E como isso ocorre? No momento em que temos a capacidade de responder às necessidades dos nossos filhos, especialmente quando eles estão passando por alguma dificuldade, mais do que acalmá-los, estamos regulando seu sistema nervoso e ajudando-os a desenvolver a capacidade de regulação emocional. Ao mesmo tempo, no cérebro infantil, estimulamos o crescimento e o desenvolvimento das conexões do córtex pré-frontal (a área responsável pelas funções executivas).

Em última análise, os genes e as experiências que proporcionamos aos nossos filhos trabalham juntos aqui também para construir

O cérebro na infância

a **arquitetura cerebral e o funcionamento da mente da criança**. Na ausência de cuidados responsivos, ou caso as respostas não sejam confiáveis e adequadas, essa arquitetura não se forma como esperado, o que pode levar a problemas futuros na aprendizagem e no comportamento. Além disso, o cérebro não apenas deixa de receber o estímulo positivo de que precisa, mas a resposta do corpo ao estresse é ativada, inundando o órgão em desenvolvimento com hormônios do estresse, como o cortisol, potencialmente prejudiciais.

O tipo de apego que a criança teve na primeira infância prediz como será seu desempenho escolar, seu sucesso no trabalho e nos relacionamentos futuros, além de suas habilidades sociais, como autoestima e autoconfiança. Como sabemos disso? Os resultados de longo prazo do *The Minnesota Study* mostram que as crianças com apego seguro também apresentaram menos problemas sociais ou de comportamento e foram consideradas mais resilientes. Tudo isso ocorre porque o relacionamento que temos com nossos pais, as vivências afetivas precoces, tendem a permanecer e servem de base para como enxergamos o mundo e nos relacionamos com as outras pessoas ao longo da vida.

A Teoria do Apego, criada pelo psiquiatra inglês John Bowlby e desenvolvida pela psicóloga americana Mary Ainsworth na década de 1960, descreve os seguintes modelos:

- **Apego seguro:** quando os pais interagem de forma consistente e estabelecem um vínculo de confiança, a criança cria a expectativa de que o mundo é um lugar que faz sentido, que pode ser compreendido e onde ela pode interagir de forma segura com as demais pessoas também. Assim, quando a mãe se afasta, o bebê, após chorar por sua saída, é facilmente consolável por uma pessoa estranha presente.

  Formar um padrão de apego seguro é o nosso maior objetivo como pais. A criança torna-se mais equilibrada emocionalmente, desenvolve a empatia e consegue lidar de forma mais adaptada com sua própria frustração quando as coisas não dão certo. Por tudo isso também é mais fácil para os pais lidarem com seus filhos quando eles desenvolvem um apego seguro.

Além disso, nesse tipo de interação é liberada ocitocina, que fortalece ainda mais os laços entre pais e filhos. E como são esses pais? Atentos, observam com curiosidade e interesse o comportamento da criança e conseguem informar detalhes da vida do filho, comunicando de maneira adequada e fazendo com que a criança sinta que, quando ela precisar, seus pais estarão presentes. E é isso o que o bebê mais precisa. Da sua presença com atenção, transmitindo segurança e confiança para ele.

Existe o mito de que podemos mimar a crianças quando a pegamos muito no colo ou abraçamos demais. O fato é que mimar o seu filho não está relacionado com a quantidade de amor, muito menos de tempo e atenção que você dá a ele. Você não vai mimar a criança dando a ela muito amor e cuidado. Da mesma forma, você não vai deixar um bebê mimado se segurá-lo por muito tempo ou responder com atenção às suas demandas, quando ele se expressa e pede atenção. O que ocorre é justamente o oposto: quando os pais respondem com presença, atenção e amor às demandas do bebê, desenvolvem o apego seguro.

- **Apego inseguro ou evitativo:** os bebês não reclamam o afastamento da mãe e a evitam quando retorna, continuando a brincar como se nada tivesse acontecido. Mas pode ocorrer em pais emocionalmente mais retraídos e emocionalmente indisponíveis, quando existe falta de comunicação e carinho com o bebê. No momento em que a criança sofre negligência, no seu cérebro, a amígdala é ativada, liberando cortisol e adrenalina. Com essa resposta fisiológica ao medo, ela se torna mais reativa e chorosa.

Ao ficarem mais velhas, essas crianças parecem independentes e maduras, pelo menos à primeira vista, por terem aprendido a se cuidar sozinhas. Porém, na realidade, elas não conseguem desenvolver uma relação saudável com os pais e amigos, sofrem níveis de ansiedade crônica e não têm segurança nas relações sociais, pois não aprenderam a lidar com suas emoções e a confiar nos outros. Mães que tiveram um apego inseguro com as próprias mães tendem a repetir esse padrão com os filhos.

- **Apego ambivalente ou desorganizado:** os bebês podem parecer confusos ou com medo diante do afastamento e da aproximação das mães. Isso pode ocorrer em crianças que sofrem maus-tratos, filhos de mães deprimidas e crianças cujas próprias mães sofreram perdas precoces de figuras de apego. Também pode decorrer de pais inconsistentes, que não seguem um padrão de interação afetiva: por vezes disponíveis e atentos, por vezes ausentes. Assim, o cérebro da criança não sabe ao certo o que fazer com essa informação e não consegue criar um modelo adequado de interação. Essas crianças têm dificuldades em controlar os impulsos, têm mais ansiedade e maiores chances de apresentar transtornos mentais quando jovens.

É incrível pensarmos que o relacionamento que temos com nossos filhos irá servir de base para como eles vão criar nossos netos – e assim por diante. Do ponto de vista transgeracional, o tipo de apego tem importância fundamental. Para prover a base segura e tudo mais que ela oferece, nós, como pais, estaremos em melhor posição se tivermos consciência da nossa história de vida, de como vivemos a infância e qual modelo de apego aprendemos com nossos pais. Estudos recentes da teoria do apego mostram que o principal preditor do tipo de interação que os pais terão com os filhos é como eles próprios foram criados e, acima de tudo, como se sentem a respeito dessas experiências passadas.

Ao longo deste livro, quero ajudar você a ganhar o máximo de clareza possível a respeito da sua criação. Por esse motivo, sempre que possível convidarei você a lembrar da sua infância e imaginar como se sentia em determinadas situações quando era criança, tentando se colocar no lugar do seu filho e exercitando o poder da imaginação, que é a nossa capacidade de criar imagens que transcendem a realidade atual. Tendo em mente o conceito de neuroplasticidade, sabemos que onde colocamos a atenção os neurônios disparam e a rede neuronal se desenvolve, promovendo a mudança de comportamento.

Mesmo que não tenha recebido amor e uma base segura de seus pais, você é capaz de contar sua história de forma a fazer sentido. Quando você se apropria da sua história de vida, passa a ter mais consciência das suas atitudes e intenções como pai ou mãe, agindo de forma mais efetiva com seus filhos, assim como com as outras pessoas em qualquer tipo de relacionamento. Dessa forma, ao demonstrar amor e cuidado a quem você ama, seus relacionamentos prosperam, seu cérebro se torna mais saudável e seu comportamento mais adaptado à realidade – e, acima de tudo, sua vida tem mais significado.

Por fim, um vínculo saudável com um dos pais (ou algum cuidador) é um importante indicador de saúde emocional e resiliência, podendo diminuir o impacto de adversidades até mesmo significativas na saúde de uma criança e, eventualmente, em sua expectativa de vida. Quando tem uma base segura, a criança é capaz de desenvolver sua autonomia ao se aventurar e explorar o mundo com segurança, sabendo que pode voltar e recorrer aos pais se necessário.

ESTILOS PARENTAIS

Todos os pais desejam o melhor para seus filhos. Que bom seria se nossos pequenos passassem a infância sem sofrer um machucado e um arranhão. Mesmo que fosse possível, isso não é o desejável do ponto de vista do desenvolvimento cerebral.

No início da vida do bebê, o amor dos pais se dá pela mais absoluta doação. Ao oferecer à criança tudo o que ela necessita, permite-lhe a ilusão de que será assim pela vida toda. Aos poucos, à medida que a criança se desenvolve, a função dos pais é desiludi-la, ocorrendo o confronto com a realidade. De qualquer forma, nós, como pais, devemos achar o equilíbrio entre a superproteção e a negligência, como veremos neste capítulo.

A infância é o período que as crianças têm para treinar e adquirir as habilidades motoras, cognitivas, sociais e emocionais que vão usar ao longo da vida. Se os pais interferirem demais e tentarem resolver tudo em seu lugar, elas não conseguirão lidar com as frustrações, aceitando as derrotas, sem desenvolver a capacidade para superar os desafios.

Quando minhas filhas eram bebês, havia um parquinho do bairro onde costumávamos ir com frequência. Lá havia alguns poucos brinquedos, como um escorregador em formato de "S". Um dia as meninas viram outras crianças maiores deslizando por ele e quiseram fazer o mesmo. Por mais desafiador que parecesse para bebês com quase 1 ano e meio de idade, eu as incentivei a subir as escadas sozinhas, no ritmo de cada uma, para que descessem pelo escorregador sem que eu ficasse perto, nem mesmo segurando-as na chegada. Admito que, quando pisaram no chão, respirei aliviada e fiquei muito feliz por ver suas carinhas de satisfação e entusiasmo.

Evidentemente, cada família deve fazer suas escolhas de acordo com cada situação específica. Mas, pela minha experiência, sugiro que você escolha deixar seu filho subir no escorregador. Se ele cair, você vai estar lá para acalmá-lo e falar das vezes que você caiu também, que você sabe como dói e é chato cair, mas que faz parte da vida e que, como eu sempre digo para as minhas filhas, *"acidentes acontecem"*. O importante é que seu filho saiba que, aconteça o que acontecer, você vai estar junto dele, ensinando como pode fazer melhor da próxima vez. Se a criança tiver receio de subir novamente no escorregador após a queda, ajude-a, aos poucos, a enfrentar o medo. Usando frases como: *"vamos em frente, você consegue"*, incentive-o suavemente, respeitando seu tempo, sem forçar o enfrentamento, principalmente se a criança for pequena.

Você já percebeu que, ao cair, a primeira coisa que a criança faz é olhar para o adulto responsável por ela que esteja mais perto? Quando este, por sua vez, tem uma reação muito intensa, a criança também vai ter. Porém, se ele consegue se manter tranquilo, contendo a ansiedade, a criança se sente mais segura e tudo se resolve de uma forma melhor. Por isso, por mais difícil que seja, tente manter a calma ao ver que seu filho porventura sofreu um pequeno acidente. O certo é que as crianças precisam errar e sentir a frustração. Ao agir impulsivamente para proteger nosso filho do fracasso, estamos impedindo que ele aprenda novas habilidades. Quando criamos muitas proteções no seu dia a dia, mesmo com a melhor das intenções, estamos impedindo que ele descubra seus gostos, seus talentos e suas habilidades.

Um dos assuntos que mais geram dúvidas e levam os pais a pesquisar na literatura sobre educação infantil é como colocar limites com conexão emocional. É realmente importante que os pais se informem sobre o assunto, pois a divergência na forma de educar os filhos é um dos principais fatores que contribui para o estresse no relacionamento entre os pais. Por isso, é tão importante buscar compreender os valores, as diferenças culturais e como foi a infância de cada um para alinhar as expectativas do casal em relação a esse tema.

Muitos pais imaginam que devam ser ou muito rígidos ou muito amorosos na hora de criar os filhos, sem saber que a educação de forma sensível e emocionalmente responsiva *pode* e *deve* acontecer de mãos dadas com o estabelecimento de limites, com regras claras e previsíveis. De acordo com a Neurociência, nenhum dos dois estilos parentais isolados – muito autoritário ou muito permissivo – tem desfechos positivos para as crianças. O fato é que as crianças precisam de limites, altas expectativas em relação ao seu comportamento – que são comunicadas a elas – junto com conexão emocional, carinho e presença dos pais.

Então, o que devemos fazer? De acordo com a Neurociência, os pais precisam saber que carinho e limites podem e devem andar juntos: o ideal é que eles comuniquem com empatia, nomeando suas emoções, validando seus sentimentos (tristeza, frustração, raiva), mostrem que estão presentes e junto com a criança nesse momento difícil para corrigir e redirecionar seu comportamento. Ou seja, acalme a criança e, ao mesmo tempo, dê limites a ela, mostrando que certos comportamentos não são aceitos e que você tem a expectativa de que ela aja da forma correta. Usando essa combinação de elementos, o cérebro da criança aprende com mais facilidade e você vai ser mais efetivo ao educar e disciplinar seu filho, como vermos mais adiante neste livro.

Quando a criança não quer deixar uma atividade divertida, como ir embora do parquinho, é comum que se instale uma "batalha". Para evitar chegar a esse ponto e no lugar de simplesmente pegá-la no colo aos gritos na hora de ir embora, você pode dizer: "eu sei que você está se divertindo muito e que gostaria de ficar" (demostrando empatia), "mas está na hora de ir para casa" (oferecendo limites). Além disso, procure dar duas opções de atividades divertidas para fazer mais tarde: "quando chegar em casa, você quer lanchar ou tomar banho?" (quando a criança sente que tem controle, aumenta a chance de colaboração). Após o aviso, se a criança permanecer, segure-a de forma firme e suavemente conduza-a no caminho em que você deseja ir, como se estivesse "ajudando-a" a voltar para casa, mostrando que confia na sua capacidade de apresentar o comportamento esperado.

Esses pais, que encontram o equilíbrio entre resposta emocional e limites com altas expectativas, são chamados de **participativos**. Os pais participativos criam um relacionamento positivo e carinhoso, mas ao mesmo tempo firme com o filho. Além disso, estão dispostos a considerar as opiniões da criança e se envolver em discussões e debates, o que provavelmente contribui para o desenvolvimento das suas habilidades socioemocionais.

Eles exercem a autoridade na medida certa, dizendo "não" claramente para os filhos, ao mesmo tempo que comunicam seu afeto, proporcionando suporte, carinho e aceitação sem medo de perder o amor ou a "popularidade" com eles. Aqui queremos deixar claro que "autoridade" é bem diferente de "autoritarismo". A criança precisa obedecer a alguém que faz boas escolhas por ela, que planeja suas refeições, que sabe a que horas ela deve dormir e que determina qual conteúdo ela pode assistir nos aparelhos eletrônicos, por exemplo. Essa pessoa tem autoridade no momento em que é estável e previsível para a criança, fazendo com que ela se sinta segura e com vontade de obedecê-la.

Não por acaso, as características importantes do estilo parental participativo coincidem com aquelas do apego seguro: constância, sintonia e previsibilidade. Os pais se tornam esses modelos na medida em que fazem o que dizem dentro e fora de casa, quando cumprem aquilo que prometem, quando o "não é não e o sim é sim". Tudo isso leva segurança ao cérebro da criança. Ela sabe o que esperar do pai e da mãe. Todo relacionamento se estabelece tendo como base a confiança. O relacionamento entre pais e filhos não é diferente: a criança tem que ter confiança nos pais; assim como os pais, no filho. Desde muito pequenas, as crianças já demonstram grande sensibilidade para captar quando são enganadas e tendem a desenvolver a sinceridade. Dessa forma, para que a virtude da sinceridade se desenvolva, seus pais devem ser exemplos de confiança e sinceridade.

Além disso, esses pais têm a consciência de que são referência para seus filhos do tipo de comportamento que não é adequado: não gritam com a criança e, se o fazem, pedem desculpa. Quando ela comete um erro ou faz algo que não aprovam, os pais não falam: "assim você me irrita" ou "mamãe não gosta mais de você". Pelo contrário, esses pais sabem que são o porto seguro dos seus filhos, que são continentes e acolhem suas emoções com amor incondicional. Assim, corrigem o comportamento da criança dizendo: "eu te amo, mas não gostei dessa atitude" ou "não gostei de como você falou". Em seguida, propõem uma forma diferente e mais adaptada de comunicação.

Pode parecer paradoxal, mas os *pais participativos* incentivam as crianças a atingir altos níveis de independência, porém com limites, agindo dentro dos valores importantes para a família e voltados para a responsabilidade social no futuro. Em vez de tratarem os filhos como sua sombra, demonstraram confiança, respeito e gentileza, permitindo que encontrem o próprio caminho.

O cérebro na infância

As crianças criadas assim são mais estáveis e felizes, já que recebem amor incondicional e, principalmente, sentem-se valorizadas. Sua atenção total mostra que seu filho vale o seu tempo. Especialmente nos dias de hoje, com tantas demandas e distrações, algo aparentemente tão simples como focar sua atenção total em outra pessoa é poderoso. Aproveite para criar o hábito de sentar no chão ao seu lado, não só enquanto brinca, mas também enquanto conversa com ela. Pesquisas mostram que olhar nos olhos de outra pessoa por alguns minutos é ainda mais importante para desenvolver a conexão emocional.

Manter essa relação de confiança é fundamental! Pesquisas de longo prazo, que acompanharam crianças por muitos anos, mostram que os estilos parentais têm influência profunda na vida delas. Quando os filhos se sentem próximos dos pais, é muito menos provável que desenvolvam ansiedade ou transtornos do humor, abusem de drogas ou álcool ou se envolvam em comportamentos delinquentes. Além disso, por terem um bom canal de comunicação com seus pais, também são mais propensos a ouvi-los do que exclusivamente seus colegas, sendo capazes de integrar os valores de seus pais como sendo seus próprios valores.

Esther Wojcicki, jornalista e professora que atua no Vale do Silício, autora do livro *Como criar filhos para o mundo: lições simples para resultados radicais*, afirma que regras e limites fornecem estrutura e guiam as crianças, que se sentem calmas ao saber que alguém está no comando. Bons pais não têm medo de estabelecer limites. Assim como não têm medo de tratar seus filhos como um colaborador de confiança. Assim, a autora acredita que possa haver um modo de educar os filhos ainda melhor: a **educação colaborativa**. Nela, os pais constroem um relacionamento de respeito mútuo com seu filho – quando tem idade suficiente para entender o básico – e trabalham com a criança para *fazer as coisas* em vez de simplesmente *dizer o que deve ser feito*. Quando tem um certo grau de gerência sobre a tarefa a ser executada e passa a se sentir como um *colaborador de verdade,* a criança torna-se mais colaborativa naturalmente.

72

O cérebro das crianças, principalmente as pequenas, tem uma necessidade natural de controle e poder. Então, use esse conhecimento a seu favor e dê duas opções para a criança. Ao escolher, ela tende a se sentir envolvida e no controle da situação, aumentando sua chance de colaboração. Por exemplo, ao preparar um café da manhã, no lugar de dizer simplesmente "hoje vamos fazer uma omelete para o papai, venha me ajudar a preparar", você pode dizer: "vamos fazer um café da manhã especial para o papai? O que você acha que ele gostaria de comer? Omelete ou queijo quente? Já que você acha que ele prefere omelete, então pode me ajudar a separar os ingredientes, a quebrar e bater os ovos. Vou te ensinar como se faz. Depois vamos colocar a mesa juntas".

Ou seja, quando a criança se sente parte ativa da decisão, tudo flui de forma mais fácil. Na nossa família, também consideramos importante dar oportunidades de escolha para as crianças, dentre algumas possibilidades previamente elegidas pelos pais, principalmente quando ainda são pequenas. Por exemplo, gosto de ouvir a opinião das meninas sobre a programação do fim de semana: "Stella e Gabi, vocês preferem ir ao parque ou descer para brincar no prédio?" Algumas vezes uma decide uma coisa diferente da outra, e tentamos revezar qual delas tem a preferência. Na hora de escolher a roupa, também usamos essa estratégia: separamos duas roupas para cada uma, para que escolham qual delas querem vestir.

Os **pais autoritários** – como o estereótipo da *"tiger mom"*, por exemplo – são dominantes, exigentes e enérgicos, ocupam todos os espaços da vida dos filhos e os pressionam para que alcancem altos níveis de desempenho acadêmico ou sucesso em atividades extracurriculares de alta performance. Exercer o poder sobre os filhos é muito importante para esses pais, que não explicam as regras nem demonstram carinho e afeto. Ao usar métodos parentais muito rígidos, eles formam filhos medrosos, que fazem tudo escondido dos pais e cumprem ordens por medo, e não porque internalizaram seus valores. O excesso de estrutura e as altas expectativas são prejudiciais ao cérebro em formação. Essas crianças podem se tornar adultos incapazes de tomar decisões, passivos, carentes de iniciativa e segurança, sem espírito nem personalidade. Também podem ter um impulso para a perfeição e uma insatisfação contínua, já que sempre foram extremamente cobradas pelos seus pais.

Os **pais permissivos**, também conhecidos como *"soft"*, realmente amam seus filhos, mas têm dificuldades em estabelecer regras e evitam o confronto, achando difícil dizer "não" para as crianças. Hoje em dia, a superproteção não ocorre somente ao evitar os riscos, mas também quando os pais são permissivos demais. Assim como os superprotetores, eles têm "pena" de frustrar, criando crianças intolerantes e mimadas. Porém, quando cedemos facilmente por amor, os filhos perdem a noção dos valores que norteiam a família. Se damos tudo o que a criança quer, ela cresce com a certeza de que vai conseguir tudo o que quer. Os pais que acabam dizendo "sim" para tudo têm medo de perder o afeto dos filhos; a mãe teme ser rotulada como "a megera da casa". Os filhos correm o risco de se tornarem materialistas demais, pensando sempre no que podem ganhar e aonde podem ir nas próximas férias, por exemplo.

Muitas vezes, eu mesma tive medo de ser "impopular". Meu marido passou algum tempo trabalhando em outra cidade e ficando com as meninas somente nos fins de semana. Quando estava com elas, ele tinha um pouco mais de dificuldade em frustrá-las, trazia as tão esperadas "lembrancinhas" do aeroporto e, como a grande maioria dos pais de meninas, não resistia aos pedidos e ficava feliz em satisfazer as vontades delas. Eu acabava, por vezes, sendo a "chata", que limitava os presentinhos, as guloseimas e retomava a rotina no dia a dia. Com o tempo, vimos como é importante o pai e a mãe estarem alinhados e fomos "ajustando os ponteiros", cumprindo juntos os combinados em relação aos limites, às recompensas e às rotinas da casa. O cérebro da criança precisa aprender a reconhecer os padrões por meio da repetição. Por isso, educar requer persistência e constância. Além de muita repetição, com várias idas e vindas. Ao mesmo tempo que os avanços ocorrem na direção do comportamento desejado, a criança também pode apresentar retrocessos em alguns momentos, e isso faz parte da jornada do desenvolvimento.

Os **pais superprotetores**, ou *"helicópteros"*, pairam em torno dos filhos administrando seus caminhos para o sucesso e negando a eles o sabor valioso da independência. Acham que a vida das crianças é de total responsabilidade deles, pais, e querem afastá-las de qualquer sofrimento. Porém, nada na vida é isento de riscos, e a superproteção também traz prejuízos para as crianças.

As crianças não sabem muito sobre o mundo, e é nossa responsabilidade ensiná-las. No entanto, mesmo quando estão fazendo algo tão natural como caminhar, elas constantemente levam tombos pelo caminho, não é verdade? Estão aprendendo a sentir dor, como acontece ao cair no chão, desde o primeiro ano de vida. Existe uma linha tênue entre a "exposição controlada ao risco" com a supervisão dos pais e a negligência ou o sofrimento intenso que levam ao estresse tóxico e ao trauma, por exemplo.

Quando a criança sente dor, seu cérebro recebe um sinal para não repetir aquela ação novamente. Assim ocorre também com o medo e a ansiedade, que fazem com que a criança fique longe de pessoas que a machucam ou de lugares que não lhe fazem bem para que não tenha sentimentos negativos. Esses componentes são necessários para a sobrevivência. Portanto, prestamos um desserviço aos nossos filhos se deixarmos de usar o que quer que esteja disponível para ajudá-los a aprender, incluindo as emoções negativas.

Mesmo cheios de boas intenções, quando nos dispomos o tempo todo a resolver os problemas pelos nossos filhos ou tentamos protegê-los de possíveis dores e arranhões, estamos impossibilitando que eles tenham a oportunidade de aprender novas habilidades por si próprios e experimentar as necessárias experiências positivas e negativas que vão prepará-los para a vida.

A infantilização excessiva dificulta o desenvolvimento em todos os sentidos. Bebês e crianças adoram novidades e desafios. É inspirador perceber como os bebês se autodesafiam a toda hora e como não devemos subestimá-los. Inconscientemente, quando resolvemos um problema para a criança ou impedimos que ela supere um desafio, estamos enviando para seu cérebro as seguintes mensagens: "você não é capaz de fazer isso sozinha", "você precisa de ajuda", "você precisa da permissão de outra pessoa para conseguir o que deseja". Tudo isso, repetido várias vezes, pode acionar sua amígdala, estrutura do cérebro responsável pelas fortes emoções no sistema límbico, e gerar insegurança e ansiedade na criança. Mesmo que não seja expressa, essa atitude é transmitida e incorporada como uma verdade, uma crença, que pode permanecer no longo prazo, inclusive pela vida adulta. E tudo o que não queremos é tornar nossos filhos indefesos e dependentes, incapazes de tolerar a frustração, desabituados ao esforço e ao sucesso, impacientes e ansiosos, intolerantes, insatisfeitos e pouco disciplinados.

No outro extremo, existem os **pais negligentes**, que formam provavelmente o pior modelo. Eles são extremamente indiferentes, preocupam-se pouco com os filhos, não se envolvem em suas atividades diárias e somente cumprem os cuidados básicos. São pais que se afastam dos filhos, seja por questões familiares, excesso de trabalho ou qualquer outra razão. As crianças desenvolvem baixa autoestima, precisam de atenção constante e se colocam em situações de problemas e de risco, além de apresentarem baixo rendimento escolar e nos esportes. Muitas vezes, os pais reclamam que os filhos têm um tipo de comportamento – como gritar, falar de forma agressiva ou comer na hora errada – sem se dar conta de que fazem o mesmo e que tal atitude da criança ocorre por estar seguindo seu modelo. Igualmente, caso os pais tenham instabilidade emocional e se comportem de forma inconsistente, reagindo de modo contraditório diante das mesmas situações, o cérebro da criança perderá a confiança e ficará sem referência.

Então, o que devemos fazer? Quando prestamos atenção em nossa experiência interna, conseguimos tomar melhores decisões sobre em que momento devemos nos envolver e ajudar a criança, e em que momento devemos deixá-la resolver as coisas por si própria. Para isso, antes de decidir que atitude tomar, tente perguntar a si mesmo: "o que favorece o desenvolvimento do meu filho? Ajudar meu filho nesse momento vai promover o seu desenvolvimento ou somente reduzir a minha própria preocupação e ansiedade?" Tendo essa pergunta em mente, procure entender qual é a sua motivação antes de ceder ao seu impulso e correr em direção à criança.

De fato, existe uma hora e um lugar para cada tipo de educação. Embora os extremos sejam muitas vezes excessivos no dia a dia, se a criança estiver em uma situação perigosa, talvez você precise agir com uma medida punitiva mais rigorosa para chamar a atenção e conseguir a obediência que precisa. Também não estamos aqui falando que não devemos ajudar nossos filhos. Claro que podemos intervir, mas, em algumas situações, a maior demonstração de amor que podemos dar é recuar e permitir que eles achem soluções e experimentem novas possibilidades. Momentos desafiadores são importantes, como veremos ao longo deste livro, para a criança desenvolver capacidades, como garra e resiliência. Assim, quando nossos filhos precisarem de ajuda, vamos estar lá para mostrar o caminho. E, na próxima vez, eles certamente saberão fazer por eles mesmos, sem a nossa presença. Esse é o grande objetivo da educação dos pais.

Como desenvolver o cérebro e as emoções da criança

MOVIMENTO

As crianças apresentam uma intensa motivação para aprender. E fazem isso de uma forma tão natural que parece que adquirem cada nova habilidade com um "clique", de uma hora para outra. A verdade é que elas aprendem a todo momento e com muito mais facilidade do que os adultos; não sabem se a tarefa é muito difícil, se o esforço vale a pena ou não – e o mais incrível é que não têm medo de cometer erros e adoram desafios.

O cérebro na infância

Lembro quando a Stella e a Gabi começaram a caminhar: desequilibravam-se, caíam, levantavam-se e seguiam em frente, com satisfação, se divertindo no meio do caminho. Ao presenciar os inevitáveis tombos quando tentavam dar os primeiros passos, eu vivia no constante desafio de achar o equilíbrio entre controlar a minha vontade de protegê-las e o desejo de vê-las se desenvolvendo com cada vez mais autonomia.

Com o desenvolvimento físico e a possibilidade da mobilidade, vem junto o desenvolvimento emocional. A criança busca independência e autonomia ao se afastar do cuidador. Vale lembrar que os bebês se desenvolvem com um ritmo próprio. Aqui, o importante é não queimar etapas: essa independência precisa ser sustentada, respeitando o tempo de cada bebê e valorizando o presente.

Um dos princípios básicos do desenvolvimento cerebral é que os elementos mais simples devem ser constituídos mais cedo, como vimos no capítulo "O funcionamento cerebral". O movimento é fundamental para o desenvolvimento de um cérebro saudável, favorecendo o raciocínio, a coordenação motora e novas sinapses do sistema nervoso. O estímulo à movimentação do corpo na infância se reflete não apenas na aprendizagem, como também na formação integral da criança. O desenvolvimento motor amplo, como a corrida e a natação, promove o desenvolvimento motor fino, como é o caso do movimento de pinça, que futuramente ajudará a criança a segurar a colher e o lápis. Ou seja, uma coisa está ligada à outra.

Muitas vezes, as crianças que não "param quietas" recebem críticas, mas quem disse que elas devem permanecer assim? Alguns pais chegam a se referir a seus filhos com 1 ou 2 anos de idade como "hiperativos", ou até mesmo "terríveis", esquecendo que as crianças foram feitas para se movimentar, buscar novidade e aventura, envolver-se no mundo com o corpo todo. O normal, o saudável, é que elas estejam em movimento – e essa é a chave para um cérebro forte e saudável nas crianças pequenas. Elas precisam subir em árvores, equilibrar-se em uma barra, pular obstáculos e praticar atividades dinâmicas que as levem a se adaptar conscientemente aos movimentos. Por isso, cuidado

80

com as palavras: as crianças podem não entender o que você diz verbalmente, mas elas sentem e captam com clareza sua expressão facial e corporal, sua aprovação ou desaprovação. Elas sabem se você está estimulando ou não determinado comportamento.

A criança explora tudo rapidamente, de acordo com a velocidade do seu cérebro, mas logo perde o interesse por determinada atividade e busca outro objeto que chamou sua atenção. O corpo dela não para, uma vez que precisa acompanhar esse ritmo cerebral "acelerado" e se desenvolver de forma saudável. Pode dar trabalho, mas é perfeitamente normal e esperado para essa fase da vida que a criança tenha muita energia e mude o foco da sua atenção a todo o momento.

Como vimos anteriormente, o cérebro humano cresce e se desenvolve a partir do seu uso, sendo que os seis primeiros anos de vida são os mais importantes para esse processo, chamado de neuroplasticidade. Quando os pais sabem o propósito de suas ações e das atividades que oferecem de acordo com as particularidades específicas de cada fase da infância, a criança tem a capacidade de alcançar um estado de excelência física.

Devemos deixar que as crianças brinquem, sujem-se e façam esportes, evitando que fiquem em frente aos aparelhos eletrônicos. O que os pais precisam fazer é permitir que as crianças se aventurem, tentem coisas novas constantemente, explorem seus limites e suas habilidades em um ambiente seguro e de forma acolhedora dentro de cada fase do desenvolvimento. Ao mesmo tempo que devem incentivar a criança a ser cada vez mais independente, promovendo sua autoestima, precisam protegê-la dos riscos com bom senso e responsabilidade.

Desde recém-nascido, coloque o bebê acordado na posição de bruços por alguns minutos todos os dias. Ficar de bruços é muito importante para o desenvolvimento do cérebro infantil até a fase em que o bebê adquire condições de se colocar na posição sozinho. Esse exercício deve ser feito da forma mais tranquila e divertida possível, apesar de parecer desconfortável para ele nas primeiras tentativas. Por esse motivo, é importante que os pais estejam calmos, conversem com o bebê e estimulem o desafio através de músicas, brinquedos com cores e estímulos sonoros, além de manter um tom de voz calmo e confiante. Lembro-me de que minhas filhas resmungavam um pouco enquanto faziam força para levantar a cabecinha. Mesmo assim, devemos persistir e voltar ao treino em momentos diferentes do dia, cuidando que o bebê fique nessa posição por alguns momentos (2 ou 3 minutos já é bastante tempo no início).

Quando os bebês passam a movimentar o olhar, rodar a cabeça e levar as mãos na direção de um objeto, planejando sua trajetória e tentando alcançá-lo, estão mostrando a forma como agem e se comportam no mundo, construindo assim sua noção de corpo e desenvolvendo em seu cérebro a noção de autoconsciência. Com isso, eles entendem que são diferentes e separados das outras pessoas.

A partir dos 6 meses, a maioria dos bebês adquire a capacidade de engatinhar, movimentando-se por toda parte. Com isso, a criança consegue ficar longe do cuidador, descobrindo o mundo com cada vez mais autonomia e independência. Muitos bebês aprendem a engatinhar entre 7 e 10 meses. Mas, como cada bebê é único, seu filho pode engatinhar mais cedo ou mais tarde do que os outros. Existem várias formas de engatinhar, e alguns bebês pulam totalmente esse estágio, indo do rastejar ao ficar em pé e andar.

O mais importante nessa fase é estimular que seu filho se movimente livremente o maior tempo possível: quanto mais a criança rastejar e engatinhar, mais rápido ela vai adquirir força e equilíbrio para se levantar sobre as mãos e os joelhos. Lembre-se de sentar-se confortavelmente no chão para brincar com o bebê. Coloque alguns brinquedos próximos do bebê, mas não tão longe que ele não consiga pegar, e vá aumentando a distância conforme ele for se movimentando com mais facilidade.

Com cerca de 9 meses, os bebês geralmente podem avaliar a distância muito bem, e o que muitos pais não sabem é que rastejar e engatinhar são muito importantes para desenvolver a coordenação visomotora. Enquanto a criança engatinha, ela desenvolve a

Como desenvolver o cérebro e as emoções da criança

capacidade de estabilizar a imagem ao mesmo tempo que está em movimento, convergindo a visão dentro da distância do olho à mão. Essa é a mesma distância que escrevemos, realizamos a leitura e os trabalhos manuais. Por isso, quando a criança tem seu movimento limitado nesta fase, sua capacidade de desenvolver a convergência da visão, a capacidade de ambos os olhos se concentrarem em um objeto simultaneamente, é afetada. Assim, evite qualquer tipo de dispositivo que limite seus movimentos nessa fase, como cadeirinhas eletrônicas de balanço, por exemplo.

Depois de se sentar sem apoio, ficar de pé sozinho e dar passos se segurando nos móveis, o bebê é capaz de "cruzar" os ambientes da casa dando pequenos passinhos. Com aproximadamente 1 ano, ele já é capaz de caminhar sem se segurar. Para estimulá-lo a se movimentar, podem ser usados alguns brinquedos, como carrinhos com rodinhas. Uma sugestão de brincadeira é esconder objetos pela casa e pedir para a criança procurar, como uma caça ao tesouro. Deixe também que ela explore e inicie uma atividade no seu ambiente. Estimule seu bebê a alcançar brinquedos para se movimentar. Lembre-se de que a criança que fica parada "não incomoda", como muitos pensam, mas, ao mesmo tempo, ela não desenvolve seu potencial.

Além de se movimentar intensamente, as crianças nessa idade estão na fase oral e adoram colocar absolutamente tudo na boca. Como elas ainda não têm controle da sua força, puxam o cabelo da mãe, agarram o gatinho, jogam os objetos no chão. As crianças fazem isso porque estão descobrindo o que são capazes de fazer e testando os limites da sua força e coordenação motora. No lugar de reclamar do seu comportamento e de chamar a sua atenção, como pais, devemos ensiná-las a fazer carinho nos animais, mostrando como seu pelo é macio e gostoso de passar a mão, sem puxar ou machucar o bichinho.

O movimento de pinça é um dos principais marcos do desenvolvimento durante o primeiro ano de vida. Depois de segurar coisas com as mãos, o bebê passa a ser capaz de fazer isso utilizando os dois dedos, segurando pequenos objetos com o dedo indicador e o polegar –

uma característica única e fundamental da nossa evolução como espécie. Com essa habilidade motora fina, os seres humanos são capazes de tocar instrumentos, desenhar, digitar, costurar. A destreza com os dedos, que começa a se desenvolver em torno do oitavo ou nono mês de vida, requer muita prática. Adquirir essa habilidade não é fácil, consistindo em um grande avanço na coordenação motora do bebê.

Por isso, é importante nessa fase incentivar seu filho a movimentar as mãos, brincando com blocos, folheando livros, rasgando papéis, usando cubos e recipientes de diferentes formas, além dos quebra-cabeças com peças grandes e seguras para a idade. Faça bolhas de sabão e estimule o bebê a alcançá-las no ar com as mãos. Deixe que se alimente usando a própria colher ou colocando os alimentos diretamente na boca sozinho, somente com sua supervisão. Apresente instrumentos musicais ou até mesmo panelas e potes para fazer diferentes sons. Procure cantar músicas como "As Rodas do Ônibus Giram, Giram" ou "Cabeça, Ombro, Joelho e Pés", fazendo movimentos com as mãos e incentivando-o a fazer o mesmo, imitando você!

Quando seu bebê tiver 18 meses, encoraje-o a procurar coisas pela casa, dê bolas para chutar e rebater, deixe que ele empurre e puxe brinquedos, faça-o correr atrás de bolhas de sabão. Uma pequena mudança de hábito, como deixar o bebê ir para o chão o máximo de tempo possível, pode ser muito importante. Algumas crianças, até mesmo aos 18 meses de vida, ficam tempo demais no chiqueirinho ou sentadas no carrinho junto dos pais, os quais, na melhor das intenções, não permitem que elas explorem por medo de que caiam e se machuquem. Com isso, elas podem não caminhar no tempo esperado simplesmente pela falta de oportunidade de testar sua força para ficar de pé e se apoiar nos móveis da casa. Esse quadro é facilmente revertido se forem estimuladas de maneira adequada.

Por volta dos 3 anos, a criança é capaz de desenvolver a habilidade da corrida. Assim como os adultos têm uma sensação de bem-estar e de aumento da energia logo após praticarem uma corrida, as crianças também ficam felizes depois de correr. Você pode propor: "Corra até a linha de chegada e volte cinco vezes, trocando o bastão de mão a cada volta". O exercício faz com que a criança tenha cada vez mais foco, atenção e autocontrole, o que é muito importante para seu sucesso em diversas áreas da vida, como descobriremos ao longo deste livro.

Com o tempo, a criança passa a desenvolver a lateralidade. O que isso quer dizer? Significa que, sem se dar conta, ela apresenta preferência para utilizar o lado direito ou esquerdo do corpo, ocorrendo a dominância de um dos lados, que apresenta maior força muscular, precisão e rapidez. Nos países ocidentais 85% a 90% das pessoas são destras e 10% a 15% das pessoas são canhotas, sendo a ambidestria (a habilidade de executar tarefas igualmente bem com qualquer uma das mãos) bastante incomum. Toda vez que a criança alcançar uma colher com a mão ou pular em um pé só, o cérebro já decidiu que lado do corpo será usado. A origem dessa função se dá no lado oposto do cérebro, que controla as funções dessas partes do corpo.

Como a maioria das características biológicas, a destreza manual é uma característica complexa que parece ser influenciada por vários fatores, incluindo a interação de diferentes genes e do ambiente. Na nossa casa, a Stella é destra. Já a Gabi sempre teve mais habilidade e preferência pelo uso do lado esquerdo, o que aconteceu de forma natural, sem que ela mesma tenha percebido por um tempo. Certo dia, quando se deu conta que usava o lado oposto ao da irmã para a maioria das atividades, ela me perguntou se era "melhor" ser destra ou canhota. Assim como outras características, a lateralidade é plástica. Ou seja, é uma capacidade que pode ser treinada, favorecendo a funcionalidade. Da mesma forma que um destro pode tentar aprender a escrever com a mão esquerda, um canhoto pode tentar fazer o mesmo se assim desejar, o que pode ajudar na destreza e técnica para alguns esportes, por exemplo. A maioria dos pais percebem se uma criança tem a preferência por usar a perna direita ou esquerda por volta dos 3 anos, mas a lateralidade é completamente estabelecida aos 6 anos de idade. Para saber qual o lado que seu filho tem mais habilidade, você pode fazer um teste, jogando uma bola na sua direção para observar com qual

O cérebro na infância

perna ele vai chutar. Quanto mais seu filho realizar atividades que desenvolvam a lateralidade, como pular em um pé só, realizar circuitos com obstáculos em que coloca um pé na frente do outro, e por mais tempo, mais rapidamente ela vai desenvolver a capacidade de usar com mais facilidade um dos lados do corpo.

E por que é importante favorecer essa característica? Quando a lateralidade não é desenvolvida adequadamente, a criança pode apresentar dificuldades nas atividades do dia a dia, na capacidade espacial de diferenciar esquerda e direita, reconhecer os lados do seu próprio corpo e até mesmo no aprendizado da leitura e da escrita. Os pais devem ficar atentos porque, inconscientemente, podemos influenciar a preferência do movimento de um dos lados do corpo dos nossos filhos ao jogar a bola somente na direção do pé direito, em vez de na linha central do corpo, como deve ser feito, deixando que o cérebro da criança determine qual lado será usado com mais facilidade. Detalhe: a criança pode ter melhor aptidão em uma das mãos e chutar bem com a outra perna.

O cérebro, assim como o corpo, adora realizar atividade física. As crianças que se exercitam apresentam maior capacidade de ouvir os comandos (como aqueles enviados pelo professor ou instrutor) antes de executar uma ação, estando prontas para seguir as instruções. Estudos mostram que as crianças que praticam atividade, principalmente aeróbica, têm melhor pontuação em testes que medem a atenção e o autocontrole do que as sedentárias. Esse benefício permanece pela vida inteira, desde que a atividade física continue sendo um hábito.

Incentive seu filho a andar ou a correr descalço sempre que a superfície permitir, para que ele sinta a grama ou a área da praia, por exemplo. Quando os pés sentem o solo, as informações táteis e proprioceptivas que chegam ao cérebro são mais precisas. Isso permite que o cérebro envie de volta os sinais corretos aos quadris, joelhos, tornozelos e dedos dos pés, preparando o corpo para a pressão recebida e evitando a ocorrência de lesões.

Quanto mais nova for a criança, mais fácil será ensiná-la, aproveitando os períodos sensíveis do cérebro para determinada aprendizagem. Por isso, os pais não devem "forçar" os filhos a praticarem um esporte específico. Devem, ao contrário, oferecer o máximo de experiência possível, despertando nas crianças suas aptidões físicas inatas e ajudando-as na escolha do esporte que praticarão. Estimule-as a nadar, pular corda, andar de bicicleta, de patins e skate, a praticar atletismo e equitação, a jogar futebol e tênis ou a treinar alguma modalidade de luta, dança e ginástica. São diversas possibilidades e experimentá-las favorece o seu desenvolvimento em geral.

Com as facilidades da modernidade e da revolução digital, estamos menos ativos fisicamente – e nossas crianças também. Segundo o neurocientista Jay Giedd, as crianças têm cada vez mais habilidades com os polegares e mostram segurança ao teclar um celular ou um "joguinho" no *tablet*. Mas, no que diz respeito a exercícios como correr, pular, brincar e andar de bicicleta, as crianças praticam cada vez menos. Fica a pergunta de qual pode ser o efeito a longo prazo desse comportamento no desenvolvimento do cerebelo, a região localizada na parte de trás do cérebro, que é extremamente importante para o movimento e a atividade física.

E por que essa região do cérebro é tão importante? Costumava-se pensar que o cerebelo estava envolvido somente na coordenação dos movimentos dos nossos músculos e do nosso equilíbrio. Mas agora sabemos que ele também participa da coordenação dos nossos processos cognitivos e do pensamento. Quanto mais complicada a atividade, mais recorremos ao cerebelo para resolver o problema: quase tudo que se relaciona com as funções cognitivas – como matemática, música, tomada de decisões, habilidades sociais – parece ter sua base no cerebelo, e não somente a coordenação motora, com o que essa estrutura é classicamente relacionada.

Uma recente revisão bibliográfica realizada com estudos de neuroimagem mostrou que a prática do exercício físico fortalece a neuroplasticidade nos neurônios do **córtex pré-frontal**, a parte do cérebro responsável pelas funções executivas, pela regulação das emoções e do comportamento. Por esse motivo, o exercício físico favorece a resiliência e as habilidades socioemocionais, sendo um fator protetor do neurodesenvolvimento da criança.

Além de testar seus limites físicos por meio do esporte, a criança desenvolve as habilidades cognitivas e emocionais, tendo sua personalidade formada como um todo. Valores como coragem, disciplina, humildade, resiliência, espírito de liderança, compaixão, tolerância, responsabilidade, autoestima e colaboração crescem à medida que a criança se relaciona com seus pares, todos submetidos às regras claras do jogo.

Como já sabemos, nossos filhos precisam ser capazes de tolerar a frustração, e a construção dessa habilidade tem início na infância. O fato é que em algum momento eles vão se confrontar com alguma dificuldade, com algo de que não gostam, ou vão encontrar alguém que é melhor do que eles. Isso pode ocorrer em qualquer atividade a que eles se dediquem em diferentes áreas da vida – no esporte, na música, na arte ou nos estudos. Nosso papel, como pais, não é poupar as dores da criança, e sim ajudá-la a ser persistente, a trabalhar mais, a se esforçar para encontrar o próprio caminho.

Minhas filhas estavam fazendo aula de patinação e haviam acabado de ganhar novos pares de patins quando me disseram que queriam parar de patinar. Perguntei o que tinha acontecido, afinal elas estavam evoluindo no esporte. Elas justificaram dizendo que "patinar é muito chato". Lembrei-me das vezes em que eu também quis desistir de algumas atividades quando criança, tentando me ver no lugar das meninas. Tendo em mente o conceito da neuroplasticidade, expliquei que quanto mais é praticado, mais fácil o movimento se torna, já que estamos "exercitando" nosso cérebro e fortalecendo as conexões relacionadas àquela atividade específica. Então, aproveitei para contar a elas a minha experiência. Disse que, no início, eu também achava difícil patinar – as pernas cansam, os pés doem –, mas que as dificuldades fazem parte do começo de qualquer atividade, sendo ela esportiva ou não, e que precisamos praticar para melhorar nosso desempenho. Passada a fase da "quase desistência", a Stella e a Gabi continuaram patinando por um tempo. Eu mesma me diverti participando de algumas aulas junto com elas, que me ensinaram alguns movimentos novos. Assim, quando a criança falar em desistir, não a force a fazer algo que ela se recusa a fazer, lembrando-se de sempre encorajar seu filho com estímulos positivos e os incentivos corretos.

A natação é uma prática esportiva que considero fundamental para todos os pequenos, inclusive por questão de segurança e sobrevivência. Conquistar o domínio do corpo na água deve ser uma habilidade obrigatória para qualquer criança, pois ajuda a adquirir maior capacidade de superar momentos difíceis e de se tornar um adulto mais confiante, independente e sociável. É muito importante lembrar de que no momento em que a criança estiver na água, um adulto deve permanecer presente e atento.

Na água, o cérebro do bebê é estimulado de diferentes formas, criando novas conexões neuronais enquanto ele move as pernas, desliza o corpo e bate palmas. Além disso, ao nadar, outras habilidades físicas se desenvolvem, ocorrendo fortalecimento muscular, melhora da mobilidade e da flexibilidade como um todo. Isso faz com que seu bebê nadador tenha maior capacidade para ser um ótimo ginasta no futuro, por exemplo.

Também é um exercício excelente para desenvolver a coordenação motora e o equilíbrio, uma vez que não é nada fácil aprender a movimentar os braços e as pernas ao mesmo tempo. Os movimentos alternados bilaterais promovem a comunicação entre os dois lados do cérebro em direção a uma mesma ação, facilitando a aprendizagem de outras habilidades cognitivas, como o desenvolvimento da linguagem, o desempenho acadêmico e a noção especial. As atividades na água favorecem ainda um sono tranquilo, estimulam o apetite e melhoram o humor da criança praticante.

Todos esses benefícios devem ser somados ao fato de que as crianças amam estar na água, sendo muito prazeroso para os pais e o bebê o contato pele a pele que ocorre quando estão imersos. Além disso, a água é mais um ambiente rico em experiências, no qual o bebê pode se desenvolver de uma forma muito positiva, favorecendo principalmente suas habilidades sociais, como autoestima, autoconfiança e autonomia.

As crianças que são apresentadas mais tarde às atividades na água têm a tendência a sentir mais medo e a ter mais dificuldade para nadar e mergulhar. Seu filho é extremamente intuitivo e capta suas emoções através da comunicação não verbal. Tente perceber suas próprias reações: como você se sente quando seu filho mergulha ou quando larga sua mão e se afasta na piscina? Se você tiver uma reação exagerada, acabará transmitindo uma mensagem inadequada: a de que ele deve temer a água. Muitas vezes, a insegurança dos pais, o medo que temos de que algo ruim possa acontecer com nosso filho na água (ou mesmo a relação com uma experiência traumática que alguns tiveram no passado) pode fazer com que ele também tenha medo e sinta receio de entrar na piscina, aumentando sua insegurança nessas situações. Portanto, procure manter a calma para que a atividade aconteça de forma tranquila e divertida.

Um dos melhores presentes que você pode dar ao seu filho é servir de modelo e praticar com ele uma atividade física. Procure encontrar uma área de interesse comum e que possa ser incrivelmente útil para estimular a conexão entre vocês. Existem poucas maneiras mais eficazes de mostrar às crianças que elas são amadas e importantes para nós do que reservar um tempo do nosso dia para compartilhar algo que é importante para elas.

Por tudo isso, é fundamental que os pais ofereçam às crianças a oportunidade de aumentar a sua capacidade física e, assim, a sua inteligência como um todo por meio do movimento. Quando a atividade física e o esporte estão integrados ao dia a dia da criança, podem influenciar o processo do crescimento cerebral, favorecendo o desenvolvimento intelectual, físico e social, além de possibilitar que ela tenha esse hábito saudável por toda a vida.

COMUNICAÇÃO

Uma das experiências mais marcantes para os pais nos primeiros anos do bebê é quando ele fala as primeiras palavras. A primeira palavra que a Gabi falou não foi "papai" nem "mamãe": foi "Teté", que era como chamava sua irmã e companheira de berço. Com 1 e meio, a maioria das crianças já fala 50 palavras e entende aproximadamente 100. A partir desse momento, o vocabulário se desenvolve rapidamente e, com 3 anos, esse número passa para mil, chegando a 6 mil aos 6 anos.

A linguagem e o pensamento estão muito relacionados, e as habilidades verbais formam um componente fundamental da inteligência como um todo. Um dos elementos mais importantes do ambiente no desenvolvimento da inteligência da criança envolve o uso da linguagem pela família e a fala dirigida a ela. Por isso, dedicamos esta seção sobre a comunicação verbal e a interpretação da comunicação não verbal.

Os substratos neurais da **inteligência** representam um tópico fundamental, mas amplamente desconhecido no desenvolvimento humano. A inteligência representa uma característica que define o ser humano como espécie. O surgimento de nossa inteligência é paralelo à rápida expansão evolutiva do **córtex cerebral** em primatas em geral e especificamente no *Homo sapiens*.

O QI, a principal métrica de inteligência, está entre as medidas mais hereditárias de todas as habilidades cognitivas. Estudos estimaram que entre 60% a 80% das diferenças individuais observadas nos testes de QI são atribuíveis a fatores genéticos. Embora o próprio QI seja uma medida relativamente estável ao longo da vida, há evidências de que a influência dos fatores genéticos na inteligência pode sofrer mudanças, particularmente na primeira infância.

Assim como a maioria das medidas de inteligência é altamente hereditária, a espessura de algumas regiões do cérebro associadas com a inteligência também tem como característica a herdabilidade. Achados de uma recente pesquisa de neuroimagem, conduzida pelo neurocientista Jay N. Giedd, identificaram a relação gene-cérebro-inteligência. Uma amostra longitudinal foi analisada através de exames de imagens repetidos a cada dois anos em média (para verificar o crescimento cerebral), além de testes de QI e de informações genéticas dos participantes. Os resultados mostraram associação entre a inteligência pelos escores dos testes de QI e a espessura cortical em várias regiões do córtex cerebral durante a infância e a adolescência, principalmente em centros de linguagem. Os pesquisadores também conseguiram mostrar que a relação entre o QI e a espessura cortical nessas áreas específicas da linguagem é amplamente mediada pela genética.

O QI está relacionado a diversos desfechos importantes na infância, mas identifica somente a habilidade intelectual da criança. A inteligência é multifacetada, composta por diversos fatores que não podem ser medidos em um único teste com lápis e papel, como o de QI. A capacidade de gravar informações (que envolve os sistemas da memória) e a capacidade de adaptar as informações para situações específicas (que envolve a resolução de problemas) também são habilidades importantes. Do ponto de vista da evolução e da sobrevivência da nossa espécie, a potente combinação dessas duas características da inteligência nos possibilitou aprender rapidamente com os erros e aplicar o que foi aprendido em diferentes situações, adotando comportamentos e ações cada vez mais adaptados à realidade.

Uma das minhas filhas possui boa memória, comunica-se bem e demonstra facilidade para lembrar letras de músicas. Já a outra menina tem maior capacidade de focar a atenção e de controlar os movimentos do corpo, apresentando excelente coordenação motora fina e grossa. Ou seja, duas crianças da mesma idade e com a mesma criação que apresentam diferentes e específicas habilidades. De qualquer forma, a inteligência dos nossos filhos tem outros componentes além dos que fazem parte do teste de QI e que são desenvolvidos através do brincar, por exemplo, como veremos mais adiante.

Crianças criadas em lares com alto nível socioeconômico têm pais que se comunicam três vezes mais com elas, durante o primeiro ano de vida, do que as crianças criadas em ambientes com vulnerabilidade socioeconômica. Essa disparidade aumenta durante os anos subsequentes, quando a aquisição da linguagem é mais rápida.

Em todos os grupos sociais, a estrutura e a complexidade da linguagem usada em casa, bem como o conteúdo emocional, são significativamente associados ao QI da criança aos 3 anos de idade.

Estudos também mostram que o maior nível de escolaridade das mães é um fator diretamente relacionado à maior variedade de estimulação e interação com seu bebê, condição importante para o desenvolvimento cognitivo e emocional. A habilidade dos pais de estimular a vocalização das necessidades da criança tem um impacto positivo no desenvolvimento da sua capacidade de comunicação. Ou seja, em vez de simplesmente antecipar o desejo do filho, correndo para alcançar o que ele quer, o cuidador deve dar espaço para que ele expresse sua vontade. Além disso, crianças cujos pais se expressam de forma positiva, enriquecedora e constante aprendem duas vezes mais palavras do que as crianças cujos pais não têm esse hábito. Quando elas passam a frequentar a escola, suas habilidades de leitura, de soletrar e de escrita também são melhores do que as das crianças criadas em ambientes onde os pais falam menos. Por tudo isso, o nível de escolaridade dos pais foi demonstrado como um fator externo importante para a formação do QI da criança.

Um dos mais bem estabelecidos resultados de pesquisas em toda a literatura do desenvolvimento infantil indica que quanto mais os pais falam com os filhos, maior é o QI das crianças. Assim, fale com seu filho o máximo que puder. Além de todos os motivos que mencionamos, os bebês adoram ouvir a voz dos seus pais. Também são importantes a variedade (nomes, verbos e adjetivos usados, bem como a complexidade e extensão das frases e sentenças) e o número de palavras usadas pelos pais. Quanto mais os pais falam com a criança, mesmo nos primeiros momentos de vida, melhores serão suas habilidades de linguagem e mais rapidamente ela atingirá essa evolução.

Como bons descendentes de família italiana, adoramos falar com as mãos. Os gestos fazem parte da nossa linguagem. Usamos gestos para dar ênfase às nossas conversas, para apontar, acenar, ensinar. As crianças usam gestos como forma de comunicação muito antes de suas primeiras palavras serem verbalizadas. Pesquisadores enfatizam o fato de que os gestos são uma parte crucial da linguagem humana. A hipótese é baseada na estrutura do cérebro chamada área de Broca, responsável pela produção da fala. Estudos de neuroimagem funcional mostraram a presença de um espelhamento de estruturas: as áreas ativas durante o movimento de preensão (ato de pegar, segurar) e, inclusive durante a observação do movimento de preensão, em circuitos neuronais perto da área de Broca.

O modo como os pais falam com os bebês está fortemente associado ao desenvolvimento da linguagem dos seus filhos. Os recémnascidos captam as características da linguagem desde muito cedo. O bebê tem preferência pela fala no intervalo de alta frequência, como a voz aguda que a mãe usa para se dirigir a ele. O "mamanhês", como é chamado esse dialeto, produz o efeito de captar a atenção do bebê – e isso tem uma explicação. Apesar de os pais nem se darem conta do que estão fazendo ao falarem cantando e mais lentamente, o fato é que fica muito mais fácil para o filho entendêlos. Esse expediente torna o som de cada vogal mais distinto, um "exagero" que permite que ele ouça as palavras separadamente e as discrimine melhor. O tom melódico ajuda o bebê a separar os sons em categorias contrastantes, e o tom agudo pode auxiliá-lo a imitar as características da fala. Afinal, dotado de um trato vocal com um quarto do tamanho de um adulto, o recém-nascido pode produzir poucos sons, a princípio apenas os mais agudos.

Recentemente, foi realizado um estudo em que famílias de bebês de 6 meses foram submetidas a um treinamento de pais ou permaneciam em um grupo controle (assim designado quando o fator estudado não é aplicado) para determinar se variáveis específicas da forma como os pais falam com os bebês ("mamanhês") podem ser favorecidas por meio de uma intervenção. O treinamento estimulou o uso desse tipo de linguagem pelos pais, favorecendo a interação entre eles e promovendo as habilidades de linguagem dos bebês.

Como podemos estimular a aquisição
da linguagem das crianças durante seu desenvolvimento?

- **Desenvolver a comunicação não verbal:** no princípio, as crianças se comunicam não verbalmente: apontam, sorriem, fazem caretas, balbuciam e principalmente choram. Desde os primeiros anos, os bebês também aprendem a usar e ler os sinais que não são expressos através de palavras, mas sim do comportamento, como expressões faciais, postura corporal e tom de voz. Eles adoram olhar para rostos humanos e são atraídos principalmente pela face da mãe. Por que isso ocorre? Os bebês procuram na nossa expressão facial as informações emocionais: querem saber se você está feliz, triste ou com medo.

  Nossos relacionamentos dependem da capacidade de interpretar os outros, o que fazemos de forma automática e reflexa. Aos 18 meses, as crianças são boas leitoras na comunicação não verbal, o que é muito importante para o desenvolvimento das habilidades socioemocionais, como veremos ao longo do livro. Alguns de nós nascem com essa habilidade melhor do que outros, e a única maneira de melhorar essa precisão é interagindo com outras pessoas. Por isso, os bebês precisam interagir nos primeiros anos de forma consistente e treinar cada vez mais essa habilidade.

  Eu me lembro de um vídeo gravado da Gabi em que ela olha para uma foto em nosso quarto e diz: "Buddy está bravo!" Buddy era o nosso cachorro, um *pug* de focinho bem amassado, que tem uma expressão carrancuda. Depois ela fala: "E você está feliz!" – sim, eu estava sorrindo na foto. Ao mesmo tempo que fala, ela imita minha expressão sorrindo e a do cachorrinho fazendo cara de brava!

- **Conectar-se com o bebê:** toda criança precisa de interação com uma pessoa real. Nenhum aparelho eletrônico pode substituir a presença de um adulto que converse com ela.

Observe, preste atenção e escute como o bebê faz para se comunicar, tente adivinhar o que está pensando e sentindo. Interaja com ele, imite as expressões faciais e os sons que ele faz. Demonstre entusiasmo, sorria quando ele balbucia! Você pode copiar as palavras que o bebê tenta dizer e descrever o que ele parece estar sentindo, como "meu amor, você está com fome, quer mamar? Vamos mamar?".

Na hora do banho, da higiene e da troca de roupas, fale sobre as partes do corpo, quais você está tocando, quais o bebê está movimentando: "Ah, você colocou o dedo da mão direita na sua boca!" Com tudo isso, a criança vai associando e formando novos conceitos. Imagine: se ninguém conversa com ela, como vai aprender?

Os bebês descobrem muito rapidamente tudo o que está à sua volta. Tente se pôr no lugar do seu filho: você está em um mundo que não conhece, ainda não consegue se comunicar verbalmente nem sabe o que é seguro e o que é perigoso, o que consegue ou não fazer. Enquanto observa o mundo, ele se sente cada vez mais tranquilo e familiarizado com as situações na medida em que é orientado sobre o que está acontecendo.

- **Desenvolver as habilidades socioemocionais:** ajude a criança a descrever suas emoções: "Você fica feliz quando lemos este livro, não é mesmo?" Além disso, estimule seu filho a exercer a empatia. Ao ver que outra criança está triste, por exemplo, incentive-o a conversar com ela, dizendo: "Pergunte ao amiguinho por que ele está chorando, meu filho." Algumas vezes, por serem mais tímidas ou terem um comportamento mais inibido, algumas crianças apresentam maior dificuldade na comunicação social, o que pode ser confundido com atraso na fala. Na verdade, elas podem estar sofrendo um prejuízo no interesse, na intenção ou no comportamento da comunicação.

Como desenvolver o cérebro e as emoções da criança

- **Apontar um objeto e conversar sobre ele:** se há uma coisa que fazemos o tempo todo com nossos filhos é apontar. Nos envolvemos com esses gestos de indicar sem notar o quanto são especiais. A atenção conjunta ocorre quando apontamos para chamar a atenção do outro. Dos 9 aos 12 meses, a criança aponta o tempo todo não só para chamar atenção, mas também para compartilhar o interesse com alguém. Isso mostra que o bebê tem emoções e interesses, os quais deseja compartilhar. Eles fazem isso para ter um encontro de mentes ou por razões mais simples como pedir algo que desejam ter nas mãos, por exemplo.

  Preste atenção no que ele olha e aponte junto com ele na direção do objeto, explicando o que é, para que serve, qual sua cor e seu formato. Use a imaginação para contar uma história a partir desse assunto. Assim, além de desenvolver a linguagem, ampliando o vocabulário do seu filho, você também fortalecerá seu vínculo com ele. A atenção conjunta e o ato de apontar são o primeiro passo para a socialização e o compartilhamento de crenças que formam a nossa sociedade.

- **Conversar sobre o que vocês fazem juntos:** cultive o hábito de conversar enquanto você e seu filho estão juntos, de forma natural e espontânea. Nas brincadeiras, ao receber uma visita, durante a rotina, enquanto troca as fraldas e sobre o que acontece ao seu redor. Por exemplo, a hora do banho é um ótimo momento para expandir o vocabulário. Você pode usar verbos como limpar, lavar, molhar, pentear, ensaboar, flutuar, enxaguar, boiar. Lembre-se de repetir várias vezes de forma lúdica e divertida. Bata na água e peça para a criança imitar, faça os mesmos sons da água, imite a voz de um personagem, use a criatividade. Leve livros de plástico, bichinhos que flutuam, material para pintar e desenhar na parede do box, espuma colorida.

Ao passear com seu bebê, comece a nomear tudo o que vocês observam no parque e faça associações com o que já viram antes: "Filho, olha aqui, lembra que vimos esse cachorro ontem nesta mesma praça? O nome dele é Prince, ele é um *golden retriever*, seu pelo é longo e macio! Como ele é dócil! Seu rabo está balançando, ele parece tão feliz com o passeio! Está cheiroso, deve ter tomado banho hoje." Fale com a pronúncia e o vocabulário correto. Nomeie os formatos, as cores, os cheiros, os sabores, os sons como dos pássaros e do vento, as texturas, como o liso e o áspero. Dê exemplos de conceitos como beleza, calor e frio, descreva até mesmo os detalhes do que você está vendo – ou seja, as possibilidades são infinitas.

- **Promover suas habilidades da linguagem:** não subestime a capacidade da criança. Evite terminar as frases para ela e não a corrija quando pronunciar uma palavra incorretamente, pois ela descobrirá a forma adequada mais cedo ou mais tarde. Em vez disso, diga corretamente. Por exemplo: "Isto é uma bola." Se seu filho não consegue dizer a palavra inteira ("leite", por exemplo), informe a ele o primeiro som ("lê") para ajudar. Com o tempo, você pode fazer com que ele pronuncie a frase inteira: "Eu quero leite." Tente conversar ou dar instruções olhando para a criança, para que a visão a ajude a entender.

Da mesma forma que devemos estimular a criança a usar as palavras corretas e precisas ao expressar o que quer dizer, devemos prestar atenção ao falar com nossos filhos, buscando clareza e precisão quando nos comunicamos com eles também. Evite falar com a criança de forma infantilizada ("gugu-dadá"). Use a linguagem correta com o vocabulário mais rico possível, possibilitando sua compreensão desde cedo. Faça perguntas abertas, que precisam de uma resposta detalhada, evitando aquelas que podem ser respondidas com "sim" ou "não".

Como desenvolver o cérebro e as emoções da criança

- **Responder às suas perguntas e aos seus "porquês":** toda a criança costuma ter a fase dos "porquês", durante a qual pergunta sobre tudo à sua volta. Essa fase começa por volta dos 3 anos, com o desenvolvimento da capacidade de comunicação. As crianças nessa fase ainda são muito concretas e incapazes de compreender conceitos abstratos, como causa e consequência, e tampouco concebem a ideia do acaso. Por isso, pedem explicações para tudo, sem aceitar como resposta um simples "porque é assim que acontece e pronto". Afinal, elas estão descobrindo o mundo que as cerca e já possuem o vocabulário necessário para expressar toda sua curiosidade. Ao indagar tudo a todo instante, as crianças constroem sua identidade, tentando entender quem elas são, quem são os outros, quais são as regras e como funciona o mundo em que vivem.

Por isso, você deve ter paciência com as repetições e prestar atenção nos interesses do seu filho. Nada mais natural para a criança do que buscar conhecimento especialmente com aqueles com quem elas passam mais tempo e se sentem seguras: os pais, avós e tios, por exemplo. Por isso, é importante que você tenha em mente que se não souber o que responder para seu filho, diga "não sei, mas vamos estudar e descobrir juntos?" – ou, mesmo que saiba a resposta, deixe que a criança tente descobri-la primeiro.

Em outras palavras, "passe a bola" para ela perguntando qual seria a solução para a pergunta que ela mesma fez: "O que você acha? Qual é a sua opinião? O que lhe parece?" Faça esse exercício até mesmo em perguntas simples do dia a dia até que se torne um hábito divertido! Por exemplo, na saída do consultório da dentista, olhando para uma fileira com diferentes cartões profissionais, a Stella me perguntou: "qual é o cartão da Ju?" No lugar de simplesmente dizer "é esse" e entregar para ela, eu respondi: "vamos adivinhar qual mais se parece com ela?" Mesmo sem saber ler, ela adivinhou qual era o cartão da sua dentista, ao associar com as cores do seu consultório e com a imagem do logo, que é a mesma estampada no seu jaleco.

- **Praticar hábitos de leitura e contação de histórias:** um dos mais importantes prognósticos de um bom desempenho futuro na leitura depende de o quanto os pais leem para as crianças. O número de livros que a família tem em casa está relacionado com a capacidade de comunicação e de leitura da criança. Filhos de pais que estimulam os hábitos de leitura têm melhor desempenho em testes de inteligência e de memória, com maior capacidade para fazer mais de uma coisa ao mesmo tempo. Há inúmeras evidências de que o acesso a livros e a consolidação de hábitos de leitura e de escrita frequentes, intensos e duradouros são fundamentais para o desenvolvimento da linguagem, das funções executivas e da aprendizagem acadêmica da criança. Ainda assim, esse hábito não é tão comum como deveria, especialmente com crianças pequenas.

Assim, use esse conhecimento a seu favor e desenvolva o hábito da leitura desde cedo, quanto antes melhor. Ler para bebês bem pequenos, como de 3 meses, provavelmente já é positivo, especialmente se você o segurar bem perto e interagir com ele. Tenha esse hábito, leia diariamente para as crianças antes de dormir, por exemplo. Com a leitura, a criança visita outros mundos, épocas, gerações, culturas, vive diferentes papéis, heróis e princesas. Tudo isso faz com que ela se ponha no lugar do outro, além de estimular sua imaginação e criatividade. Através das histórias, as crianças são preparadas para sua cultura, aprendem lições de vida, conceitos morais universais e valores importantes para a família, que são transmitidos por gerações.

A leitura também promove o desenvolvimento da linguagem e expansão do seu vocabulário. Deixe seu filho folhear o livro e o incentive a "ler" com você. Aponte as imagens e peça para que ele fale o que vê. Enquanto ele olha as imagens do livro, peça que tente prever o que vai acontecer. Conforme a história avança, converse sobre o que vocês leram. Tente mudar a entonação e fazer uma voz diferente para cada personagem, como em uma dublagem. Interprete e imite os movimentos dos animais. Faça esse momento ser o mais divertido possível. Depois da leitura, converse, crie conexões entre o que foi lido e o dia a dia da criança.

No momento em que a criança se coloca no lugar dos personagens, as histórias da infância fornecem a possibilidade de ela conhecer a perspectiva do outro e favorecem o aprendizado da empatia. Quando a Stella e a Gabi eram pequenas, gostavam de ler comigo *Pig, o pug*, de Aaron Blabey. O livro conta a história de dois cachorrinhos, um *pug* muito egoísta e ganancioso, que não gostava de compartilhar suas coisas com o amigo, um salsichinha que, apesar de tudo, cuidava dele com carinho. A partir dessa história, eu conversava com as meninas sobre valores como a amizade e a lealdade, e sobre a dificuldade que algumas vezes temos de dividir ou emprestar nossos brinquedos, motivo frequente de disputas entre a minha dupla também.

- **Estimular seus filhos a falarem sobre suas experiências:** muitos pais dizem que seus filhos não querem conversar ou que quando eles perguntam como foi a aula de futebol, por exemplo, a resposta é sempre monossilábica, como "foi boa". Procure usar perguntas abertas do tipo "como foi hoje na casa da vovó?", "me conta o que vocês fizeram de bacana?". Se você tem dificuldade para iniciar uma conversa com a criança, tente conhecer os "detalhes" da vida dela, utilizando uma espécie de gincana, como jogos de adivinhação durante as refeições ou no carro. Por exemplo, diga: "vou tentar adivinhar quem foi o ajudante na sala de aula hoje..." e nomeie alguns colegas; ou "me deixe adivinhar se você teve aula de artes ou de música...". Na sequência, deixe que a criança desenvolva os assuntos do dia.

Como apresentar outro idioma

A linguagem tem um período crítico para aprendizagem. Dos 6 meses até 1 ano de idade, os bebês tentam dominar os sons que são utilizados na sua língua, adaptando-se ao seu ritmo e à sua entonação. Os bebês são "cidadãos do mundo" e podem discriminar todos os sons de todas as línguas, não importa em que país tenham nascido, de acordo com as pesquisas da neurocientista Patricia Khul. Isso é diferente dos adultos, que conseguem discriminar os sons da sua língua materna, mas não os de línguas estrangeiras.

A educação bilíngue é uma alternativa considerada por muitos pais. Desde muito cedo, os pais podem cantar músicas, mostrar figuras em livros, brincar com fantoches e contar histórias em outra língua, além de despertar o interesse a respeito da cultura desse segundo idioma. Os pais devem falar com seus filhos de uma maneira confortável, escolhendo um idioma que faça sentido para eles e que seja o mais natural possível. Nada de tentar falar um idioma com o bebê se não for fluente nele ou se não for algo natural para você.

No caso dos casais de diferentes nacionalidades, a mãe pode optar por um idioma e o pai por outro, mantendo sempre esse esquema ao falar com a criança para não deixá-la confusa. Posso citar aqui o exemplo da minha cunhada, que é brasileira e se casou com um holandês. Morando em Viena, ela se dirige aos três filhos em português, enquanto ele usa o holandês. Na escola, os meninos falam alemão e também aprendem inglês. Quando eles vêm ao Brasil, comunicam-se em português com naturalidade.

Algumas vezes, as crianças que aprendem duas línguas simultaneamente por meio desse método – chamado *one parent, one language* (OPOL), ou "um dos pais, uma língua" – podem demorar um pouco mais para falar, mas dentro da faixa normal. Uma vez que não há evidências cientificas de que o bilinguismo cause atraso no desenvolvimento da linguagem, caso isso ocorra com seu filho, procure avaliação e, se preciso, acompanhamento e tratamento precocemente. O importante é que os pais conversem com a criança de forma natural e confortável, respeitando o ritmo dela. Não se preocupe se seu filho misturar os idiomas em uma palavra ou frase, o que é conhecido como *code mixing*. Esse fenômeno é esperado no bilinguismo (lembro que meus sobrinhos falavam *"pish"*, uma mescla de *"fish"* com *"peixe"*). Mesmo os adultos costumam fazer esse tipo de "erro" quando são proficientes em outro idioma.

Falar outra língua fortalece as conexões do córtex pré-frontal, favorecendo o desenvolvimento das funções executivas, incluindo o autocontrole. As crianças bilíngues têm maior flexibilidade cognitiva, fazendo melhores escolhas de acordo com o contexto, além de apresentarem maior capacidade de resolver problemas por meio de novas soluções. Elas também têm mais capacidade de se colocar no lugar do outro e maior empatia.

Quando aprende outro idioma, a criança passa a buscar semelhanças e diferenças com o próprio idioma, prestando mais atenção nos tempos verbais, nas construções de frases e no vocabulário, demonstrando mais facilidade em reconhecer e aprender o idioma materno. As crianças bilíngues também alcançam melhor desempenho acadêmico, têm melhor capacidade de memória e concentração. No momento em que ensinamos um idioma para a criança, toda a família se envolve na cultura da língua, buscando entender sua história, seu povo e suas tradições. Considero essa uma das principais vantagens do bilinguismo: a possibilidade de aproximar as pessoas.

A Neurociência nos mostra que as crianças nascem com um maravilhoso potencial para o aprendizado de qualquer língua que lhes for apresentada. Por meio de técnicas avançadas de neuroimagem, a neurocientista Khul realizou diversos experimentos com bebês, quando tentam dominar os sons usados em sua língua nativa e entram no período crítico para o desenvolvimento do som. Ela comparou um grupo de bebês nos Estados Unidos com outro no Japão. Entre 6 e 8 meses, os bebês de ambas as culturas reconheceram os sons "ra" e "la" com a mesma frequência. No entanto, por volta de 10 a 12 meses, após várias sessões de treinamento, os bebês americanos eram muito melhores em detectar a diferença entre "ra" e "la" do que os bebês japoneses.

Como "ra" e "la" ocorrem mais regularmente na língua inglesa, os bebês americanos reconheceram esses sons com muito mais frequência em sua língua nativa do que os japoneses. Os resultados do estudo indicam uma mudança no desenvolvimento do cérebro, pela qual os bebês de cada cultura se preparam para suas próprias línguas e se tornam ouvintes "ligados à linguagem". Se o cérebro não utiliza os circuitos necessários para usar determinado som dentro da **janela ótima de desenvolvimento** (falaremos mais sobre ela adiante) para essa habilidade, ele os descarta por volta do primeiro ano de idade: é a lógica do uso e desuso!

O fato mais interessante dessa pesquisa é que os bebês precisam de interação social, de uma pessoa real que fale uma língua específica diretamente para eles. Se o cérebro da criança detectar essas interações sociais, seus neurônios começarão a registrar a segunda língua e seus fonemas. Para executar essas tarefas cognitivas, o cérebro precisa de uma pessoa, e não de um *smartphone*, *tablet*, computador ou áudio gravado. As interações de um bebê com outras pessoas envolvem o cérebro social, um elemento crítico para ajudar as crianças a aprender a se comunicar em suas línguas nativas e não nativas. Em outras palavras, aprender um idioma não é simplesmente uma habilidade técnica, que pode ser aprendida ouvindo uma gravação ou assistindo a um programa na tela. Em vez disso, é um presente especial da nossa evolução como espécie, que é transmitido de uma geração à outra.

A janela ótima de desenvolvimento para o aprendizado de um idioma refere-se ao período em que é mais fácil aprender habilidades linguísticas em níveis superiores. O número de novas sinapses, ou conexões cerebrais, para aquisição da linguagem atinge o pico por volta dos 11 meses de idade. Isso não significa que as crianças não possam aprender as habilidades da linguagem quando forem mais velhas, mas apenas que há um momento do neurodesenvolvimento em que é mais fácil aprender em alto nível.

Evidências sugerem que é muito mais difícil aprender uma segunda língua quando adulto do que quando criança, fato que levou cientistas a proporem que existe um "período crítico" para a aprendizagem de línguas. Segundo um recente estudo com 670 mil participantes realizado pelo pesquisador Joshua Hartshorne, do MIT (Massachusetts Institute of Technology), as crianças permanecem hábeis em aprender a gramática de um novo idioma até os 10 anos de idade. Essa potencialidade é muito maior entre 6 e 10 anos, sendo mais fácil aprender uma nova língua nessa faixa etária do que quando as crianças normalmente iniciam o aprendizado, entre 10 e 18 anos. Os pesquisadores sugerem que fatores culturais podem desempenhar um papel, mas também pode haver mudanças na plasticidade cerebral que ocorrem por volta dessa idade.

ALIMENTAÇÃO

A alimentação é a base de nossa saúde física e mental. No início da vida, o paladar está em desenvolvimento e somos mais propensos a gostar de coisas novas. Assim, os pais devem oferecer a maior variedade possível de sabores para que o bebê experimente de tudo, principalmente aquilo que é saudável e o que faz parte do repertório familiar.

E quando **os bebês são capazes de sentir cheiros e gostos**? As papilas gustativas começam a se desenvolver no feto a partir da 30ª semana de gestação, sendo o bebê capaz de sentir os sabores que refletem a alimentação da mãe presentes no líquido amniótico (durante a gravidez) e no leite materno (logo depois do nascimento). Por isso, podemos dizer que a mãe não é somente uma fonte de nutrição, mas também de experiências, sendo responsável por codificar as preferências alimentares da criança, que podem persistir ao longo da vida. Ou seja, o alimento forma uma memória duradoura, que nos leva ao passado.

Cada bebê já vem ao mundo com uma experiência única em relação ao sabor. Um estudo muito interessante foi realizado para demonstrar o que as mães já sabiam: que os bebês têm uma preferência pelo que elas comiam durante a gravidez. E como foi feito esse estudo? Filhos de mães que tomavam sucos de cenoura no estágio final da gravidez ou durante a amamentação prefeririam cereal com sabor de cenoura. É possível que essa preferência tenha uma explicação evolutiva, pois através dos sentidos do paladar e do olfato o bebê aprende quais alimentos são seguros pela experiência materna. Além disso, é natural para o bebê se adaptar ao paladar da mãe e ao que tem disponível no seu ambiente e na sua cultura.

O olfato e o paladar são sentidos relacionados: o sabor é a soma dos receptores do paladar na língua e na garganta e dos receptores olfativos na porção superior do nariz e da garganta. Quem nunca passou pela experiência de perder o paladar quando resfriado? Os bebês já são capazes de distinguir e de reconhecer diferentes cheiros, tendo maior preferência pelos odores da própria mãe do que de outras mães.

Os quatro sabores básicos – doce, azedo, amargo e salgado – são detectados pela língua e codificados pelo cérebro. Ao nascer, os bebês já têm preferência por sabores doces e pelo cheiro de sua mãe. Esse deve ser um processo que traz um benefício adaptativo: o doce é um marcador de segurança alimentar, pois as plantas venenosas são geralmente amargas, e o sal constitui uma parte importante dos nossos fluidos corporais. Além disso, o sabor predominante do leite materno é o doce, simbolizando desde o início da vida a fonte de energia que os bebês tanto precisam para sobreviver.

Lembro até hoje do momento em que a Stella e a Gabi foram colocadas no meu colo e a primeira coisa que elas fizeram foi começar a mamar. Eu não esperava que fosse acontecer assim, tão naturalmente, mas para a minha surpresa, eu consegui amamentar as duas meninas ao mesmo tempo, até os 6 meses. Acredito que a amamentação deva ser um momento especial para a mãe e para o bebê, mas sem ser um fardo, uma imposição ou um problema. É claro que a amamentação tem diversos benefícios e deve ser estimulada, mas as mães que não conseguem amamentar não precisam se sentir envergonhadas. As mulheres devem receber apoio suficiente para descobrir se a amamentação funciona para elas e, se decidirem que não, devem ser apoiadas sem constrangimento para buscarem a melhor alternativa.

O leite materno é poderoso para o bebê, tendo os ingredientes que seu cérebro precisa para crescer após o nascimento. Mas o que é exatamente o leite materno? A questão é mais complicada do que parece e os cientistas ainda estão começando a entender tudo o que ele contém. Um dos seus componentes é a taurina, um aminoácido essencial para o desenvolvimento neural. O leite materno também é a maior fonte de energia e de vitaminas para o bebê. O cérebro, como já vimos, cresce a uma velocidade vertiginosa e, nos primeiros 90 dias de vida, passa de 33% para 55% do tamanho de um cérebro adulto. A base desta construção é o ômega-3, que o corpo não produz. Mas está presente onde? Justamente no leite materno. Além disso, o cérebro consiste em 60% de gordura, e a gordura de mais alta qualidade é o ômega-3, especialmente seu componente chamado DHA (ácido docosahexaenoico), que é um ácido graxo poli-insaturado de cadeia longa (LPUFA) com papel importante no neurodesenvolvimento.

Evidências reforçam o efeito da amamentação sobre a inteligência e o desenvolvimento cerebral. Uma pesquisa realizada no sul do Brasil, em Pelotas, liderada pelo premiado epidemiologista Cesar Victora, que é um dos pesquisadores mais renomados do mundo sobre o tema da amamentação, analisou dados de um estudo longitudinal com 3,5 mil recém-nascidos. Os resultados mostraram que quanto mais longa a duração da amamentação, melhor a renda mensal, a escolaridade e a inteligência, sendo a variação na escala de QI de quatro pontos da média. Avaliados aos 30 anos, os voluntários que foram amamentados por mais de um ano se tornaram adultos com escolaridade 10% superior àqueles que completaram apenas um mês de alimentação com leite materno. Além disso, a renda deles era 33% superior à dos voluntários que não receberam leite materno por mais de 30 dias quando bebês.

Diferente de alguns estudos, que são criticados por não conseguirem separar o efeito da amamentação do efeito da vantagem

O cérebro na infância

socioeconômica das mães, essa pesquisa foi distribuída de forma homogênea, tendo controle para dez variáveis sociais e biológicas que poderiam contribuir para o aumento de QI, como maior escolarização e melhor nível socioeconômico materno. E por que o aleitamento prolongado favorece o desenvolvimento da inteligência e da produtividade das pessoas? Para Victora, a explicação está na presença dos LPUFA, que são essenciais para o crescimento do cérebro apesar de não serem produzidos pelo organismo.

Porém, há outros pontos importantes relacionados com a amamentação e o desenvolvimento do bebê, como o fortalecimento do vínculo, e isso também deve ser levado em conta. A amamentação é um momento especial de interação, a dupla mãe-bebê vai se comunicando e a conexão se formando: por meio de elementos não verbais, como o olhar, o toque e os batimentos cardíacos, os bebês sentem se a mãe está tranquila ou tensa, triste ou feliz, e se conectam com as suas emoções. Por tudo isso, a mãe deve estar relaxada e à vontade, prestando atenção no bebê e nos sinais do seu próprio corpo e emoções durante a amamentação (ou quando ele mama no seu colo da melhor forma possível), aproveitando a liberação de ocitocina, que tem um papel importante na facilitação do apego.

Aos 6 meses de vida a introdução alimentar pode ser iniciada. Quando apresentar novos alimentos, encoraje seu bebê a tocá-los e cheirá-los, estimulando seus sentidos e respeitando seu ritmo ao conhecer o que vai comer ou não. Aproveite para descrever o formato, a cor, a textura, o cheiro e o sabor do alimento. E não pense que o bebê não gostou, caso tenha rejeitado o alimento ou nem mesmo colocado na boca. Ele pode estar se preparando para comê-lo em outro momento. Às vezes a criança pode rejeitar determinada comida e depois de algumas semanas aceitá-la. O que as pesquisas mostram, e que muitos pais não sabem, é que a criança precisa de 15 a 18 exposições ao alimento antes de incluí-lo no seu repertório. Assim, fazer uma mesma apresentação repetidas vezes aumenta a receptividade das crianças a alimentos pouco aceitos pelos pequenos apesar de ricos em nutrientes, como frutas e vegetais. Por isso, paciência, persistência e repetição são tão importantes. Tente manter a maior variedade possível, mas ao mesmo tempo tenha junto um alimento familiar que o bebê possa reconhecer.

Quem escolhe o que nossos filhos comem somos nós: os pais são os responsáveis pela qualidade da alimentação deles. Quando as refeições são feitas em família, é mais comum que haja mais variedade e mais alimentos nutritivos na mesa. Quanto mais cores e sabores, quanto mais frutas e verduras, melhor: vegetais (especialmente os de folhas verdes), castanhas, frutas vermelhas, feijão, grãos, peixes, aves, carne; evite incluir doces, alimentos fritos e processados ou *fast food* entre os hábitos alimentares da sua família.

O cérebro da criança, como já vimos, responde aos diversos estímulos, sendo o sentido da visão um dos mais importantes na hora de comer. Por isso, pratos com alimentos de formatos diferentes e coloridos podem tornar a introdução alimentar mais lúdica e tranquila. A comida também é melhor aceita pela criança quando os pais e familiares servem de modelo. Além do mais, ela adora roubar do prato dos pais. Tente colocar comida no seu próprio prato em vez de no prato dela. Essa pode ser uma maneira de despertar o interesse em um novo alimento – e é o que acaba acontecendo às vezes. Os bebês gostam de nos ver comendo, e você pode tentar a técnica de alternar "uma colher para a mamãe, uma para o papai e uma para o bebê!".

A comida deve ser uma fonte de nutrição, sim, mas também deve ser uma fonte de prazer, já que os alimentos estão envolvidos na formação e liberação de neurotransmissores responsáveis pelo sistema de recompensa do cérebro. Na nossa casa, saímos da rotina alimentar de vez em quando e o fazemos sem culpa. Lembre-se de que a culpa é um sentimento prejudicial para o cérebro, e em excesso faz com que você perca o foco do que realmente é importante.

É importante que a criança tenha uma relação saudável com a comida em todos os sentidos. Nosso papel, como pais, é servir como um fio condutor para a formação dos valores da criança, assim como para a manutenção da sua saúde e a criação de hábitos saudáveis, principalmente em relação à alimentação. E como podemos fazer isso na prática? Dependendo da idade do seu filho, estimule que ele faça a feira com você, que ajude na preparação dos alimentos, que arrume a mesa, que sirva seu prato e escolha o que quer comer.

E por que a maioria das crianças não gosta de vegetais? Como conversamos anteriormente, devido a uma questão evolutiva, nascemos com um paladar doce e tendemos a rejeitar o sabor amargo, que sempre esteve relacionado aos alimentos tóxicos, que não são seguros aos seres humanos. Assim, não é natural que as crianças gostem do sabor amargo da maioria dos vegetais e comam na primeira tentativa. Esse hábito deve ser um padrão adquirido. O bebê aprende por exposição e repetição com os hábitos da família, até assimilá-lo em seu repertório.

Por volta de 1 ano de idade, você pode estimular a independência da criança, deixando que ela tente comer sozinha com a colher. Isso vai ajudá-la a usar o garfo, a faca e até mesmo a ter mais habilidade para segurar o lápis e a tesoura no futuro, por ter desenvolvido anteriormente a motricidade fina. É compreensível que alguns pais, inconscientemente, não queiram que o filho se desenvolva tanto quanto é capaz em determinadas fases, para não ter a sensação de que estão "perdendo o bebê", já que eles crescem rápido demais. Nesses casos, a criança pode ser alimentada com mamadeira, papinhas ou somente alimentos líquidos por muito tempo, causando prejuízos em sua saúde como um todo. Porém, os pais precisam se dar conta também do aspecto emocional e dos seus próprios sentimentos relacionados ao processo de alimentação. Quando temos isso em mente, é possível que nossa mudança de comportamento ocorra, ajudando nossos filhos no seu processo de independência.

Muitas vezes, os transtornos alimentares da infância e adolescência têm como causa algum comportamento inconsciente dos próprios pais, que reforçam a formação de hábitos inadequados ao longo do tempo. Isso não acontece de uma hora para outra, é um comportamento constante e com diversos motivos. Portanto, antes de tentar mudar o comportamento do seu filho, reflita sobre suas próprias ações e atitudes. Tenha em mente quais são seus objetivos e saiba por que está fazendo determinada escolha. Muitas vezes, ajustando o comportamento dos pais, a criança apresentará mudanças positivas como consequência. É importante reforçar que para isso acontecer, como em toda mudança de hábito, deve haver um esforço de todos envolvidos, com muita persistência, dedicação e disciplina. Além disso, os pais precisam agir com intenção e sabendo o motivo das decisões tomadas. Assim fica mais fácil manter a palavra com convicção e seguir as combinações firmadas anteriormente com a criança em relação à sua alimentação.

As pesquisas mostram que o alto envolvimento dos pais durante as refeições leva, na verdade, a uma alimentação mais seletiva. Ou seja, quanto mais você empurra, mais a criança resiste. Sabemos que as crianças percebem e sentem tudo o que acontece à sua volta. Mesmo que ainda não falem, estão escutando o que seus pais falam e absorvem desde cedo sua preocupação: "Ah, ela está dando tanto trabalho para comer..." Se os pais se mostram ansiosos e supervalorizam o fato de a criança não comer toda a quantidade oferecida, ela pode ter sua atenção voltada para esse comportamento inadequado, criando um tipo de reforço negativo e pode cair numa espiral de maus hábitos. Veja um exemplo disso a seguir.

Certa vez, atendi no consultório uma menina de quase 5 anos que se alimentava somente de arroz, feijão e massa bem amassados. Se a família viajava, almoçava fora ou participava de festas infantis, levava marmitas para a filha. Ao perguntar para os pais desde quando isso tinha começado a acontecer, ouvi que sempre tinha sido assim. Quando Isabela era bebê, a mãe desconfiou que ela não ganhava peso e se preocupava com a possibilidade de refluxo. Contou que algumas vezes a menina se engasgava com o leite e chegou a "quase sufocar". Por causa disso, a mãe sempre ofereceu alimentos líquidos, passando para papinhas, depois vegetais e frutas esmagadas – mas nada de comida sólida.

O cérebro na infância

Ainda assim, a criança comia qualquer tipo de doce, até mesmo bolachas sólidas, como as recheadas. Seu paladar nunca havia sido apresentado a diferentes temperos, nem a sabores azedos, amargos ou salgados. Preocupada e sem saber como incentivar a filha a comer adequadamente, a mãe estava cada vez mais refém dela, que barganhava doces, como sorvetes, pirulitos, brigadeiro e balas, em troca de uma garfada de comida. O comportamento da criança estava sendo inconscientemente reforçado cada vez que ela conseguia o que queria, chamando a atenção da mãe de uma forma inadequada. Com isso, aos 5 anos, sua restrição alimentar era tanta que chegou ao ponto em que, além da própria menina, toda a família estava em sofrimento.

Após algumas consultas, a mãe ganhou confiança e deixou de se sentir culpada ao contrariar os desejos da filha. A família toda entendeu que deveria mudar seu comportamento, evitando reforçar o hábito de recompensar a criança com doces cada vez que se alimentava de forma correta. A mãe deixou de oferecer comida a toda hora, dando espaço para a criança sentir a necessidade de se alimentar. Assim, se Isabela não fizesse determinada refeição, não mais recebia bolachas ou doces logo depois. "Pela primeira vez, Isabela me disse que estava com fome e pediu para comer comida de verdade", relatou minha paciente.

Aos poucos, foram sendo retirados todos os alimentos açucarados, substituídos por opções mais saudáveis, como picolés de frutas feitos em casa com a ajuda da criança. Além disso, expliquei para a menina como a alimentação saudável é importante para o funcionamento do seu corpo e do seu cérebro. Para tanto, utilizei jogos, desenhos e livros, como o volume *Destaque e descubra o corpo humano*. Com o tempo, ela passou a participar da arrumação dos pratos e talheres na mesa e da elaboração das refeições. Lentamente, novos alimentos foram introduzidos. Com isso, a criança passou a se sentir mais confiante, superando os desafios com o suporte da família, que a elogiava e incentivava a cada passo alcançado em direção ao objetivo.

Estudos mostram que quando é pressionada com muitos comandos, a criança tende a recusar o alimento. Por isso, não force, não dê ordens atrás de ordens, nem tente táticas desesperadas, que só pioram a situação, sem dizer coisas como: "Só mais um pouco, limpe o seu prato". A decisão sobre que quantidade vai comer, se tudo ou não, deve ser dela. Algumas crianças comem mais, outras menos, algumas ficam com muita fome depois de fazer exercício, outras nem tanto, e nosso papel é confiar nos sinais que elas nos transmitem. Somente assim o cérebro da criança terá a possibilidade de aprender a equilibrar a ingestão de alimentos com o uso de energia, comendo quando sente fome e parando quando estiver satisfeita. Quando nós a fazemos ingerir a quantidade que achamos que deve comer, ela não aprende a "ler" os próprios sinais. E isso pode fazer com que seu filho tenha com a comida um relacionamento que não é saudável, como vimos anteriormente.

Além disso, a Neurociência indica que barganhar com recompensas ou prêmios não é a melhor estratégia a longo prazo para que a criança se alimente adequadamente. Devemos evitar propor: "Se você comer tudo, ganha sobremesa", ou "Se limpar o prato, ganha um doce". Quanto mais você usa sobremesas para fazer seu filho comer, menos ele vai querer os outros alimentos, já que a sobremesa foi colocada em um patamar tão alto que os outros alimentos nem valem a pena comer. Além disso, a criança não deve ficar condicionada: ela não tem que comer algo para ganhar um prêmio ou um brinquedo, o que é ainda pior. A alimentação é importante porque faz bem para ela e para seu desenvolvimento saudável. E isso não deve ser motivo para uma recompensa. Fale assim: "Isso é o que temos para o almoço de hoje: frango, legumes, arroz e frutas", apresentando com o mesmo entusiasmo todos os alimentos servidos, procurando ter pelo menos um tipo de comida na mesa que já faz parte do seu repertório. Lembre que o momento da refeição deve ser de harmonia e leveza: converse sobre o que vocês vão fazer depois do almoço, conte uma história e evite focar no que a criança está ou não está comendo.

O aumento da obesidade infantil tem causado cada vez mais preocupação entre nós, que cuidamos de crianças. Principalmente porque sabemos que a saúde física não deve ser separada da saúde mental e do desenvolvimento cerebral saudável. Estudos recentes mostram que a inflamação sistêmica (no corpo inteiro) e a neuroinflamação (em nível cerebral) estão relacionadas com os transtornos mentais em adultos. E a alimentação tem um papel importante na manutenção desse estado inflamatório crônico. Por isso, devemos estar atentos, desde cedo, aos alimentos que oferecemos para nossos filhos, além de evitar o sedentarismo. Como vimos anteriormente, as crianças que se exercitam com regularidade não têm somente melhor forma física, elas também apresentam melhor desempenho em testes que avaliam as habilidades cognitivas.

Da mesma forma, se você perceber que seu filho está passando por um período de mais ansiedade e está comendo em excesso, a toda hora ou de forma compulsiva, evite chamar a sua atenção na hora da refeição, muito menos na frente dos outros (o que serve para qualquer situação). Em um momento tranquilo, converse sobre os sentimentos dele, do que sente falta, se está com algum medo ou preocupação. Tente se pôr no lugar da criança, demonstre empatia e sugira algumas formas para ela lidar com suas emoções sem depender exclusivamente da comida para aliviar a ansiedade, por exemplo.

Em relação aos doces, sabemos que quanto mais comemos, mais queremos. Isso ocorre porque o açúcar eleva os níveis de dopamina e ativa o sistema de recompensa do cérebro. Como estamos formando o comportamento dos nossos filhos na infância, é muito melhor criarmos hábitos saudáveis do que mudá-los no futuro. Por isso, muitas vezes temos que dizer "não", sem medo de sermos antipáticos ou de não sermos amados por eles. Pode ser difícil negar um desejo de uma criança, pois não queremos frustrá-la – e muitas vezes ela insiste bastante: "Ah, mãe, só um pirulito", "mais um picolé, por favor".

Se você considera um alimento de baixa qualidade e não come, por exemplo, salgadinhos industrializados e refrigerantes, por que vai deixar que seu filho o faça? Se queremos o melhor para nossas crianças, devemos ser coerentes. Desde que minhas filhas eram pequenas, explico para elas que pirulito é cheio de corante, que açúcar não é saudável – e dou o exemplo evitando doces no meu dia a dia. Desde bebês, elas comem cenourinhas *(baby carrots)* como lanchinho. Explique para a criança o motivo pelo qual certo alimento não é saudável e o outro sim, sem subestimar a capacidade de entendimento dela. Hoje em dia, as meninas já me perguntam: "Este aqui é saudável, mamãe?", quando querem comer algo novo ou diferente do habitual.

Recentemente, um estudo comprovou aquilo que já sabíamos (e fazíamos) intuitivamente há muitas gerações: as refeições em família têm efeito protetor, tanto para a saúde física quanto mental da criança. A pesquisa acompanhou quase 14 mil indivíduos por até 16 anos, e seus resultados mostraram que fatores como fazer refeições em família com frequência, além da presença de um ambiente com relacionamento familiar tido como satisfatório pelos filhos e estilo parental que equilibra afeto e limites, foram associados a maior bem-estar emocional e menor incidência de algumas condições – entre elas, transtornos alimentares, depressão, sobrepeso, obesidade e síndrome metabólica – ao longo da vida. Os autores concluíram que as refeições em família oferecem uma excelente oportunidade para fortalecer o vínculo e a comunicação entre os que convivem na mesma casa, facilitando a supervisão dos pais de forma regular, criando um círculo virtuoso de harmonia entre os pais e os filhos.

A mesa é o melhor lugar para conversar. Não é verdade que os adultos gostam de jogar conversa fora e descontrair na hora das refeições? Da mesma forma, as crianças também adoram brincar enquanto comem, usando o que tiverem nas mãos como forma de descobertas e aprendizados. Muitos pais recorrem aos *tablets* para manter os pequenos na mesa, mas vou dar aqui outras sugestões: você pode comprar rolos de papel pardo para servir como jogo americano, como nos restaurantes, deixando a criança desenhar com giz de cera e mostrar feliz e orgulhosa a arte que produziu enquanto a família está na mesa; com crianças maiores, você pode pedir sua ajuda para colocar a mesa ou servir água nos copos de plástico: quando elas participam do processo, tendem a ser mais colaborativas à mesa; outra possibilidade é ler um livro ou contar uma história: todos os dias de manhã, antes de levar as meninas para a escola, eu costumo ler uma história escolhida por elas enquanto tomam o café da manhã. No carro, durante o caminho, conversamos sobre a lição da história, rimos, e assim surgem novos assuntos. Também gostamos de inventar jogos em família nas refeições: adivinhar as preferências de cada um, por exemplo, acaba sendo uma oportunidade de conhecer melhor quem vive com a gente.

É muito importante que nós, pais, possamos manter a comunicação com nossos filhos, até para despertar a intuição sobre o que está acontecendo com eles. Isso tudo só é possível se pararmos a nossa vida corrida para conversar. Com as crianças maiores, tenha o hábito de perguntar a respeito do dia dela: qual foi o momento de que mais gostou, pelo que foi grata, se fez algo positivo ou de diferente que gostaria de contar. Os rituais familiares também oferecem uma maneira de nos conectarmos com nossos filhos, além de favorecer a união, mostrando para as crianças que elas são membros importantes de nossa família. Os rituais não precisam ser elaborados: pode envolver fazer pizza todos os domingos ou algo como os churrascos de fim de semana.

SONO

Conseguir com que o bebê durma a noite toda é um desafio universal entre as famílias. Acredito que não exista sensação melhor para os pais do que fazer seu recém-nascido dormir, colocando-o cuidadosamente no berço e cumprindo a missão com sucesso. Eu adorava passar um tempo admirando as meninas dormindo, no berço, como duas anjinhas. Ficava horas imaginando o que se passava enquanto dormiam tranquilamente. Há muitos mistérios sobre o sono dos bebês.

A partir de recentes estudos de neurociências, sabemos que o sono do bebê é fundamental para o desenvolvimento do cérebro. Durante a gestação, ainda por volta do quinto mês, os padrões de sono e vigília estão definidos. Nesse período, o bebê já tem uma posição predileta no útero e se torna mais ativo, chutando, espreguiçando-se e até soluçando. O nível de atividade da mãe e seu estado emocional estão interligados aos ciclos de atividade do bebê dentro da barriga. Assim, a mãe e o bebê estão envolvidos em um diálogo muito antes do nascimento e, com o passar da gestação, cada um vai descobrindo seu ritmo.

O cérebro dos bebês, assim como o das crianças e adolescentes, está, literalmente, **em construção**. Durante o período de repouso, ocorre o processo de **mielinização**, responsável pelo amadurecimento cerebral, como vimos no primeiro capítulo. Por isso, quanto mais jovens somos, maior é nossa necessidade de tempo de sono. Segundo a Academia Americana de Medicina do Sono, para a promoção adequada de sua saúde física e mental, um recém-nascido deve passar de 12 a 16 horas do dia dormindo – o que é uma quantidade extraordinária de tempo. Ao longo do primeiro e do segundo ano de vida, o bebê precisa dormir de 11 a 14 horas por dia, incluindo as sonecas. Dos 3 aos 5 anos, a criança precisa ter cerca de 10 a 13 horas de sono total diário. Quando faz 6 anos, ela dorme aproximadamente de 9 a 12 horas no dia.

Todos os animais do planeta têm um ciclo de 24 horas, que está intimamente relacionado ao sol, chamado de ritmo circadiano. Assim, a maioria das pessoas fica acordada durante o dia e dorme à noite. O relógio mestre responsável pelo sono está localizado na parte do cérebro chamada hipotálamo. Essa estrutura regula o ciclo circadiano junto com outras partes do cérebro responsáveis pelos períodos de sono e vigília. O sono do recém-nascido é polifásico, ou seja, em 24 horas seu bebê pode passar por centenas de fases de sono e vigília. Além disso, ele passa muito tempo dormindo durante o dia e acorda com frequência durante a noite.

Até os 6 meses, os bebês não produzem melatonina e recebem o hormônio do sono pelo leite materno. Eles também precisam aprender a diferença entre claro e escuro, assim como entre o dia e a noite. Além disso, nessa fase da vida, o hipotálamo ainda não conta com conexões formadas com outras partes do cérebro que são importantes para o ciclo circadiano. Dessa forma, se você é mãe ou pai e está passando por um período de privação de sono, saiba que o processo de estabelecimento do padrão regular de sono é gradual. Basta esperar que ocorra o amadurecimento cerebral com o passar dos meses, que é indispensável para a presença do ciclo circadiano. Enquanto essa fase não chega, nada pode ser feito para "treinar" o sono do bebê.

A grande dúvida dos pais é quando se dá a maturidade cerebral, se ocorre de repente ou vem aos poucos. Ou seja, queremos saber: "quando o bebê vai dormir a noite toda?" Estudos mostram que por volta dos 9 meses a 1 ano de idade, um padrão de sono regular passa a ser estabelecido naturalmente, e a maioria dos bebês consegue dormir por volta de 12 horas de sono, ainda fazendo sonecas ao longo do dia. Claro que as crianças são diferentes umas das outras. O que posso dizer, por experiência própria, é que alguns bebês dormem melhor do que outros independentemente do esforço dos pais. Essas diferenças existem não somente no período de estabelecimento do padrão de sono, mas também durante as distintas fases do desenvolvimento dos bebês, quando passam por ciclos mais longos de sono ou aprendem a voltar a dormir sozinhos depois de um despertar.

Dormir regenera nossa mente e nosso corpo, mas a principal razão pela qual dormimos está no nosso cérebro e não tem a ver com o descanso: o cérebro permanece bem ativo enquanto dormimos. Durante os três primeiros meses de vida, os recém-nascidos costumam se movimentar bastante enquanto dormem. Eles movimentam as pernas, esticam os braços rapidamente ou mexem a cabeça. Esses breves espasmos, que alguns chamam de "sustinhos", têm o nome de **mioclonias**. São fenômenos fisiológicos, que ocorrem naturalmente, costumam durar menos de 20 segundos e não devem deixar os pais preocupados. Esses espasmos musculares representam a atividade de milhares de conexões cerebrais, como mostram os exames de eletroencefalografia realizados enquanto o bebê dorme. Essa é a forma como o cérebro "aprende" sobre seu funcionamento, como se estivesse testando e descobrindo os limites do corpo e a maneira como age sobre ele.

Como desenvolver o cérebro e as emoções da criança

Segundo a neurocientista e professora da Universidade de Massachussetts Rebecca Spencer, o sono também tem a função de promover a memória do bebê, sendo importante para o aprendizado de forma geral. Através de um experimento, seu grupo de pesquisa mostrou que os bebês que dormiam no momento reservado para a soneca memorizavam melhor a brincadeira que havia sido apresentada previamente do que aqueles que permaneciam acordados na hora de repouso. Ou seja, quando dorme o suficiente, a criança maximiza seu potencial intelectual.

O que o sono faz de tão importante para favorecer o aprendizado da criança? A consolidação de toda a informação nova como uma memória de longo prazo ocorre principalmente durante o sono por meio da atividade de duas áreas cerebrais simultaneamente. A área responsável pela memória de curto prazo, o hipocampo, tem a função de armazenar a informação e movê-la para sua localização permanente, a memória de longo prazo. Esse tipo de memória, por sua vez, fica localizada no córtex cerebral.

Porém, como o hipocampo dos bebês é menor, eles precisam passar por vários ciclos de sono para realizar o armazenamento da memória de longo prazo. Esse parece ser um dos motivos pelos quais temos maior necessidade de dormir na infância e adolescência. Claro que isso diminui com o passar do tempo, o que está fortemente relacionado com a redução da nossa capacidade de aprendizado ao longo da vida, segundo a mesma pesquisadora.

Qual é o papel do sono na regulação das emoções das crianças? Quem tem bebê ou criança pequena em casa sabe bem o que acontece quando ela não dorme bem à noite ou "pula" a soneca da tarde: estado de sonolência, oscilações de humor e crises de birra pelo resto do dia. Com a utilização de experimentos que analisaram o sono noturno e o momento de repouso do dia, a dra. Spencer descobriu que o sono também é responsável pelo processamento das emoções nas crianças, ocorrendo diminuição da reatividade emocional após a soneca do dia. A capacidade de solidificar as memórias emocionais através do sono é muito importante para a regulação emocional da criança, contribuindo para aumentar sua capacidade de controlar os impulsos. Como consequência, ela apresenta melhor comportamento na sala de aula e passa a ter melhor desempenho nas atividades escolares.

Por outro lado, quando a criança não dorme no momento de repouso, ela apresenta dificuldade para dar conta das experiências negativas e com carga emocional que teve naquele mesmo dia, como lidar com a mãe que a impediu de vestir a saia em vez da calça do uniforme da escola ou com o coleguinha que lhe tomou a bola das mãos e não a devolveu. Mas quando ela dorme no momento reservado para a soneca, seu cérebro tem mais tempo off-line e, assim, mais chances de processar as informações sem interferência externa. No momento em que consegue processar as emoções e organizar o que viveu, a criança acorda tranquila e pronta para passar a outra metade do dia reagindo de forma mais adaptada ao que lhe acontecer. Assim, caso seu filho esteja apresentando crises de birra e agressividade com frequência, a primeira coisa em que você deve prestar atenção é na rotina dele. Pergunte-se: como está o sono do meu filho?

Usando esse conhecimento da Neurociência a nosso favor, devemos estimular as sestas dos nossos filhos. Do primeiro ao segundo ano de vida, a criança já dorme a noite toda, com períodos de sesta de manhã e depois do almoço. A partir dos 3 ou 4 anos, ela tira apenas uma soneca, geralmente após o almoço. Em relação às sonecas, vale a pena lembrar que existe uma grande variação individual em relação ao horário do seu início, sua duração e idade de abandono desse hábito. Além disso, vale a pena lembrar que as janelas de sono variam ao longo do dia em uma mesma criança – ela pode precisar tirar a primeira soneca duas horas após acordar e depois conseguir ficar mais quatro horas acordada, algumas tiram sonecas mais longas, outras mais curtas desde bebês. Quando a criança passar a tirar apenas uma soneca, essa deve ser de preferência antes das 16h, cuidando para que a soneca não seja mais longa do que o necessário e não cause impacto no início do sono da noite.

Além do estado de vigília, os bebês têm dois tipos de sono: ativo e tranquilo. Quando começam a cochilar, imediatamente entram no sono ativo. Isso significa que eles podem acordar mais facilmente se forem colocados logo no berço. Ou seja, se você estiver segurando seu bebê e, assim que ele fechar os olhos, tentar colocá-lo no berço, ele provavelmente acordará, pois ainda está no estágio ativo de sono.

Para evitar que isso aconteça, podemos identificar os estágios de sono, quais sejam:

- **Estágio de sono ativo ou REM (*Rapid Eye Movement*):** nesse estágio, a respiração do bebê é mais superficial e irregular. Ele movimenta o globo ocular, apresenta tremor das pálpebras, movimenta as pernas, os braços e pode até mesmo balbuciar. Passada essa fase, que dura de 20 a 30 minutos, o bebê entra no estágio de sono tranquilo e profundo.

- **Estágio de sono tranquilo:** a respiração do bebê se torna mais profunda e rítmica, seus olhos param de se movimentar, os braços e as pernas ficam mais soltos. É mais difícil despertá-lo nesse estágio – você pode acomodar seu bebê no berço sem temer que acorde.

  Quanto tempo dura o estágio tranquilo de sono? Aproximadamente uma hora ou até menos. A partir de então, pode acontecer uma de duas coisas: ou seu bebê entra novamente no estágio de sono ativo, ou ele eventualmente acorda. Alguns bebês dormem bem durante toda a noite desde muito novinhos pelo fato de terem a capacidade de transitar entre os dois estágios de sono sem precisar de ajuda dos pais para consolá-los durante esse processo.

Além dos dois estágios de sono, os bebês apresentam outros três estágios de vigília:

- **Estágio de alerta calmo:** o bebê está atento com olhar vivo e brilhante. Se você interagir com seu bebê quando ele estiver nesse estado, atento ao ambiente, estará ensinando que ele não precisará chorar para ganhar sua atenção.

- **Estágio de alerta ativo:** o bebê tem grande atividade motora, agitado e sem fixar a atenção. Às vezes, ele pode gemer ou esboçar gritos.

- **Estado do choro:** caracterizado por gritos e choros. Demonstra atividade motora intensa e seu rosto pode ficar tenso e avermelhado.

A rotina do sono pode ser colocada em prática desde os primeiros meses de vida e em todas as fases do desenvolvimento da criança. O que seria isso? O sono das crianças depende muito da rotina estabelecida pelos pais e da forma como é executada. Como conversamos anteriormente, a falta de rotina é extremamente nociva para o cérebro, principalmente dos pequenos. Aprender a prever o que acontecerá a seguir é muito importante para crianças, porque faz com que se sintam seguras e no controle do seu mundo, tendo mais facilidade para entrar em um estado de calma e relaxamento, como já conversamos anteriormente.

Para entendermos o motivo pelo qual a rotina do sono funciona, vamos recordar o conceito da Neurociência: "Os neurônios que disparam juntos permanecem conectados." Se você puser seu bebê para dormir todas as noites depois do banho, cria-se um modelo mental com base no que aconteceu no passado, algo chamado *"priming"*, quando o cérebro se prepara para responder de determinada maneira. Ou seja, ele terá um modelo na mente de que após o banho relaxante será levado para a cama repleto de afeto e conexão emocional e, com o tempo, ele até moverá os braços na antecipação de ir para o berço após ser trocado.

Tenha em mente que aprender a dormir sozinho é mais um processo em direção ao amadurecimento cognitivo e emocional do seu filho. Provavelmente, ele não vai dormir sozinho de uma hora para outra. Por isso, é importante a persistência na manutenção da rotina.

PARA UM BOM SONO:

- **Tenha um ritual antes de levar o bebê para o berço:** Significa fazer a mesma coisa, sempre que possível, no momento de pôr seu bebê para dormir. Comece com um banho relaxante e logo depois dê a mamada, sempre no mesmo horário. Lembre-se de manter fixos os horários das mamadas ou refeições, uma vez que a criança precisa estar bem alimentada para dormir bem.

- **Verifique se o ambiente está adequado:** Feche as cortinas e a porta do quarto para deixá-lo escuro e com a temperatura agradável, sem esquecer de reduzir os barulhos da casa. Ligue uma música calma ou um aparelho que emita sons parecidos com os ruídos intrauterinos, como o *"white noise"* (ruído branco). Você também pode cantar, fazer massagens, contar histórias. Tudo deve ser feito de forma muito tranquila e suave, sem agitação nem movimentos intensos. Instale um dispositivo de controle (*dimmer*) para atenuar a intensidade da iluminação e dê preferência para lâmpadas de LED com a cor vermelha, evitando luzes fortes e brilhantes, como a branca, à noite.

Com esse ritual, o cérebro se prepara para se manter em um estado mais calmo, sempre no mesmo momento do dia, o que ajuda a ensinar o bebê quando é a hora de dormir. Rapidamente, os bebês passam a associar esses rituais com a hora do sono.

Lembre-se de sempre marcar o ciclo claro e escuro para ajustar o relógio biológico do bebê: durante o dia, deve ser exposto a um ambiente iluminado e à noite, com pouca luz. No caso das sonecas, é importante que elas sejam feitas em ambientes mais claros do que o sono noturno e inclusive com os sons normais da casa. Assim, a criança consegue tirar a soneca quando está em um lugar diferente do seu habitual. Claro que o ambiente pode ser escurecido, mas evite usar cortina *blackout*, assim como deixar um silêncio absoluto, pois a criança pode dormir noite adentro.

O cérebro na infância

- **Mantenha em todos os dias da semana o mesmo horário para a criança ir para a cama e despertar:** É comum ouvirmos alguns pais dizendo "Ah, meu filho fica acordado até tarde e vai para a cama comigo, pelas onze horas, meia-noite, uma da manhã". Essa não deve ser a rotina da família. Dormir tarde não faz bem para as crianças, nem mesmo para os adultos. Estudos mostram que a regularidade é tão importante quanto o número de horas. Então, aproveite para desenvolver no seu filho hábitos desejáveis, como o de dormir cedo. No momento em que os pais mantêm a rotina e a regularidade dos horários de ir para a cama e de acordar, a criança internaliza bons hábitos e desenvolve a autodisciplina, que servirá em outras áreas da vida também.

- **Exponha o bebê (ou a criança) ao sol:** Além de ser importante para a síntese de vitamina D, a luz solar ajuda a manter o ritmo do ciclo circadiano. Estimule também a prática atividades físicas durante o dia, evitando atividades e brincadeiras mais agitadas à noite. A partir da tarde, não ofereça alimentos e chás estimulantes para as crianças maiores.

- **Leia os sinais do seu filho:** Preste atenção às formas como seu bebê mostra que está cansado. Bocejar é o sinal mais óbvio, mas há outros também. Quando está sonolento, ele pode ter um certo tipo de choro, ou coçar e puxar a orelha, esfregar os olhos ou ficar mais manhoso. Ao perceber esses sinais, aproveite a "deixa" e prepare a rotina do sono para levá-lo ao berço.

- **Considere o que está acontecendo na vida do seu filho:** Alguns acontecimentos podem alterar o sono das crianças, como saltos de desenvolvimento, alterações na rotina, mudança de casa, nascimento de um irmão, separação dos pais, volta às aulas ou troca de babá. Até mesmo marcos do desenvolvimento, como aprender uma nova habilidade e começar a andar, por exemplo, podem prejudicar o sono temporariamente. Caso isso aconteça, seja paciente e tente manter a rotina na hora de dormir. Com o passar do tempo e mantendo a persistência, o sono do seu filho provavelmente voltará ao padrão anterior.

Por volta dos 8 e 9 meses, é muito comum que os bebês comecem a reclamar na hora de ir para a cama. Isso porque eles passam a desenvolver o conceito da permanência do objeto, entendendo que as coisas existem mesmo que não possam ser vistas. Então, a partir dessa idade, quando você ajeita seu bebê no berço e fecha a porta, ele sabe que você não está mais ali.

Como desenvolver o cérebro e as emoções da criança

- **Leve em consideração o temperamento do seu filho:** Os bebês desenvolvem habilidades em ritmos diferentes e de maneiras diferentes. Quanto mais reativo ou intenso for seu filho, mais desafiador pode ser para ele se acalmar. Esses bebês geralmente precisam de mais ajuda para atingir um estado de calma e relaxamento para iniciar o sono. Dessa forma, os menos reativos, capazes de lidar com tensões menores, podem ter mais facilidade para adormecer por conta própria. Entre as minhas filhas, a Gabi sempre foi mais tranquila e consegue pegar no sono com mais facilidade do que a Stella. A primeira também acorda com menos frequência durante a noite e gosta de tirar uma soneca durante o dia, ao contrário da irmã. Cada família deve aprender a reconhecer como é o sono do seu bebê – e se adaptar a ele.

- **Preste atenção ao que está acontecendo com você:** Os pais são os guardiões do sono do bebê. Por isso, eles devem ter em mente como estão seus sentimentos e quais mensagens não verbais podem estar passando, inconscientemente, para a criança na hora de dormir. Tente fazer a si mesmo as seguintes perguntas: o que aconteceu de diferente na sua rotina quando ele não dormiu bem à noite? Como estava seu humor naquele dia específico? Como você se sente ao deixar o bebê no quarto dormindo sozinho?

Basicamente, existem dois tipos de abordagem para o sono do bebê. O casal deve entender as diferentes abordagens em relação ao sono e conversar a respeito delas para decidir qual é o caminho mais adequado para a família seguir.

Alguns pais entendem que quando o bebê acorda e quer a atenção deles, essa é uma necessidade que deve ser atendida imediatamente. Se essa estratégia funciona bem para sua família, siga assim e continue fazendo como nos meses anteriores, atendendo o bebê a cada vez que ele demandar. Porém, se os pais acreditam que há uma diferença entre o bebê "querer" atenção e "necessitar" dela quando acorda no meio da noite, e concordam que ele precisa aprender a voltar a dormir por conta própria, então podem tentar técnicas diferentes.

A verdade é que não há maneira certa ou errada de pôr um bebê para dormir, e a abordagem escolhida vai depender das crenças dos pais, dos seus valores, das suas necessidades e dos seus objetivos em relação ao tema. O importante é considerar que nenhuma estratégia é irreversível. Se for necessário, considere adaptações no método empregado, busque orientação com seu pediatra.

O que funciona para um bebê pode não funcionar para outro, mas o método de "Treinamento do Sono" – ou *"Sleep Training"*, como é conhecido em inglês, por ensinar e habituar a criança a dormir sozinha, criado há muitos anos pelo pediatra americano Richard Ferber, professor da Universidade de Harvard – é a metodologia mais estudada pela Neurociência e funciona bem em diferentes culturas. Os dados das pesquisas mostram que se você quer "treinar" o sono do seu bebê, não deve sentir constrangimento com essa decisão. Um achado consistente em todos os estudos é que esse método funciona para melhorar o sono do seu bebê e o seu também. Como a privação do sono deixa os cuidadores mais irritados e desatentos, os métodos de treinamento do sono melhoram consistentemente a saúde mental dos pais, incluindo menor frequência de depressão materna, maior satisfação conjugal e menor estresse parental, favorecendo a qualidade da interação entre os bebês e seus pais.

De qualquer forma, espere pelo menos até os 6 meses de vida, quando a maioria dos bebês se alimenta com outros tipos de alimento de forma suficiente durante o dia, sendo capazes de dormir a noite toda sem acordar para se alimentar, para executar sua abordagem de preferência. Além do amadurecimento cerebral do bebê, nessa fase os pais já são capazes de escolher o que funciona melhor para o estilo de vida familiar, de acordo com o comportamento do seu filho, e intervir de forma consciente e com segurança.

Aprender a dormir sozinho é uma grande mudança para o bebê, e durante esse processo é muito comum ele chorar ou reclamar. Mas não subestime a sua capacidade! O bebê precisa ser ensinado a dormir sozinho a noite toda, e esse hábito deve ser formado desde o berço. Somente dessa forma, quando acordar à noite, o bebê saberá se acalmar e voltará a adormecer sem sua ajuda.

Alguns bebês têm a capacidade de voltar a dormir naturalmente, usando o próprio corpo para se acalmar, ajeitando-se em uma posição mais confortável e adormecendo por conta própria, sem precisar de você. Outros precisam ser ensinados e habituados a dormir sozinhos. Com o passar do tempo, os pais passam a reconhecer os tipos de choro: se o choro durar mais do que poucos minutos, devem verificar se é relacionado à fome, desconforto pela necessidade de troca de fralda ou um choro fraco pela transição dos ciclos de sono. Assim, se ele acordar, evite tirá-lo do berço ou interagir, dando-lhe a chance de voltar a dormir sem sua intervenção.

Por mais difícil que seja para nós, pais, o bebê precisa chorar por um tempo para aprender a se acalmar. Chorar na hora do sono geralmente dura alguns poucos dias, até que o bebê se adapte e comece a ser capaz de se acalmar e voltar a dormir sozinho. Além do mais, o seu bebê não vai chorar muito, porque você vai intervir de tempos em tempos. O importante é saber como responder: você pode entrar no quarto calmamente para garantir a ele que ainda está por perto ou pode permanecer no quarto e deixar que ele chore por poucos minutos para só então consolá-lo, sem tirá-lo do berço. Ocorre que quando você embala o bebê para dormir toda noite ou o retira do berço para consolá-lo toda vez que chorar, pode fazer com que ele tenha dificuldade para voltar a dormir no momento em que acordar à noite. Ou seja, seu filho vai precisar de você para fazê-lo dormir de novo. É claro que, se você achar está acontecendo algo de errado, deve tirá-lo do berço imediatamente.

E como fica a formação do apego? Os filhos querem a nossa atenção. A melhor hora de dar carinho para o bebê é quando ele está no estado alerta e calmo, ao contrário de chorando no meio da noite. A criança que tem um apego seguro com os pais, que se sente bem cuidada e protegida, que recebe interação com reciprocidade durante o dia, não é prejudicada por chorar enquanto tenta dormir. Não há evidências científicas de que o treinamento do sono possa levar a algum tipo de prejuízo neurológico ou emocional no futuro.

Pelo contrário, o treinamento do sono traz benefícios para sua saúde física e mental durante a infância e a longo prazo.

Eu não gostava da ideia do "Treinamento do Sono". Mas, ao mesmo tempo, não me parecia fazer sentido ficarmos acordados a noite inteira esperando as bebês chorarem. Afinal, uma boa noite de sono favorece a saúde física e mental – tanto do bebê quanto de seus pais. Tendo isso em mente, quando nossas filhas tinham aproximadamente 6 meses, eu e meu marido resolvemos mudar os hábitos de sono das bebês e passamos a acomodar as meninas ainda acordadas no berço. No início do processo, elas choraram por um tempo, mas, depois de alguns dias, a Stella e a Gabi começaram a dormir das sete horas da noite às sete da manhã, sem interrupção, todos os dias. Algumas vezes, após 12 horas de sono, entrávamos no quarto para descobrir que elas estavam no berço, já acordadas, mas sem chorar. Tinham aprendido a se acalmar sozinhas, usavam o próprio corpo para se distrair, balbuciavam ou permaneciam em silêncio até chegar o momento de saírem do berço.

As meninas sempre dormiram no mesmo quarto, cada uma em seu berço, e fizemos a mudança de abordagem do sono ao mesmo tempo com a dupla. O processo aconteceu com muita tranquilidade e passamos por cada fase gradativamente. No começo, colocamos as meninas sonolentas, mas ainda acordadas, no berço, permanecendo ao seu lado, consolando com a mão até que dormissem. Depois de alguns dias, esperamos que elas dormissem, mas sem encostar, somente falando com um tom calmo e nos afastando um pouco mais do berço a cada dia. Com o tempo, passamos a colocá-las no berço acordadas, dávamos um beijo de boa noite e saíamos imediatamente do quarto.

Quando uma das meninas chorava, um de nós entrava no quarto e ficava ao lado do berço, falando com o tom de voz calmo, explicando que tudo estava bem e que ela podia voltar a dormir. Permanecíamos pouco tempo no quarto sem tirá-las do berço, somente fazendo um leve carinho e dizendo: "Filha, está tudo bem. Agora volte a dormir, papai está aqui", ou "Mamãe está aqui e te ama muito". Vez ou outra, era necessário trocar uma delas de posição, oferecer o "naninha",

Como desenvolver o cérebro e as emoções da criança

ligar novamente uma música, verificar se a fralda estava seca ou se precisava ser trocada. Com o tempo, a frequência com que entrávamos no quarto passou a diminuir, assim como o choro foi baixando de intensidade. Pode parecer que tudo isso dá muito trabalho. Sim, requer paciência e persistência, mas funciona.

Acima de tudo, seja consistente na direção de seu objetivo e não demonstre insegurança. Tempo e paciência são necessários para ensinar a seu filho qualquer nova habilidade – e com o sono não é diferente. A consistência ajuda a criança a aprender o que esperar a seguir. Se você mudar sua resposta a cada noite, pode confundir o bebê, que não saberá o que esperar naquele determinado momento, dificultando sua adaptação à nova rotina de sono.

Qual é o pai ou a mãe que não gosta de ficar abraçadinho com seu filho? Para não "perder o bebê da casa", inconscientemente, algumas vezes deixamos de estimular a capacidade dos nossos filhos dormirem sozinhos e, assim, desenvolverem a sua autonomia. A questão da cama compartilhada costuma gerar polêmica. Alguns profissionais não veem problema, mas eu penso diferente. Dormir com os filhos pode não ser tão confortável: os pais acordam muitas vezes durante a noite, além do mais, pode atrapalhar a intimidade do casal. Para crianças menores, sobretudo, há o risco extremo de que o bebê, com dois adultos na mesma cama, possa ser sufocado.

A recomendação da Sociedade Brasileira de Pediatria é que o bebê durma durante a noite em berço próprio no quarto dos pais até os 6 meses de idade, e, depois, no berço em seu próprio quarto. De qualquer forma, as visitas à cama dos pais podem ocorrer com bastante frequência até os 6 anos de idade, diminuindo com o tempo. Isso depende de vários fatores, como saudade dos pais, medo do escuro ou pesadelo. Alguns pais não se importam e até sentem falta quando as crianças deixam de aparecer no meio da noite para ficar um tempo com eles. Como já conversamos, cada família funciona de um jeito.

Assim, se esse hábito já estiver instalado e se incomodar os pais, cabe a eles reverter a situação para não ficarem reféns dela e evitar um desgaste emocional para a família como um todo. Para tanto, devem usar os mecanismos corretos de incentivo para estimular a mudança e atingir seu objetivo. Em primeiro lugar, certifique-se de que você está passando um bom tempo com a criança durante o dia, com conexão emocional, divertindo-se com ela, demostrando todo seu amor e carinho. Depois pode ser feita uma combinação, dependendo da idade da criança, para que ela não veja a saída do quarto dos pais como um castigo ou punição, e sim como uma evolução em direção à sua autonomia e independência. Procure envolvê-la na decoração do quarto e na escolha de itens lúdicos, para ajudá-la a se sentir mais segura na própria cama. Os pais também devem estar seguros e confortáveis em relação à sua escolha, permanecendo firmes. Uma vez feita a combinação, não volte atrás. Você pode propor exceções: sugira que nos fins de semana possam dormir juntos, montando um acampamento de barracas na sala.

Sobretudo, não devemos nos sentir culpados por incentivar os filhos a dormirem sozinhos. Afinal, dessa forma contribuímos para o desenvolvimento de sua independência, autoestima e autoconfiança, promovendo a saúde, por meio de um sono tranquilo. E por que a autonomia na hora do sono é importante? Ela faz parte da necessidade que a criança tem de se desenvolver em um ambiente com limites e regras, incluindo o espaço físico – no caso, seu quarto e o berço –, que também simboliza esses limites.

Geralmente, os pais tiram o bebê do berço fazendo a transição para a cama por volta dos 2 anos, quando a criança já tem mais autonomia e principalmente maior capacidade de comunicação. Porém, uma pesquisa realizada com mais de 1.900 pais e cuidadores de bebês com idades entre 1 ano e meio e 3 anos de cinco países (Austrália, Canadá, Nova Zelândia, Reino Unido e Estados Unidos) mostrou que aqueles que atrasaram a transição do berço para a cama por mais tempo, até os 3 anos, tiveram melhores noites de sono. Ou seja, dormir no berço foi associado a ir para a cama e adormecer mais cedo, acordar menos e dormir por períodos mais longos durante a noite, além de menor resistência à hora de dormir. A explicação pode ser que as crianças se sentem seguras e confortáveis no berço, já que gostam de permanecer em espaços pequenos enquanto brincam: qual criança não gosta de ficar em uma cabaninha ou escondida embaixo da mesa?

Os pais costumam me perguntar: "Como faço para meu filho dormir sozinho?" Quanto mais nova a criança, mais ela vai precisar da nossa ajuda para definir o horário de iniciar a rotina do sono e ir para a cama. Mas o fato é que independentemente da idade da criança, ainda é muito difícil para ela deixar de fazer algo que quer, como ficar na sala com os pais e ir para o quarto por vontade própria, porque precisa acordar cedo no outro dia. Por isso, lembre-se de estabelecer um horário e tornar o momento do sono uma experiência positiva.

A privação de sono afeta a amígdala, a área do cérebro responsável pelas fortes reações emocionais, como medo e raiva. Por isso, algumas crianças podem se tornar mal-humoradas ou agitadas, ou mesmo "se arrastar" pelos cantos sem "se entregar". Nesses momentos, de nada adianta falarmos: "Meu filho, você está se comportando como um bebezinho", sem levar em conta o que realmente são. O importante é reconhecer que as crianças, assim como os adultos, ficam irritadas quando estão com fome, cansadas ou hiperestimuladas. Todos nós nos sentimos melhor quando estamos em equilíbrio com nosso corpo e mente – e o sono é uma peça fundamental para alcançarmos esse equilíbrio. Assim, as crianças precisam estar alimentadas, de banho tomado e com o cérebro descansado para se sentirem "renovadas". Uma boa estratégia é conversar com seu filho sobre a importância do descanso, estimule-o a dormir mais cedo alguns dias da semana e diga: "Filho, você percebeu que está acordando mais alegre e com mais energia para se divertir?"

Além disso, a criança precisa ir para a cama cedo para estimular a produção do hormônio do crescimento, que ocorre na fase de sono profundo. Crianças que não dormem o tempo necessário também podem apresentar outras alterações nos níveis hormonais. O sono insuficiente pode afetar os hormônios que regulam a fome e o apetite, fazendo com que a criança se alimente em excesso ou exagere nos doces e alimentos de alto teor calórico. A falta de sono pode afetar a maneira como o corpo metaboliza esses alimentos, desencadeando a resistência à insulina, que está ligada ao diabetes tipo 2.

Uma recente pesquisa avaliou o tempo de sono e a relação com os hábitos alimentares, tendo demonstrado que as crianças que comem mais *fast-food* e alimentos processados dormem menos tempo do que aquelas que comem alimentos mais saudáveis. O oposto também se mostrou verdadeiro: as crianças que comem mais vegetais e frutas têm mais horas de sono durante o mês. Além disso, manter uma rotina com horários regulares para as refeições faz com que o corpo da criança mantenha um ritmo adequado ao longo do dia, favorecendo a soneca da tarde e o sono da noite. Da mesma forma, evite que os horários de ir para a cama e levantar sejam diferentes entre os dias úteis e o fim de semana: é importante que essa diferença de tempo seja de, no máximo, uma hora, pois diferenças muito grandes podem prejudicar a rotina de sono da criança.

Quanto ao papel da televisão e das telas, estudos mostram que quando as crianças contam com TV no quarto, têm menos horas de sono total por mês e ficam mais expostas a conteúdo adulto e inapropriado para a idade delas. Além de tudo, as telas dos aparelhos eletrônicos emitem a *"blue light"*, a faixa de onda de luz azul, que imita a luz do dia e, portanto, leva o cérebro a um estado de alerta, suprimindo o sinal do sono devido ao prejuízo na produção de melatonina. A falta de melatonina dessincroniza o relógio biológico, resultando em sono raso, química cerebral alterada e ciclos hormonais interrompidos. Por isso, tenha o hábito de desligar as telas uma ou duas horas antes de dormir.

O escuro é o primeiro medo que temos na vida. Representa o temor do desconhecido, do que pode estar depois da porta, do que pode acontecer quando fechamos os olhos. O medo de dormir sozinho é muito comum dos 2 aos 6 anos de idade, quando o cérebro da criança ainda não consegue diferenciar a realidade da fantasia e sua imaginação corre solta. Esse período costuma ser passageiro; a duração depende da maturidade emocional e cognitiva da criança. Por mais que a preocupação dela pareça ilógica para nós, como a suspeita de que existe um monstro no armário, devemos sempre respeitar seus sentimentos. Ao mesmo tempo que tomamos cuidado para não supervalorizá-los, não devemos minimizá-los. Por isso, é bom fugir daquelas frases que dizemos com a melhor das intenções: "Não há por que ter medo, não precisa chorar por isso."

A criança que dorme feliz acorda feliz. Os últimos pensamentos de uma criança antes de cair no sono são carregados de emoções e ricos em imagens visuais, que fazem parte do material que dá origem aos sonhos. Assim, procure favorecer a formação da base de uma vida mental positiva por meio dos seus sonhos. Como isso pode ser feito? Você pode contar histórias ou começar pedindo para a criança falar quais foram os "melhores momentos de seu dia", imaginando uma cena realmente feliz que aconteceu, descrevendo o que imaginou em voz alta, concentrando-se no que pensou e contando uma história sobre a cena imaginada. Outra atividade interessante, que pode ser feita antes da hora de dormir, é pensar em um dos seus lugares favoritos ou usar técnicas de *mindfulness* e relaxamento.

AUTORREGULAÇÃO: CONTROLE DE IMPULSOS E REGULAÇÃO EMOCIONAL

De repente, aquele bebê indefeso, que não falava, passa a crescer num ritmo inacreditável. Nesse momento, seu desenvolvimento motor e crescimento físico ocorrem de forma muito mais acelerada do que em qualquer outro período de sua vida no futuro. Tudo isso dá condições para que a criança entre em uma nova fase importante: o desenvolvimento emocional e cognitivo. Nos três primeiros anos de vida, ocorre o pico da curva do período de sensibilidade para as habilidades de autorregulação, que permanece até a fase escolar, passando pela adolescência até finalizar no início da vida adulta, por volta dos 21 anos.

O cérebro na infância

Autorregulação é a capacidade de uma criança exercer o autocontrole (controlar os impulsos), modificando seus pensamentos, emoções e comportamentos. Essa é uma habilidade fundamental para a realização nas mais diversas áreas ao longo da vida. Mas como funciona na prática? Quando a criança sentir raiva, ela consegue dizer "eu estou bravo" no lugar de bater e gritar. Com o tempo, ela passa a compreender que pode chorar em algumas situações e sentir raiva em outras, por exemplo, tendo em mente que é possível se expressar de diferentes formas, dependendo do contexto em que está envolvida. E por que isso é importante? Se a criança adquire a capacidade de tolerar ou de deixar a raiva passar, de lidar com a tristeza e a ansiedade, ela consegue ser mais forte diante dos diferentes desafios em todas as fases do seu desenvolvimento, sem deixar que as situações estressantes, que inevitavelmente acontecerão, causem prejuízos em sua vida, rotina ou relacionamentos.

Alguns bebês nascem com um temperamento mais dócil, outros são mais difíceis; alguns são mais reativos, outros mais tranquilos. O temperamento está relacionado com a regulação emocional, a forma como a criança responde ao medo, à frustração, à raiva e modula suas respostas emocionais. Além da questão do modelo de comportamento, a capacidade de regulação emocional tem um componente genético envolvido nos neurotransmissores dopamina e serotonina, que influenciam nosso humor. Esse é um dos motivos pelos quais nossos filhos são tão parecidos com a gente.

O certo é que podemos ensinar os bebês a se acalmarem e tolerarem a frustração desde cedo. É importante que seu cérebro aprenda que deve esperar por certos momentos para conseguir o que quer. Os bebês precisam dos pais para adquirir sua capacidade de autorregulação na medida em que esta se desenvolve ao longo do tempo, dependendo das características hereditárias e da interação com o entorno.

Segundo diversas pesquisas, a necessidade de atrasar a gratificação, controlar impulsos e regular as emoções é a primeira e mais onipresente demanda que as sociedades impõem aos nossos filhos,

Como desenvolver o cérebro e as emoções da criança

e o sucesso em muitas tarefas na vida depende criticamente do domínio das crianças em relação a essas medidas de autorregulação.

Vários estudos de seguimento, que acompanharam crianças até a vida adulta, indicam que o fator mais importante para alcançar a felicidade e o sucesso não é o QI. Pesquisadores da cidade de Dunedin, na Nova Zelândia, depois de acompanhar um grupo de crianças durante mais de 30 anos, observaram as consequências do autocontrole na infância sobre fatores como saúde, riqueza e crimes ao longo da existência. O que esses pesquisadores perceberam de mais impressionante é o fato de que foi a capacidade de autocontrole, e não o QI, a variável que mais se correlacionou com desfechos na vida adulta como felicidade, satisfação pessoal e profissional, além de melhor saúde física.

Uma recente metanálise (um artigo que revisou os resultados de mais de 150 estudos) publicada por um grupo de pesquisa australiano procurou determinar se a capacidade de autorregulação durante as diferentes fases da infância está relacionada com uma variedade de resultados de desfechos importantes na infância e na idade adulta, incluindo fatores como relacionamentos interpessoais, saúde mental e estilo de vida saudável. Os resultados mostraram que uma maior capacidade de autorregulação em crianças na idade pré-escolar (por volta dos 4 anos) e nos primeiros anos escolares está relacionada a melhores habilidades sociais, maior envolvimento na escola, melhor desempenho em matemática, vocabulário e alfabetização, além de menor incidência de comportamento agressivo e criminoso, sintomas depressivos e ansiosos, obesidade, tabagismo, uso de drogas e desemprego.

O desenvolvimento da autorregulação melhora o desempenho acadêmico por meio do aumento da atenção, concentração, memória, engajamento para resolução de problemas e interações sociais positivas. Por outro lado, a capacidade de autorregulação na infância pode ser prejudicada por fatores como estresse, cansaço, privação de sono, solidão, fome, doenças físicas e tristeza.

Essa é uma área do conhecimento sobre o desenvolvimento infantil essencial para criar uma criança feliz – e que poucos ensinam.

Com a ajuda dos pais e dos outros adultos com quem convive, a criança vai explorando as novas funções do seu cérebro, como a capacidade de raciocínio e planejamento. Segundo o psiquiatra Daniel J. Siegel e a psicóloga Tina Bryson, autores do livro *O cérebro que diz sim*, devemos ajudar nossos filhos desde muito pequenos a desenvolver essa habilidade única e que fará uma enorme diferença em suas vidas. Isso requer, entre outras coisas, que você ensine a criança a interpretar suas experiências e a lidar da forma mais adaptada possível. Como isso pode ser feito? Ensinando-a a retardar a gratificação através da confiança nos resultados futuros, mostrando que ela deve fazer o que deve ser feito em primeiro lugar. Não é a garantia, mas um fator muito importante para uma vida feliz e com sucesso.

Antes de mais nada, uma pergunta para o casal de pais: qual direção estão tomando em relação à educação dos seus filhos? Do que não abrem mão na sua educação? Tenha em mente que o estilo parental, o tipo de educação e a forma como a disciplina é exercida moldam a capacidade de autorregulação da criança desde a primeira infância. Por esse motivo, discuta em casa sobre o assunto. Lembre-se de que adultos bem informados e conscientes criam filhos mais saudáveis emocionalmente, os quais, por sua vez, criarão os próprios filhos da mesma maneira, estabelecendo assim um círculo virtuoso.

As funções executivas são críticas para o desenvolvimento da autorregulação das crianças. Elas são processos mentais que nos permitem planejar, focar a atenção, lembrar instruções e fazer diversas tarefas ao mesmo tempo com êxito. Assim como o sistema de controle de tráfego aéreo gerencia com segurança as chegadas e partidas de muitas aeronaves em várias pistas, o cérebro da criança precisa desse conjunto de habilidades para filtrar distrações, priorizar tarefas, definir e atingir metas, além de controlar impulsos que envolvem o gerenciamento de pensamentos, ações e emoções para atingir objetivos e resolver problemas.

Ocorre que as funções cerebrais se desenvolvem em velocidades diferentes, conforme já vimos. O problema é que por imaturidade do desenvolvimento cerebral, os pequenos nem sempre sabem lidar com suas emoções e frustrações ou conseguem resolver os problemas. Para entender a importância da regulação das emoções no pensamento da criança, em primeiro lugar vamos entender como seu cérebro funciona.

Se você alguma vez tentou argumentar com uma criança de 2 anos, deve saber que isso é perda de tempo e energia na grande maioria das vezes. Isso ocorre porque, nessa idade, as crianças são realmente incapazes de entender o lado racional das coisas. As ideias da criança são guiadas principalmente por sua percepção, e elas são incapazes de compreender conceitos abstratos. A capacidade de desenvolver o pensamento abstrato está localizada no córtex frontal, que ainda não está maduro na criança. Assim, ela não consegue achar graça de certos tipos de piada e nem sempre entende o que seus pais querem dizer com algum trocadilho. Seu pensamento é concreto, e ela leva ao pé da letra o sentido daquilo que escuta. Por exemplo: depois de ouvir que um goleiro tinha levado um chute à queima-roupa, minha filha me perguntou por que a roupa do goleiro tinha pegado fogo.

As estruturas que formam o sistema límbico, localizado no interior do cérebro, entre os dois hemisférios cerebrais, são as principais responsáveis pelas emoções. Uma das partes mais importantes desse sistema é a amígdala, que na verdade são duas, uma para cada hemisfério cerebral. Como já mencionamos, a amígdala ajuda a gerar as emoções e a armazenar as memórias das emoções geradas. Ela também está conectada às regiões que regulam nosso batimento cardíaco e o movimento pulmonar, bem como às áreas que controlam nosso movimento, estando relacionada com o medo e as reações de "luta ou fuga" em resposta ao estresse.

Além disso, a amígdala mantém uma forte conexão com a ínsula, uma região que parece uma pequena ilha no meio do cérebro, e por isso leva esse nome. Junto com a amígdala, essa estrutura ajuda a criar contextos subjetivos e emocionalmente relevantes para as informações sensoriais (vindas dos nossos olhos, nariz, ouvido e língua), além das sensações que surgem através do corpo, como a temperatura corporal, o toque de carinho, a dor, a queimação devido ao pH do estômago, a sensação de frio na barriga, de repulsa ou de fome. Dessa forma, as emoções estão distribuídas em diversos conjuntos de células pelo cérebro.

Outro ponto muito importante é que, assim como a ínsula, a amígdala está intimamente ligada ao sentido do olfato, por sua proximidade com o córtex olfativo. Todos nós podemos dar algum exemplo que vivenciamos na prática. Quem nunca sentiu um determinado cheiro e logo foi transportado a algum momento especial do passado devido a essa forte associação entre o olfato, a memória e as emoções? O cheiro de grama molhada da chuva pode levar ao sentimento de saudade dos verões na casa de praia em família, assim como o perfume do sabonete do bebê pode transportar um adulto de volta à própria infância.

Estudos mostram que as memórias positivas são mais fáceis de serem lembradas do que aquelas neutras ou negativas, porque contêm mais componentes sensoriais e mais detalhes do contexto do evento lembrado. Além disso, as lembranças positivas permanecem por mais tempo guardadas no cérebro do que as negativas, ajudando-nos a lidar com as frustrações e outros eventos ruins durante a vida. É por isso que conseguimos lembrar melhor de eventos que têm um significado emocional do que dos acontecimentos neutros ou banais: é a emoção revivida que nos faz lembrar com mais facilidade do evento, e não sua importância em si. Memórias com forte carga emocional podem nos atrapalhar, e a informação que retomamos pode ser até mesmo alterada.

Em relação à arquitetura cerebral, para os já citados Daniel J. Siegel e Tina Bryson, o cérebro pode ser visto como uma casa de dois andares: embaixo ficam as partes mais primitivas e responsáveis pelas funções básicas, como o tronco cerebral, que controla a respiração e os batimentos cardíacos, e o sistema límbico, que é responsável pelas reações instintivas ("luta ou fuga") e as fortes emoções (raiva e medo). A parte do cérebro do andar de cima é o córtex cerebral, responsável pelas funções executivas, como autocontrole, planejamento, pensamento, julgamento e autoconhecimento. Assim, equilibrar as partes superiores (mais maduras) e inferiores (mais primitivas) do cérebro é a chave para a regulação emocional e o controle de impulsos.

Figura 6
Arquitetura do cérebro e regulação emocional

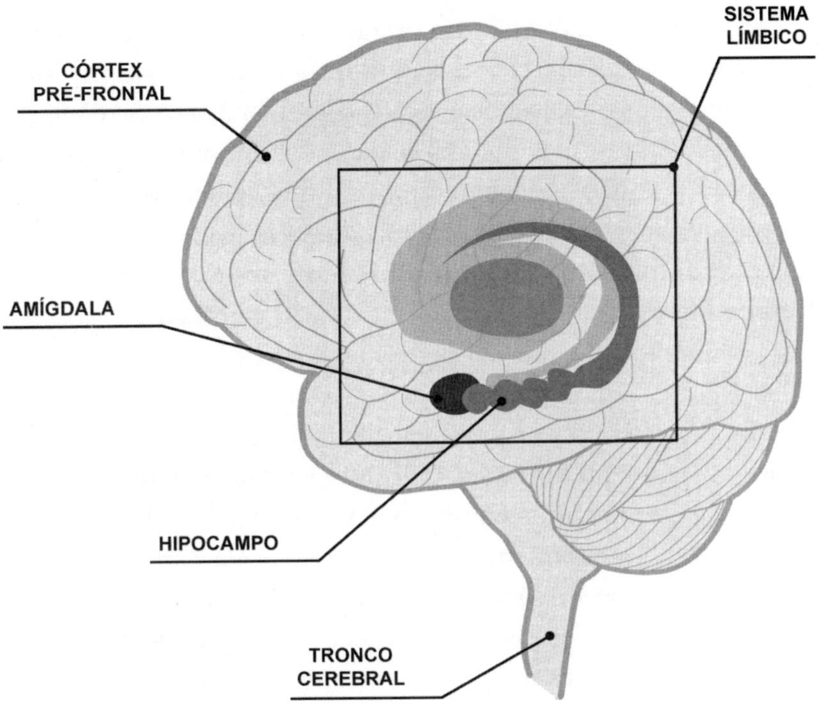

Várias regiões do cérebro trabalham juntas para regular as emoções e reagir a uma determinada situação. A amígdala é responsável por lidar com as informações tanto positivas como negativas, além das fortes emoções, como medo e raiva. Ela desencadeia respostas emocionais e sinaliza se um estímulo é ameaçador. O córtex pré-frontal recebe a mensagem de que algo ruim está acontecendo e atua como um centro de controle, ajudando a guiar as ações. Se necessário, ele envia comandos para outras regiões do cérebro, dizendo-lhes para mover as partes do corpo e fugir, por exemplo. O hipocampo, por sua vez, é o centro de memória de curto prazo e conecta a emoção de medo ao contexto no qual o evento ameaçador ocorre.

Sabemos que no início da vida tudo é gratificação, tudo é prazer. Com o tempo, aprendemos que *para ter uma coisa, temos que dar outra*, e assim levamos a vida. O cérebro da criança se desenvolve com o passar do tempo guiado pela experiência. Se a criança vive em um meio social rico de estímulos, seu cérebro se desenvolve em direção ao autocontrole e à regulação das emoções, fortalecendo as sinapses do córtex pré-frontal, a área responsável por fazer com que antecipemos as consequências (*se eu fizer isso, ocorre aquilo*), por exemplo. De acordo com o conceito da neuroplasticidade, o cérebro é moldado pela experiência e quanto mais usamos uma determinada conexão sináptica, mais ela se desenvolve e se fortalece. Por isso, quanto mais experiências positivas a criança tiver na direção do autocontrole e da regulação emocional, maiores suas chances de desenvolver essas habilidades. E como conseguir isso? Ao longo deste capítulo, vamos mostrar como podemos fortalecer os circuitos envolvidos nessas capacidades.

Isso tudo foi descoberto através do famoso Teste do Marshmallow. O experimento, que ofereceu alguns *insights* interessantes sobre o comportamento humano, foi desenvolvido na década de 1960 por Walter Mischel, então professor da Universidade de Stanford. Você já tentou provocar uma criança oferecendo-lhe uma guloseima e, em seguida, dizendo que ela não pode comer imediatamente? Foi o que os cientistas fizeram e chamaram de Teste do Marshmallow.

No teste, primeiramente as crianças, entre 4 e 5 anos, puderam escolher sua guloseima favorita, como marshmallow, M&M's ou Oreo. Um pesquisador disse a elas que poderiam receber **uma** guloseima agora ou **duas mais tarde**, quando o pesquisador voltasse para a sala. Então ele saía da sala, dizendo às crianças que poderiam chamá-lo de volta se não pudessem esperar mais, e as crianças eram deixadas sozinhas à frente de uma bandeja com o doce escolhido.

Os cientistas, que secretamente observavam e filmavam as crianças, perceberam que algumas comeram a guloseima imediatamente. Outras, no entanto, conseguiram resistir à tentação, esperando o cientista voltar à sala para receber duas guloseimas. Essas crianças, que resistiram com sucesso à tentação, tinham algo em comum. Elas usaram diferentes estratégias para se distrair: cantaram canções, ficaram se balançando, brincaram com sua cadeira.

Ainda que as próprias crianças criassem suas estratégias, os pesquisadores haviam ensinado técnicas de distração antes do experimento, o que acabou as ajudando bastante. Como eles fizeram isso? Ensinando a técnica "e se" (*what if* em inglês), fazendo suposições, como: "Se a minha mão se mover em direção à guloseima, então, vou começar a cantar uma música". Quando as crianças se davam conta do que estavam fazendo, cada vez que iam pegar a guloseima, achavam mais fácil esperar.

Há uma correlação entre as fases do desenvolvimento e a capacidade de atrasar a gratificação: o Teste do Marshmallow mostrou diferença nas pontuações entre as crianças pré-escolares e as mais velhas. De qualquer forma, algumas crianças têm o autocontrole desenvolvido mais cedo, outras mais tarde. O que se sabe é que as crianças que conseguem filtrar as distrações se saem muito melhor na escola e nos desafios da vida.

O teste parece simples, mas na verdade tem implicações profundas, como você verá a seguir, uma vez que os resultados do acompanhamento dessas crianças foram surpreendentes. Os cientistas fizeram estudos de acompanhamento a longo prazo, descobrindo que as crianças que conseguiram resistir à tentação se tornaram adolescentes com melhores habilidades cognitivas e sociais, com melhores notas na escola, menos propensão a usar álcool e outras drogas, além de menor índice de massa corporal do que aquelas que não resistiram.

Basicamente, o estudo mostrou que a habilidade de retardar a gratificação, por meio do controle de impulsos, é um fator preditor de sucesso na vida, pois a criança aprende a não ter pressa, a pensar antes de agir, a permanecer calma e reflexiva, tendo maior capacidade de tomar decisões e fazer boas escolhas.

E como a criança desenvolve o autocontrole e a capacidade de adiar a recompensa? A resposta veio anos mais tarde com os resultados de outros estudos de seguimento. Desta vez, foi descoberto que é preciso mais do que simplesmente força de vontade para resistir à tentação. A chave está em como os primeiros anos de vida da criança moldaram seu cérebro. Se a criança experimentou o mundo como hostil e instável, seu sistema de crenças foi codificado para ela se beneficiar das coisas e aproveitá-las imediatamente, sem ter a capacidade de esperar, pois não acredita que as coisas permanecerão a seu dispor durante muito tempo.

Ao contrário, se a experiência dessa criança no mundo foi de um lugar confiável e estável, seu sistema de crenças foi desenvolvido de forma que ela soubesse que valia a pena fazer algo agora para colher os frutos do seu esforço depois. Isso quer dizer que toda a nossa vida é moldada por pessoas que nos cercaram nos primeiros anos de existência, quando ainda não conseguíamos tomar decisões? Como qualquer outra habilidade, o autocontrole é parcialmente genético, mas também pode ser desenvolvido, dependendo do nosso ambiente e das nossas experiências de vida, que constantemente remodelam quem somos.

Já sabemos que sempre é possível criar novas rotas de conexões por meio da capacidade de neuroplasticidade cerebral. Isso pode acontecer com a ajuda de outra pessoa ou através de muito treino para ensinar ao nosso cérebro que não há problema em confiar nos outros ao atrasar a gratificação. Por outro lado, é muito mais fácil começar a vida com um roteiro certo, em vez de ter a necessidade de reescrevê-lo durante o caminho. Se não ensinarmos nossos filhos a atrasar a gratificação enquanto ainda são pequenos, eles podem aprender depois, é claro, mas será mais difícil.

A frase do autor de *best-sellers* Jocko Willink, ex-oficial dos Navy SEALs americanos, ilustra a importância de fortalecermos o exercício da vontade e estabelecermos bons hábitos desde cedo: "Não espere estar motivado todos os dias para sair e fazer as coisas acontecerem. Você não estará. Não dependa da sua motivação; conte com sua disciplina." A tarefa mais importante do seu cérebro não é pensar, é executar os sistemas do seu corpo para mantê-lo vivo e bem adaptado ao meio em que está. Como estratégia de sobrevivência, o cérebro sempre procura a rota mais fácil e menos trabalhosa, buscando gastar o mínimo de energia para obter o máximo de resultado.

Por exemplo, uma vez que decidimos qual caminho fazer para levar nossos filhos à escola, faremos esse mesmo caminho por todo o ano letivo, mesmo que não seja o de menos trânsito em alguns dias. O nosso cérebro é "preguiçoso" e, no momento em que resolve um problema, "abre mão de pensar" novamente sobre ele, já que está solucionado, deixando de gastar energia nesse assunto.

Como já conversamos, o ser humano estabelece um padrão, buscando uma resposta mais simples por meio de hábitos, mesmo que seja artificial, para ter a sensação de controle e segurança que remete ao que lhe é familiar – ao conforto materno, quando não tinha medo e se sentia tão protegido. Preferimos o conhecido ao novo. Esse é um dos motivos pelos quais repetimos os padrões, as rotinas, as escolhas.

Nós, como pais, podemos mostrar como é importante entender a origem das nossas escolhas e da formação de nossos hábitos. Tente ensinar quanto é prejudicial procrastinar, deixando as coisas importantes de lado, e como nos sentimos bem quando fazemos o que deve ser feito, estando preparados para o que vier pela frente. Claro que você deve começar a apresentar esses conceitos aos poucos, de acordo com a maturidade e o nível de entendimento da criança. Peça para seu filho arrumar, junto com você, o quarto dele que está desarrumado há muito tempo; faça com ele uma lista de quais são as tarefas dele na casa que deixaram de ser feitas; convide-o para praticar um esporte que ele quer aprender, mas você nunca teve tempo de ensinar; peça sua ajuda na lista de compras do mercado para preparar alguma refeição em família no fim de semana. Desta forma, por ter seguido seu exemplo, que aprendeu no dia a dia, a criança vai ter força de vontade para fazer a lição de casa e estudar para a prova antes de brincar com os amigos quando for maior.

Muitas vezes, achamos engraçado como nossos filhos costumam perder tanto tempo reclamando da obrigação de cumprir certas tarefas, como escovar os dentes e tomar banho, sem se dar conta de que já poderiam tê-las completado em menos tempo do que perderam reclamando. Na verdade, é difícil para as crianças pôr as coisas em perspectiva, assim como fazer o que deve ser feito em primeiro lugar. Esse é um hábito muito difícil de ser adquirido e mantido, inclusive por nós, adultos. Isso porque nosso cérebro está "acostumado" a fazer em primeiro lugar o que é urgente, ou o que é mais fácil de ser feito.

Como podemos ajudar nosso filho a desenvolver o autocontrole e a disciplina?

- **Ensine a redirecionar sua atenção:** você se lembra de como as crianças do Teste do Marshmallow fizeram para se acalmar? Os pesquisadores as ensinaram a concentrar a atenção em outra coisa que não no desejo de comer o doce; assim, algumas movimentaram o corpo, outras cantaram uma música ou assoviaram. Isso pode ser ensinado aos nossos filhos também. Movimentar o corpo pode ajudar a criança a regular suas emoções e a controlar melhor seus impulsos quando ela "perde a linha".

  Como exemplo, os pais podem acalmar o choro da criança entregando-lhe um brinquedo divertido. A criança internaliza a ideia de que o brinquedo é uma boa distração, podendo ela própria usar esse método mais tarde para se distrair sozinha. Por outro lado, se os pais não costumam interagir muito com a criança, ela não será apresentada às técnicas de distração adequadas. Essa criança geralmente terá dificuldade em criar suas próprias estratégias de autocontrole quando ficar maior. Lembre-se de que o controle que temos sobre nossos desejos é moldado mais por nosso ambiente do que por nossos genes.

- **Pratique a técnica do "e se"** (*what if* **em inglês**): assim como foi ensinado pelos cientistas do Teste do Marshmallow, ofereça à criança oportunidades para exercitar o pensamento racional e lógico por meio de suposições, dizendo: "O que aconteceria se você não tivesse jogado bola na sala, como é o combinado?" Evite "resgatar" seu filho de situações nas quais ele deve tomar uma decisão difícil, mesmo que seja em um jogo ou brincadeira.

  Por exemplo, se a criança diz: "Eu quero dormir hoje na casa da vovó", quando você acha ser mais adequado que ela faça isso no fim de semana. Você pode dizer: "Meu filho, vou avaliar e te dar a resposta mais tarde." Com isso, ela já está treinando a capacidade de atrasar a gratificação. Depois, você pode sugerir que ela escolha: "Meu amor, se você dormir hoje, pode passar apenas uma noite na casa da vovó. Se escolher no fim de semana, pode passar duas noites. O que você prefere?" Dessa forma, aprenderá que, muitas vezes, pode ser interessante aguardar para receber o que deseja, e que escolher pela recompensa no curto prazo pode ser um "péssimo negócio".

- **Dê os incentivos corretos:** a criança deve ter claro em sua mente que toda ação tem uma reação, e nosso papel é dar os incentivos corretos. Algumas personalidades são mais inclinadas para fazer esforço, enquanto outras são mais impulsivas. Quando você prometer algo para seu filho, cumpra o combinado e faça com que ele ganhe algo pelo seu esforço. É importante que a criança receba a recompensa por merecimento, como resultado da sua conquista, e não por benevolência dos pais. Tudo isso deve acontecer com regras claras, tanto para as consequências negativas quanto para as positivas.

Por exemplo, peça ajuda a seu filho para arrumar a sala e sugira que ele antecipe junto com você as consequências: "Filho, o que você acha que pode acontecer se você arrumar o seu quarto de brinquedos, a mamãe vai ficar com a carinha triste ou feliz?"; "E, depois que arrumarmos, qual passeio que você gostaria de fazer, ir ao parque ou à casa da vovó?". Ou: "Filhos, vocês querem ir ao cinema com a gente? Então, como vocês devem se comportar?"; "Da última vez em que fomos, vocês não seguiram o que a gente tinha combinado. Por isso, vamos fazer uma nova combinação com vocês". Ao formular questões como essas, você estará ajudando a criança a antecipar as situações nas quais ela precisa controlar sua vontade no momento para ter uma recompensa no futuro. Ou seja, no momento de calma, quando as crianças estão tranquilas, reforçamos os bons comportamentos. O fato de alinharmos as expectativas promove a sensação de segurança e controle na criança. Como já vimos anteriormente, tudo isso é muito importante para o seu desenvolvimento.

- **Reforço positivo:** as emoções das memórias que relacionam a experiência presente com a do passado são muito importantes. No cérebro, as áreas que processam as emoções, a memória e a tomada de decisões trabalham juntas, ajudando a desenvolver a disciplina da criança. Aproveite esse conhecimento da Neurociência e use a seu favor, ajudando seu filho a criar memórias positivas. Recompensar o comportamento desejado pode ser muito eficaz para disciplinar. Para isso, precisamos reforçar positivamente as atitudes que achamos importantes que nossos filhos aprendam, dando os incentivos corretos.

Por exemplo, se você der algo que a criança quer muito, logo depois de ela ter feito o que você gostaria, como arrumar o quarto, ela irá formar uma memória positiva dessa situação e vai arrumar o quarto com entusiasmo nas próximas vezes. Da mesma forma, quando seu filho ajuda a colocar a mesa do jantar e você diz "bom menino" acompanhado de um carinho na sua cabeça, está dando um reforço positivo para sua colaboração com a família. Se seu filho realiza determinada ação que você quer ver reforçada, como contar espontaneamente para você sobre como foi seu dia, tente recompensá-lo adequadamente nesse momento, deixando de lado seu celular e lhe dando atenção total (essa é a recompensa dele). É importante dizer que a recompensa funciona melhor quando ocorre o mais próximo possível do estímulo que levou ao resultado esperado. Caso contrário, a chance de o resultado acontecer novamente não é tão alta.

Além disso, a recompensa pode ser contínua (toda vez que a criança tem o comportamento desejado) ou intermitente (somente algumas vezes é recompensada). As pesquisas indicam que este último tipo é mais eficaz. Uma das suas maiores vantagens é que o comportamento desejado é mais resistente à extinção, ou seja, se deixar de existir qualquer tipo de reforço, o comportamento se mantém por mais tempo. E por que isso acontece? Quando a criança sabe que sempre será "premiada", não importando o quanto se esforce, tem a tendência a se esforçar cada vez menos e até mesmo a desvalorizar a recompensa, já que ela deixa de ser um desafio e uma surpresa. Mas quando a recompensa é imprevisível, a coisa muda de figura: o cérebro busca superar o desafio cada vez mais para conseguir o que deseja e fica mais estimulado quando reconhecido.

Por esse motivo, não devemos ceder às vontades dos nossos filhos, como uma crise de birra. A criança insiste em uma sobremesa fora de hora, grita e chora tanto que acabamos cedendo para não passar ainda mais vergonha no restaurante. Ocorre que, no momento em que cedemos, mesmo sem querer, estamos reforçando esse comportamento inadequado, pois a criança entende que se ela insistir, chorar e gritar pode conseguir aquilo que quer. Assim, a melhor maneira de neutralizar o reforço intermitente para um comportamento considerado inadequado é sendo consistente – o famoso "não é não". Faça aquilo que você disse e siga a combinação.

Ainda em relação ao reforço positivo, também foi demonstrado que as crianças passam a ser mais colaborativas e prestativas quando seu **caráter é elogiado**. Ou seja, elas se engajam mais facilmente na atividade solicitada se estiver presente um **apelo à sua identidade**. As crianças podem ser estimuladas ao receber um elogio por ter sido a "ajudante" na escola, por ser reconhecida como "prestativa" depois de arrumar a cama da irmã ou "generosa" ao separar seus brinquedos para doação. Ao contrário de características fixas ou predominantemente inatas, como altura e o tipo físico, o caráter pode ser melhorado, e os pais devem estimular as atitudes mais desejáveis, criando o hábito de fortalecê-las de forma genuína no dia a dia.

Usando uma cartolina, você pode criar um mural chamado de "Quadro de Recompensa". Por exemplo: toda a vez que seu filho tiver o comportamento que você deseja que ele aprenda, como entrar e sair do banho com tranquilidade, ir para a cama sem "manha", acordar com disposição ou arrumar seus brinquedos, coloque uma "carinha feliz" ou uma estrelinha até chegar ao objetivo que você e a criança traçaram. Quando ela atingir determinada meta, pode receber uma recompensa maior. Lembre-se do benefício do reforço intermitente em relação ao contínuo, e que não é necessário recompensar todas as vezes. Você pode deixar de conceder uma estrelinha de vez em quando e, eventualmente, dar a recompensa maior.

Como podemos ajudar nossos filhos a lidarem com suas emoções?

- **Reconhecer e equilibrar suas próprias emoções:** a forma como você se sente em relação aos próprios sentimentos pode influenciar profundamente o futuro dos seus filhos e indicar como você vai reagir à vida emocional deles. Isso também prediz como eles aprenderão a regular suas próprias emoções durante o desenvolvimento. Uma vez que essas habilidades estão diretamente relacionadas às competências emocionais da criança, os pais precisam se sentir confortáveis com suas emoções para fazer com que os filhos estejam confortáveis com as deles.

Os adultos influenciam as crianças pelo exemplo e por intervenção direta. Por isso, se você não tem o hábito de reconhecer as próprias emoções, comece a praticar isso pelos seus filhos e passe a nomear o que você sente em diferentes momentos do dia. Isso é importante porque quando reconhecemos que tipo de emoção estamos vivendo, temos mais capacidade de reconhecê-la nas outras pessoas.

- **Reconhecer as emoções da criança:** *sempre* tenha curiosidade em relação aos sentimentos do seu filho. O que ele quer comunicar? Fome, medo, sede, frio, frustração? Os pais que possuem a capacidade de reconhecer o estado emocional dos filhos conseguem prever seu comportamento em diferentes situações e ambientes, antecipando suas reações instintivamente. Além disso, verbalizar as emoções tem o efeito de acalmar a criança. Pesquisas mostram que quando os pais têm o hábito de nomear constantemente as emoções dos filhos, as crianças conseguem adquirir a capacidade de se acalmarem sozinhas, de focarem em tarefas com mais facilidade e de terem melhores relacionamentos.

Quando a Stella tinha 5 anos, ansiosa para não chegar atrasada a uma festa de aniversário, saiu correndo na minha frente com o presente na mão e caiu na escada da entrada do salão. Com dor pelo joelho esfolado e assustada com a queda, começou a chorar. Mas logo parou para evitar o sentimento de humilhação com a chegada de alguns amigos do aniversariante, bem mais velhos, que foram ver quem estava chegando. Na mesma hora, ela se sentou no chão, de costas para que eles não conseguissem ver seu rosto. Assim que me aproximei dela, abaixei-me, deixei que ela ficasse um tempo no meu colo e falei com calma: "Filha, eu vi o que aconteceu! Você estava tão feliz que saiu correndo, não viu o degrau, escorregou e levou um susto! Seu joelho está machucado, deve estar doendo. Você começou a chorar, mas logo parou porque sentiu vergonha de que os meninos percebessem que você tinha caído. Está tudo bem. Pode chorar se quiser, porque eles já foram embora."

Com isso, a Stella logo se acalmou, levantou-se e foi em direção à porta novamente com o presente na mão e um sorriso no rosto. Um pouco mais tarde, uma menina com quem ela havia feito amizade na festa caiu na mesma escada. Eu, mais uma vez, vindo logo atrás, vi quando a Stella se abaixou para ajudar a nova amiga, dizendo: "Não foi nada. Eu também caí aqui hoje e chorei! Você nem chorou!"

Esse exemplo ilustra a importância de contar para seu filho o que aconteceu e, assim, ajudá-lo a nomear a experiência para dar um novo sentido a ela. Ao identificarmos o que nosso filho sente e descrevermos os fatos para ele, ensinamos que isso pode fazê-lo se sentir melhor. Com esse expediente, damos as ferramentas de que a criança precisa para encarar os desafios que vai encontrar na vida, com resiliência e empatia com as outras pessoas.

- **Encarar as emoções negativas:** devemos respeitar as emoções das crianças sem julgar seus medos ou minimizar o que estão sentindo, por exemplo. Algumas famílias desencorajam a expressão de alguns tipos de emoções, como medo e raiva, parecendo se esquecer de que esses sentimentos existem e nos tornam humanos. Estudos mostram que as pessoas que abraçam as emoções negativas tomam decisões melhores, têm relacionamentos com mais qualidade e vivem por mais tempo.

Muitas vezes queremos esconder da criança as nossas vulnerabilidades, esquecendo que, assim, deixamos de mostrar que também enfrentamos desafios e sofremos por causa de frustrações e ansiedades. Quando mostramos que somos vulneráveis, nos aproximamos, nos conectamos com as pessoas. Para a criança, isso pode ajudá-la a se conectar com os próprios sentimentos também e ajudar a entender os outros.

Quando Lady, a *golden retriever* da família, faleceu, a Stella e a Gabi, aos 5 anos de idade, já vinham percebendo que ela estava ficando velhinha e doente. No dia da sua morte, eu e meu marido contamos para as meninas que ela tinha partido, aceitando a tristeza delas com a intensidade da perda. Elas foram elaborando o luto com o tempo, pedindo para ouvir várias vezes a história de quando a Lady chegou na família e de como ela partiu. Nós, como pais, não tentamos minimizar a situação dizendo: "sinto muito que a cachorrinha morreu, agora limpem o rosto e vamos brincar", ou "meninas, amanhã vamos comprar outro cachorro". Nesses exemplos, mesmo com a intenção de diminuir a tristeza da criança, os pais não conseguem impedir que ela sofra. A criança acaba ficando sem saber o que fazer com seu sentimento e pode até pensar que existe algo de errado com ela por estar triste.

- **Evitar usar as clássicas frases ameaçadoras:** "a mãe aqui sou eu"; "vou-me embora desta casa"; ou "aqui sou eu quem manda". Tente dizer a mesma coisa de outras formas, como: "Meu filho, eu sou sua mãe, amo muito você e por isso cuido da melhor maneira possível. Amar nem sempre é fazer o que você quer e realizar as suas vontades. Sei que muitas vezes você pode não me entender, não concordar, não aceitar e até mesmo ficar bravo comigo."

Acima de tudo, nunca faça com que seu filho se sinta ridicularizado, especialmente em público. Essa é uma atitude de covardia tão grave quanto a agressão física: até a adolescência, o cérebro da criança não tem capacidade de pôr os acontecimentos em perspectiva para conseguir lidar com as situações de conflito. A humilhação em público pode ser muito prejudicial, pois o córtex pré-frontal do seu filho ainda não tem a maturidade necessária para lidar com sentimentos complexos, como humilhação e vergonha.

Isso não significa que os pais não podem cometer erros ou magoar seus filhos, o que muitas vezes acontece. Porém, o importante é se dar conta e reparar o erro o mais rápido possível. É assim que as crianças aprendem a fazer o mesmo e pedir desculpas. Mostre que o sentimento de amor permanece, que são amados mesmo quando, sem pensar, falamos e fazemos coisas que não gostaríamos de ter feito e nos arrependemos depois.

Mesmo quando erra ou faz uma "sapequice", seu filho deve ter certeza de que vai se sentir acolhido e não julgado ou recriminado, sendo muito importante que ele consiga desenvolver uma visão positiva da sinceridade, entendendo que dizer a verdade é uma coisa boa. Ou seja, quando seu filho cometer uma travessura, elogie sua atitude por ter falado a verdade, sem deixar de levar em conta o erro em si. Com isso, ele vai se sentir confortável para contar tudo o que acontecer de bom, e também de ruim, durante as diversas fases do desenvolvimento, porque saberá que o vínculo de confiança estabelecido com os pais vai permanecer.

- **Perceber como você lida com a frustração da criança:** em primeiro lugar, conecte-se com o seu próprio sentimento e ensine através do seu modelo. Para ensinar a criança a conseguir se controlar, você deve mostrar a ela que também tem essa capacidade. Por exemplo, quando seu filho tiver uma crise de birra e se jogar no chão, em vez de perder a paciência ou ficar frio e distante, use sua empatia para se conectar com a criança e perceber o que a está incomodando, ao mesmo tempo em que você mantém sua própria raiva sob controle.

  Tente se lembrar da sua infância, de como você se comportava em situações similares às que seu filho está passando naquele momento e que podem ser consideradas inadequadas por você agora. Por exemplo: por que você tem tanta dificuldade em tolerar o choro de criança? Isso já aconteceu antes? Como você foi disciplinado por seus pais? Eles lhe ensinaram a se acalmar e a corrigir seus erros de que forma? Quando conseguimos integrar nossas memórias de eventos passados, que estão de alguma forma se repetindo no presente, temos maior capacidade de mudar nosso próprio comportamento como pais.

A criança percebe os sentimentos dos pais em relação às frustrações deles. Se os adultos falam para a criança se comportar de uma forma e acabam agindo de outra, isso é percebido por ela. Então, sirva de exemplo e seja tolerante em relação às suas próprias frustrações também. Alguns pais têm a tendência de serem mais irritados, mais críticos e menos tolerantes. Com muita frequência, eles apontam o que a criança não faz bem e ficam muito bravos durante uma crise de birra. Tente agir de forma diferente: procure aguentar o mau humor do seu filho, sabendo que nem todos os comportamentos dele serão controlados por você.

Digamos que se seu filho tenha quebrado as regras da casa ao chutar uma bola na sala e estragar algo. Nesse caso, como costuma ocorrer em situações de estresse, evite gritar: "Eu avisei que não era para jogar bola na sala, olha o que você fez!", ou "Eu sabia que isso ia acontecer. Agora está de castigo e pronto". Em vez disso, tente se acalmar, faça perguntas à criança e lhe peça alternativas de soluções: "O que você acha que podemos fazer para consertar o porta-retratos que quebrou?" Agindo assim, você demonstra que acredita no potencial da criança para resolver problemas com novas ideias, contribuindo também para desenvolver sua autoconfiança e autonomia.

- **Evitar chegar ao ponto da exaustão:** se você estiver se sentindo sobrecarregado, procure um jeito de dar uma pausa para gerenciar sua resposta ao estresse. Quando conseguimos encontrar formas de relaxar e diminuir a ansiedade durante o dia, retornamos para os cuidados de nossos filhos de uma forma melhor, mais capazes de lidar com aquilo de que as crianças precisam, dando o suporte necessário para seu neurodesenvolvimento saudável. Assim, dê uma caminhada, pratique alguns minutos de meditação ou exercícios de respiração, faça uma leitura. Proporcione um tempo para você mesmo. Entenda que não há problema em não conseguir dar conta de tudo.

Estudos mostram que o principal fator protetor para a saúde mental das crianças é a estabilidade emocional dos pais. Quando os pais se tornam mais conscientes das suas emoções e atingem um estado mental tranquilo e estável, seus filhos se desenvolvem na mesma direção. Isso quer dizer que cuidar de si mesmo e da sua própria saúde mental é um dos maiores presentes e demonstrações de amor que você pode dar a seu filho.

No momento em que seu filho tentar desafiá-lo, e você se sentir irritado, acalme seu estado emocional antes de qualquer reação. Converse com a criança, explicando o que você está sentindo de um jeito que ela possa entender. Diga que você precisa de um tempo para evitar fazer algo de que se arrependa depois, como tomar uma medida corretiva mais rigorosa e até mesmo aplicar uma punição física.

Tudo isso dá uma sensação de segurança e previsibilidade para o cérebro da criança. Os pais não precisam (nem devem) ser perfeitos, mas a criança precisa saber que eles estarão lá quando ela precisar. Procure se lembrar de que aquilo que é óbvio para você pode ser óbvio apenas para você. Assim, diga o que você sente, fale sempre quanto ama seu filho de forma genuína e inesperada. Abrace-o e beije-o, demonstre seu amor quando ele menos esperar.

- **Ensinar que as emoções são transitórias:** elas vêm e vão, não são permanentes! Você pode usar os exemplos de personagens de filmes para ensinar ao seu filho sobre como prestar atenção nas próprias emoções, sentimentos e pensamentos, mostrando que eles não são permanentes. Por exemplo, o filme *Divertidamente* nos mostra a importância de reconhecermos nossas emoções, inclusive a tristeza. Ele aborda muito bem o dilema dos pais entre acolher a tristeza da criança e o desejo de não a ver sofrer. A personagem principal da história é uma menina que está passando por várias mudanças de vida, sentindo-se triste por algumas perdas que ocorrem durante o processo de amadurecimento.

Muitas vezes, temos uma emoção negativa em relação a uma pessoa que amamos, ou até mesmo em relação a um animal de estimação, mas isso logo passa. Recentemente adotamos uma vira-lata, que fica na casa da avó das meninas (confesso que ainda não me animei a ter um animalzinho no nosso apartamento). Em um fim de semana, pegamos a cachorrinha, ainda filhote, da casa da avó para passar o fim de semana na nossa casa. Enquanto estávamos fora, ela fez xixi no tapete da sala, roeu o pé das cadeiras do quarto de brinquedos e mordeu algumas bonecas das meninas. Quando chegamos, a Gabi e a Stella começaram a chorar, dizendo: "Lucky, o que você fez? Você nunca mais vai ficar aqui! Você é a pior cachorra do mundo!"

Eu e o Paulo falamos: "Parece que vocês não gostam mais da Lucky como antes, não é mesmo? Lembram quando vocês mexeram no prato de ração dela? Ela ficou brava e rosnou para vocês, não é? Às vezes, sentimos uma emoção ruim, ficamos irritadas com alguma coisa, podemos até mesmo ter raiva. Mas depois essa emoção passa, e voltamos a ficar felizes perto de quem amamos. Nossas emoções podem mudar."

- **Exercitar a memória da criança:** procure estimular as associações feitas pela criança, apontando quando acontecerem espontaneamente para fortalecer esse hábito. No dia a dia, conte histórias de quando seu filho era menor, relembrando as tradições familiares e eventos importantes do passado. As crianças adoram ouvir esse tipo de história sobre sua própria vida. Faça "brincadeiras de lembrar" enquanto estiver no carro, na mesa de jantar ou em qualquer lugar, para fortalecer a memória do seu filho. Pergunte sobre eventos que aconteceram no seu dia: "Como foi o almoço hoje na casa da vovó? O que tinha para comer? Do que você mais gostou?"; "Como foi a festa de aniversário do Lucas? O que você fez de mais bacana na festa? Tinha algum amigo seu?". À medida que a criança cresce, as perguntas podem se tornar mais sofisticadas.

A Stella certa vez me disse: "Mamãe, faz tempo que não vamos no Parcão, não é mesmo?" Respondi: "Sim, é verdade, mas por que você lembrou disso agora?" E logo ela explicou: "Eu vi esse saquinho de pão aqui na casa da vovó e me lembrei de quando levamos para dar para os patinhos do lago do Parcão." Em outra ocasião, estávamos andando de carro, e a Gabi me falou que estava com saudades de ir para a praia que costumamos frequentar. Eu quis saber: "Também estou com saudades de lá, faz mais de um ano que não vamos, mas por que você se lembrou desse lugar agora?" E ela disse: "Lá tem uma ponte com subidas e descidas, que dá um friozinho na barriga, igual acontece quando passamos nesta lombada aqui!"

E por que exercitar a memória pode ajudar a criança a lidar com suas emoções? Como veremos a seguir, quando consegue contar o que lhe aconteceu, ao integrar a sua memória implícita à explícita, a criança passa a dar sentido às suas experiências passadas e entende como elas influenciam o seu presente, tendo mais capacidade de lidar com suas emoções e até mesmo mudar seu comportamento.

- **Desenvolver a autoconsciência da criança:** a memória é baseada em conexões. Cada vez que passamos por uma experiência, alguns neurônios são ativados por um sinal elétrico. Conhecendo o conceito da neuroplasticidade, sabemos que uma nova experiência cria uma rede de associações, que é fortalecida a cada repetição da experiência. Em essência, a memória é a forma como um evento do passado nos influencia no presente por meio do disparo dessa mesma rede de neurônios. Tudo isso molda nossa percepção do momento presente, antecipando o que vai acontecer a seguir e preparando o cérebro para o futuro com base no que aconteceu no passado.

De acordo com o neurocientista John Medina, autor do livro *A ciência dos bebês*, o cérebro da criança já vem com habilidades emocionais pré-moldadas para se relacionar com o mundo e coloca uma espécie de "etiqueta" em tudo aquilo com o que se relaciona. Essas "etiquetas" são as emoções. Conhecer quais "etiquetas" o seu filho usa, ou seja, quais são as reações emocionais que ele tem às diferentes situações, ajuda você a responder de forma adequada e específica a cada uma delas. Isso tudo faz parte do processo da regulação das suas emoções e do desenvolvimento de uma criança saudável e feliz.

Por algum motivo, uma experiência pode ser codificada como perturbadora no cérebro da criança, e um som ou imagem associada à lembrança dessa experiência aciona uma determinada rede de neurônios, que levam a um comportamento sem que ela perceba sua origem. Esse tipo de memória se chama implícita, aquela que a pessoa não consegue traduzir em palavras, mas que afeta seu comportamento e suas sensações no presente.

Quando ajudamos a criança a integrar a memória implícita com a explícita, aquela que é traduzida em palavras, as experiências negativas do passado perdem seu poder de influência no presente. Além disso, quando a criança consegue se lembrar de um evento e expressá-lo, ela tem a chance de contar a própria história, o que ajuda a dar sentido à situação que vivenciou, entendendo melhor seu passado e as experiências presentes, favorecendo a autoconsciência.

A memória implícita é essencialmente um processo evolutivo, que nos mantém seguros e fora de perigo. Ela nos "libera" para sermos capazes de reagir de forma rápida e automatiza nossas respostas em momentos de perigo, sem que precisemos nos lembrar ativa ou intencionalmente de experiências semelhantes anteriores. De acordo com o psiquiatra Daniel J. Siegel e a psicóloga Tina Bryson, no livro *O cérebro da criança*, é importante termos em mente esse conceito, pois eventualmente a criança pode ser exposta a alguma situação em que vivencia forte carga emocional, relacionada a uma experiência que acaba se repetindo, sem nos darmos conta. Assim, uma situação semelhante à qual ela se sentiu ameaçada ou com medo pode acabar despertando uma enxurrada de emoções vinculadas às lembranças evocadas, impactando suas emoções e seu comportamento no momento presente.

Algumas vezes, conseguimos fazer a ligação com a situação em que a criança se sentiu ameaçada no passado, em outras nem tanto. Seu filho pode chorar ao entrar em um consultório médico por associar tal experiência com a vez em que tomou uma injeção e sentiu dor. O medo ou o encanto que um bebê tem por cachorro é um exemplo. Fato similar ocorreu com minha filha Gabi, que por alguns anos teve medo de cachorro sem nunca ter sido atacada ou ameaçada por um animal. Porém, pode ter ocorrido no passado algo tão sutil que não percebemos, mas que de alguma forma ficou codificado em sua memória como uma situação de ansiedade. Essa aflição, que se repetia cada vez que ela via um animal peludo, foi naturalmente resolvida com o tempo.

Por tudo isso, explique para a criança como funciona a memória dela. Conte que, sem explicação aparente, podemos sentir medo, tremer e sentir frio na barriga ao viver uma experiência que nos lembra de algo desagradável que nos aconteceu. Pode ser ao pegar um elevador, ouvir um latido ou andar de carro. Depois, investigue qual pode ser a causa do medo, pedindo para a criança contar o que pode estar causando tal sensação. Se a criança relutar em falar sobre um acontecimento que de alguma forma foi doloroso, permita que ela conte aos poucos, de modo que possa manter o controle de sua ansiedade. Deixe que ela espere, retroceda e avance rapidamente, conforme sua vontade.

Certa vez, a Stella, aos 4 anos, apresentou febre e sintomas de mal-estar na escola e fui chamada para buscá-la mais cedo. Quando voltei para buscar a Gabi, que havia permanecido até o fim do período regular, ela me disse que tinha ficado chorando o tempo todo, querendo a mana, sem entender por que não tinha ido embora com ela. Depois de algum tempo, a Gabi passou a relutar a ir para a escola, mas não dizia a razão. Conversando com ela, percebemos que estava com medo de que a situação se repetisse.

Sendo assim, ela me pediu que contasse várias vezes o que tinha acontecido, por que motivo a irmã tinha voltado mais cedo para casa. Elas passaram a brincar de "médico e paciente": marcavam consultas e até fizeram um prontuário na minha antiga agenda, onde anotavam os "sintomas" de cada uma delas. Depois de reproduzirem a situação várias vezes, contando e recontando a história através da brincadeira, a Gabi superou o medo e voltou a frequentar a escola com a mesma tranquilidade de antes.

- **Preparar a criança para a situação:** procure incorporar as prioridades da criança às suas próprias mensagens. Essa é a chave para ela se sentir compreendida e seu cérebro se sentir no "controle da situação", aumentando a probabilidade de alcançar o que você deseja. Use frases que demonstram que você leva em conta a sua vontade: "podemos fazer uma combinação?". Mostre para seu filho qual a sua intenção com o acordo, deixando claro que o motivo pelo qual ele deve seguir tal combinação não é puni-lo e muito menos castigá-lo.

Respeite a atividade que a criança estiver desenvolvendo e dê um recado prévio, avisando-a sobre o que foi previamente combinado com ela: "minha filha, está chegando a hora do jantar. Daqui a pouco vamos desligar o *tablet* e ir para a mesa. Somente mais um episódio e vamos desligar". Mantenha os limites sem ceder, mesmos que ela grite e chore, dizendo: "Eu sei que você está muito brava comigo agora, eu entendo que você queria mais tempo para assistir ao seu desenho favorito." Continue mantendo o combinado, mas proponha o que pode ser feito na próxima vez, dando-lhe a sensação de controle, e diga: "Amanhã você quer começar assistindo a qual episódio, esse de novo ou um diferente?" Também apresente algo interessante para ser feito, mudando para o "sim" no lugar do "não": "Já que não vamos mais ter *tablet* por hoje, podemos fazer uma brincadeira em família! Você prefere jogar bingo ou cara a cara?"

Por um tempo, aqui em casa, minhas filhas reclamavam que não queriam entrar no banho, mas, depois que entravam, não queriam mais sair. A Stella adorava brincar de lavar o cabelo da Gabi, ensaboando a irmã, como se estivesse cumprindo uma tarefa muito importante. Já a Gabi gostava de cantar, sentindo a água cair no rosto. Elas ficavam em seu mundo, aproveitando o momento, cada uma da sua maneira. Um pouco antes de terminar, preparávamos um tipo de transição, dizendo: "Eu sei que vocês gostariam de ficar mais tempo no banho, mas é hora de sair" – com isso, elas se sentem compreendidas. "Mas agora o chafariz vai desligar, e a piscininha vai secar"; ou algo como: "A cachoeira está ficando fraquinha, meninas! Vamos sair do chuveiro e ver quem se seca primeiro?". Com esse tipo de atitude mais positiva e entusiasmada, as meninas se sentiam desafiadas, saíam aos poucos do banho, começavam a se secar e a se vestir com mais tranquilidade e colaboração.

BIRRAS E CASTIGO: O QUE FAZER?

Para os pais, tão importante quanto dizer "sim" é saber dizer "não". Ah, se pudéssemos nunca frustrar nossos filhos, que maravilha seria! Mas as regras e os limites devem, sim, existir. Temos que ensinar a criança a lidar com a frustração – e nós somos os professores. Um dos maiores presentes que podemos dar para os nossos filhos é que eles saibam se acalmar, sendo capazes de tolerar as suas frustrações da forma mais adaptada e tranquila possível para se tornarem adultos mais seguros, autoconfiantes e felizes. Com o tempo, você verá que o cérebro de seu filho aprende a passar de um estado reativo para um mais calmo por si próprio e ele consegue lidar com as frustrações e inevitáveis situações difíceis da vida sem precisar da sua ajuda.

Certa vez, uma mãe me procurou buscando orientação em relação à educação de seu filho a pedido da pré-escola. O menino, que tinha por volta de 5 anos na época, apresentava um comportamento desafiador. O motivo que levou a escola a pedir uma avaliação foi o fato de o menino bater e jogar objetos na professora por mais de uma vez quando contrariado. A mãe contou o episódio mais recente, ocorrido quando a babá levava a criança de carrinho para a pré-escola. Ao chegar quase na porta, ela recusou o pedido do menino para voltarem até a casa para buscarem uma espada que tinha sido deixada por ele. O menino então teve uma reação agressiva a ponto de bater na professora e começar a jogar objetos em sua direção, assim como na babá.

Quando buscou o menino do fim do dia, levando em conta que ele tinha tido aquela atitude, a babá, acertadamente, não comprou o sorvete que ele costumava receber na volta para casa. Com isso, a criança teve uma crise de birra e gritou até chegar em casa. Quando ficou sabendo do ocorrido, a mãe recriminou a babá, acreditando que o menino deveria ter recebido o sorvete como era de costume, apesar do seu comportamento naquele dia.

Conversando sobre a rotina e os hábitos da criança, a mãe contou que era adepta de uma educação mais permissiva. O pequeno escolhia o que comer, definindo qual seria seu "cardápio do dia" – normalmente, purê de batata com arroz e feijão ou batata frita e massa, que era só o que ele aceitava. Tinha o costume de fazer xixi no box do banheiro, e desde que havia tirado as fraldas se negava a usar o vaso sanitário. Limpava as mãos nas paredes da casa, sem usar guardanapos, e, para se alimentar, pegava os alimentos com uma colher ou usando as mãos. Ainda usava mamadeira, que servia como seu alimento preferido três vezes ao dia.

Tudo isso acontecia porque a mãe, com a melhor das intenções, não queria contrariar a criança, nem permitia que a babá o fizesse. Ela ficava paralisada com a ideia de interferir no possível caminho natural e supostamente ideal do desenvolvimento da criança, como se qualquer intervenção sua causasse um sofrimento ou trauma no filho, que já tinha sofrido com o afastamento do pai devido à separação, dois anos antes.

Algumas vezes, uma criança fica tão brava ao ser frustrada que pode voltar-se contra a própria mãe ou pai e falar coisas que você jamais imaginaria escutar dela. Eu mesma já ouvi: "mamãe, eu não te amo mais". É duro ouvir isso, mas não pense que é verdade, nem mesmo imagine que seu filho está dizendo isso para magoar você ou fazer-lhe mal intencionalmente. O fato é que ele está tendo uma reação emocional muito forte, e você é a pessoa em que ele sente mais segurança para colocar esse sentimento. Mesmo que a criança esteja falando palavras que lhe parecem agressivas, tente colocar-se no lugar dela, conecte-se com suas emoções e responda com empatia: "nossa, meu filho, o que aconteceu? Você parece muito bravo comigo". Especialmente, se ele não é assim desrespeitoso com frequência, não leve para o lado pessoal e evite piorar as coisas dizendo: "você não pode falar assim comigo" ou "você me deixou muito triste, estou decepcionada com você", supervalorizando a situação e fazendo com que a criança entenda que dessa forma consegue sua atenção. Lembre-se de que as crianças prestam atenção na reação das pessoas para adivinhar se seu comportamento ou sua comunicação foi efetiva.

Além disso, o cérebro das crianças pequenas ainda não está desenvolvido o suficiente para entender conceitos como empatia de forma sofisticada. Então, foque sua energia em ensinar como seu filho pode comunicar suas emoções de uma forma mais adequada. Espere para ter uma conversa sobre o que aconteceu quando a criança estiver em um estado emocional calmo, e então mais receptiva para aprender que não é dessa forma que as pessoas se comunicam e que não devemos ter esse tipo de atitude com ninguém, principalmente com quem amamos.

Como pais, devemos saber que não vamos conseguir controlar todos os comportamentos dos nossos filhos e que devemos ser pacientes e tolerantes. A maturidade com que os adultos lidam com as situações difíceis será sempre o exemplo seguido pelas crianças. Quando as meninas tinham 3 anos, eu as levava e buscava a pé da pré-escola, que era bem perto da nossa casa. E todos os dias era a mesma coisa: eu não comprava a pipoca, que era vendida pelo simpático senhor da carrocinha. Ele já me olhava e sorria, às vezes até parecendo sentir-se culpado, prevendo que as meninas iriam fazer uma gritaria na frente da escola.

Elas pediam, insistiam, e eu explicava que não iria comprar por várias razões. Até que, certa vez, uma das meninas disse: "Mamãe, eu te odeio." Respondi, tentando manter a calma para conseguir colocar os seus sentimentos de raiva e frustração em palavras sem parecer sarcástica, e sim amorosa: "Nossa, Stella, como você está brava! Tudo isso porque eu não te dei a pipoca na saída da escola, não é mesmo? Você pode continuar brava comigo ou podemos pensar em uma solução juntas." Sem ceder, mas procurando uma alternativa, eu propus: "Quem sabe fazemos bolinhos com as forminhas novas quando chegarmos em casa? Ou você prefere pipoca?" Depois desse dia, elas deixaram de me pedir a pipoca do pipoqueiro (pelo menos por um tempo) e passaram a escolher o que faríamos em casa, onde elas eram as ajudantes.

Quando os pais conhecem as fases do desenvolvimento infantil, sabem o que esperar e como lidar com a criança. Uma das fases que causam mais dúvidas é o *"terrible two"* (os terríveis 2 anos, em tradução livre). E essa fase existe mesmo? Por volta de 18 meses, aquele seu bebê tão doce e meigo se transforma. Seu filho passa a interagir com outras crianças, e os impasses começam a ocorrer. Se antes dessa idade, quando dois bebês estavam juntos, eles não interagiam, agora eles dividem os brinquedos, e, com isso, vêm as inevitáveis disputas seguidas por mordidas e puxões de cabelo.

Nesta fase, que varia de 1 ano e meio a 3 anos, a criança também passa a perceber-se como um indivíduo separado dos pais, com desejos e, acima de tudo, com vontade de expressar aquilo que quer. Porém, ela ainda conhece poucas palavras para descrever seus sentimentos. E o que acontece? A criança torna-se oposicionista, dizendo NÃO para tudo, ela não aceita ser contrariada e tem crises de birra na busca por sua autonomia e controle da situação.

Criar filhos saudáveis significa ensiná-los a lidar com suas experiências, quaisquer que sejam, de maneira positiva. Um pouco antes de completar 2 anos de idade, a criança passa a testar seus limites, e os adultos precisam definir prioridades e regras, ou seja, mostram "quem manda". Não adianta dar somente um abraço e tampouco adianta entrar em uma discussão lógica e racional com a criança. Ela está, acima de tudo, em fase de treinamento, aprendendo a regular suas emoções e entendendo o que são limites.

E como dizer "não" para uma criança de 2 anos? Os bebês bem pequenos já têm a capacidade de entender o significado do "não". É função dos pais inserir o "não" em sua vida por meio da palavra, mas também por gestos e atitudes. A criança deve saber o que é o "não", que existem alguns comportamentos adequados e outros inadequados, como bater, chutar, morder, e que eles não serão permitidos em hipótese nenhuma. Por exemplo: se a criança mexer em algo que não podia, diga "não" e segure o braço dela com firmeza. Com a repetição do "não", ela para com esse comportamento e aprende o que "não pode" e o que "pode" – e continuará explorando a casa.

Quando a criança aprende o "não", ela passa a regular seu comportamento e generalizar o que pode e não pode fazer. Porém,

Como desenvolver o cérebro e as emoções da criança

dizendo "não pode", você corre o risco de despertar a curiosidade, principalmente nas crianças mais desafiadoras e oposicionistas. Aliás, isso ocorre não somente com as crianças, não é verdade? Certa vez, falei para as meninas: "Vocês não podem comer a comida do cachorro." Por que dei a ideia? Foi a mesma coisa que dizer para elas: "Meninas, que tal vocês experimentarem a ração que estão colocando no pote, hein?"

"Não" faz parte do nosso vocabulário: usamos para alertar sobre o perigo (água fervente, afogamento, atravessar a rua, queimadura) e para os limites (danificar os móveis, jogar comida no chão, mentir, machucar o animal de estimação ou o amiguinho, gritar). O perigo de os pais deixarem de usar a palavra "não" é que a criança se torne sem limites, sem hábitos e muito menos noção de perigo.

A Neurociência sugere que, de forma geral, a maneira como os pais dão as instruções para as crianças pode influenciar a chance de serem obedecidos. Ou seja, a palavra "não" funciona, mas devemos cuidar para não usarmos demais ou de forma inadequada, podendo ter o efeito contrário. Procure perceber como você fala com a criança. Muitas vezes, nós, como pais, comunicamos em forma de crítica em vez de passar uma mensagem de incentivo. Então, se a criança estiver brincando perto da quina da mesa, correndo o risco de se machucar, diga: "Filho, vem brincar de olimpíadas aqui no chão ao meu lado?"

Ao alterar sua atenção e dar uma informação clara e positiva, você diminui a chance de tensão e a possibilidade de uma crise de birra. Além disso, estudos mostram que quando usamos a palavra "não" nos sentimos desmotivados; por outro lado, frases afirmativas têm um efeito calmante e relaxante. Se a criança ouve um "não" agressivo a todo momento, já se aproxima de uma situação nova prevendo receber mais um, com toda a imobilidade e falta de habilidade que vêm junto. Tendo isso em mente, no lugar de emitir comandos, dizendo o que você "não" quer que seja feito, estimule os comportamentos que você deseja. Por exemplo, no lugar de dizer: "não fique de pé!"; diga: "está na hora de sentar!".

Assim como todos os pais, queremos o que é melhor para nossos filhos, incluindo a atitude de aceitação que as afirmações proporcionam. Em vez de reclamar "Mas que bagunça que está este quarto de brinquedos!", talvez seja melhor falar com entusiasmo "Que tal deixar este quarto arrumado como o de uma princesa?". Qual opção você acha que tem mais chances de dar certo e causar menos estresse? Procure se pôr no lugar da criança e se lembre de como você gostaria que seus pais falassem com você. Outro exemplo muito comum é usarmos um tom de crítica ou acusação: "Quem derramou suco no sofá?", ou "Quem mexeu nos meus livros que estavam aqui?". Em vez disso, podemos dizer: "Vamos ajudar a limpar o sofá?" e "Vamos procurar os livros do papai? Quem será que acha primeiro?", engajando a criança na solução do problema e incentivando que tenha uma atitude colaborativa.

Passeio no shopping é uma situação em que as crianças costumam repetir em coro: "Eu quero! Eu quero!" Está aí um bom exemplo de como **estabelecer limites** sem precisar recorrer à reposta pronta: "Não!". Antes de ir à loja, combine que tipo de brinquedo ela pode escolher. Se ela só puder escolher um item, e ficou em dúvida entre dois, combine de voltar na semana seguinte caso ela cumpra algum combinado, por exemplo.

Também evite usar aquela famosa frase "na volta a gente compra" para fugir do impasse, e não frustrar a criança ou não vê-la chorar. Isso pode criar um problema ainda maior no futuro. No final do ano passado, quando fomos comprar o presente de aniversário para uma amiga, as meninas começaram a pedir presentes para elas também. Minha resposta foi: "Stella e Gabi, o Natal é daqui a pouco tempo. Vamos acrescentar esse kit de massinhas na sua cartinha para o Papai Noel?" Esse tipo de combinação costuma funcionar, além de desenvolver o autocontrole e a capacidade de atrasar a gratificação.

A expressão "coisa de criança" virou desculpa para os pequenos não fazerem o que deve ser feito e para os adultos não ensinarem o que deve ser ensinado. Assim, simplesmente por estar crescendo, independentemente do tempo e da idade, muitas vezes os adultos não exercem sua função de ensinar a criança a esperar na mesa, a cumprimentar as pessoas ou a se servir e retirar seu prato quando terminam as refeições.

De acordo com o psicólogo e autor canadense Jordan Peterson, a função dos pais é criar filhos que sejam "socialmente aceitos". É trabalho dos pais ensinar a criança a agir no mundo. Como resultado, quando outras pessoas encontrarem essa criança, sorrirão e ficarão felizes por tê-la por perto. Por isso, devemos ensinar nossos filhos a sentar-se à mesa, serem gratos pelas refeições, saber como dividir, prestar atenção em um adulto e interagir com os mais velhos da melhor forma possível, extraindo deles o que têm de melhor. Ainda que isso custe o esforço dos pais, vale a pena!

As crises de birra fazem parte do desenvolvimento normal. Seu pico se dá por volta dos 3 ou 4 anos de idade, quando tendem a melhorar. Se o curso de subida dessa curva depende da genética e do temperamento, o curso da descida depende do ambiente, da forma como os pais ensinaram a criança a regular suas emoções na primeira infância.

Para crianças pequenas, entre 1 e 2 anos, os acessos de raiva, muitas vezes, resultam de tentar comunicar uma necessidade, como fome, sono, mais leite, uma troca de fralda, desejo de alcançar determinado brinquedo. Cada crise de birra resulta de uma coisa simples, como não conseguir o que deseja. Como não têm as habilidades de linguagem para fazer isso, sentem-se frustradas quando os pais não respondem ao que estão tentando dizer, e então acabam tendo uma crise de birra. No caso das crianças mais velhas, os acessos de raiva representam a busca pela autonomia. A criança de 3 ou 4 anos está mais ciente de suas necessidades e desejos, buscando afirmá-los no dia a dia. E o que acontece se você não "obedecer" às vontades dela? Uma crise de birra.

Você será testado muitas e muitas vezes. A criança pode ser mais assertiva, e isso não quer dizer que ela vai se tornar uma pessoa dominante. Seu filho está desenvolvendo a própria autoconfiança, o que permanece acontecendo nas demais fases do desenvolvimento

O cérebro na infância

da personalidade. Tenha em mente que a criança não é "boazinha" ou "malvada e manipuladora". Ela está simplesmente aprendendo se consegue o que deseja com determinado comportamento. Por isso não podemos ceder; caso contrário, ela irá repeti-lo, aumentando a intensidade se for necessário.

Assim como ocorre com o autocontrole, a **regulação emocional** é uma capacidade desenvolvida no córtex pré-frontal. Todos nós, mesmo adultos (e supostamente maduros), passamos por situações em que ficamos irracionalmente bravos devido ao cansaço, à fome ou por uma situação do cotidiano. Já vimos anteriormente que as crianças podem se comportar da mesma maneira – e com muito mais frequência, já que a parte do cérebro que regula suas emoções ainda está em construção.

Compreender o desenvolvimento do cérebro nos ajuda a lidar com o comportamento desafiador da criança. Dito isso, as crises de birra podem ser entendidas como um descontrole emocional que faz parte do amadurecimento infantil. Em uma crise desse tipo, o que estamos presenciando é o desenvolvimento da personalidade dos nossos filhos. Portanto, devemos ter a paciência necessária: não adianta falar, pois eles não vão ouvir e não adianta pedir calma, nem tentar convencê-los pela lógica.

À medida que a capacidade de **regulação emocional** do seu filho se desenvolve, as birras devem se tornar menos comuns. Assim, a maioria das crianças começam a ter menos acessos de raiva aos 3 anos e meio, quando conseguem também se comunicar verbalmente com mais facilidade. Aos 4 anos, essas crises são muito menos comuns, já que a criança adquire repertório para se expressar de outras formas. Caso contrário, pode ser necessário algum ajuste na educação ou na autoridade dos pais.

Por fazer parte do desenvolvimento normal, devemos nos preocupar com esse tipo de comportamento, se acontecer somente com alguém que não é um dos pais, se não houver causa aparente, se demorar muito para passar ou se vier associada com agressividade física. Caso seu filho esteja causando danos a outras pessoas ou a si mesmo, prendendo a respiração durante os acessos de raiva a ponto de desmaiar, ou se apresentar piora dos acessos após os 4 anos de idade, compartilhe suas preocupações com o seu pediatra.

A Stella, por exemplo, tende a ser mais desafiadora e não obedece ou concorda *de primeira*. Ela precisa saber que a decisão foi dela e que não está fazendo o que foi imposto por nós. Aprendemos que com ela não adianta bater de frente, pois a tendência é que comece a medir forças, e a situação entra em uma espiral negativa. A criança fica cada vez mais teimosa, e aí mesmo é que não obedece – faz exatamente o que quer, do seu jeito, a qualquer custo. Usamos algumas estratégias: damos duas opções e deixamos que ela escolha para que se sinta no controle, tendo a sensação de que *ela* decidiu o que fazer; ou mudamos o foco para que o assunto em discussão esfrie, dizendo que vamos retomar o tema e decidir mais tarde. Também costumamos conversar entre nós para definir o que vamos fazer, e ela acaba *se convidando* para participar do programa. Por exemplo, se eu e o Paulo falamos: "Stella, vamos para a casa da vovó, por favor, coloque seu tênis", ela possivelmente responderá que não quer ir naquela hora. Mas se dissermos: "Eu e o papai estamos indo para a casa da vovó", ela prontamente rebate: "Vou junto!". É incrível a diferença no seu comportamento.

Algumas vezes usamos o humor, mostrando como é importante termos a capacidade de rir de nós mesmos. A Gabi faz isso muito bem, tornando a convivência mais leve e divertida com a irmã. Ela já sabe que, apesar de ser a última a decidir ir para um passeio, a Stella é quem mais se diverte, sendo inclusive a última a querer ir embora. Então, a Gabi costuma falar com cara de brava e mão na cintura, como se estivesse me imitando: "Pra quem não queria vir, até que está gostando, hein mana? Quem não queria vir e agora não quer ir embora? Hein, dona Stella?" E as duas irmãs dão risada juntas.

Como conversamos anteriormente, nosso cérebro prefere fazer o que já está acostumado. Sempre que ocorre um evento, como quando a criança é contrariada, certos neurônios disparam no cérebro. E

O cérebro na infância

quando os mesmos neurônios disparam repetidamente, eles se conectam um ao outro, reforçando o comportamento desencadeado pela repetição de certo gatilho. Nesse momento, é o cérebro primitivo que está no controle: o sistema nervoso libera adrenalina e cortisol, ativando a amígdala, aquela estrutura pequena que processa as emoções. A criança fica com o rosto vermelho, enfurecida, e acaba agindo antes de pensar. Para piorar mais a situação, os pais também, muitas vezes, perdem a paciência e agem de forma irracional.

A disciplina deve ser vista como uma oportunidade de aprender uma lição, e não como castigo ou punição. Por meio da neuroplasticidade, serão criados circuitos de conexões sinápticas na direção do comportamento desejado, favorecendo o relacionamento entre você e seu filho. Ou seja, você deve ter uma atitude proativa em vez de reativa. Além disso, sempre tenha em mente qual a sua intenção por trás de determinada regra ou comando dirigido à criança. Faça a si mesmo a seguinte pergunta: qual meu objetivo com essa "regra"? A intenção é educar e tornar meu filho uma pessoa melhor? Na maioria das vezes, objetivo de curto prazo deve ser fazer com que a criança coopere com você; enquanto o objetivo de longo prazo, moldar seu comportamento e suas habilidades sociais. Para que isso funcione, os pais precisam se conectar com o sentimento da criança e redirecionar o comportamento dela para outro mais adaptado.

As crianças respondem de diversas maneiras às técnicas de disciplina. Não há fórmula mágica na educação infantil. Por minha própria experiência, vejo que nós, como pais, devemos adequar as estratégias de disciplina a cada um dos filhos. A Gabi tem um temperamento mais dócil e não responde tão bem quando somos rígidos ou duros com ela, ficando até mesmo assustada e sentindo-se acuada algumas vezes. Já a Stella tem um temperamento mais forte, é mais assertiva e precisa receber comandos mais firmes e diretos, algumas vezes sem grandes explicações.

De qualquer forma, uma coisa é certa: todas as crianças precisam de regras. Estudos de Neurociência mostram que os pais que usam regras claras e consistentes, apoiadas em explicações, e oferecem reforço positivo pelo bom comportamento, geralmente criam filhos obedientes e mais felizes. A recompensa, como já vimos, também pode ser usada para modificar um comportamento inadequado quando as outras estratégias falharam.

Por isso, não importa o que os outros façam. Com o passar do tempo, se os valores transmitidos pelos pais foram internalizados pela criança, por meio de combinações consistentes e previsíveis, ela aprende, não esquece e tem menos risco de ser influenciada pelos comportamentos dos outros. Uma criança que internalizou bem a regra pode resistir à tentação de desafiar alguma norma moral, mesmo quando a possibilidade de ser descoberta e punida for zero.

Em razão da sua sobrevivência, o cérebro evoluiu fazendo escolhas cada vez mais adaptadas, como resultado do processamento de informações sobre o meio em que vive e suas interações. Assim, a criança não apenas sabe o que deve ser feito, como também a consciência já está presente em seu cérebro, o que fortalece seu controle dos impulsos. A consciência é o entendimento profundo do que é certo e errado, dos valores que governam o comportamento, e envolve a noção de quanto seus pensamentos e suas ações estão de acordo com esses valores.

Por tudo isso, as regras da família devem ser:

- **Claras:** as regras devem ser claras e aceitas pelos filhos – assim como as consequências, quando as regras são quebradas. Evite criar regras que seu filho não tenha capacidade de seguir. Não estabeleça, também, regras que você não siga com frequência. Na nossa casa, temos um cartaz onde escrevemos, com a ajuda da Stella e da Gabi, nossas regras, que mudam de tempos em tempos e evoluem de acordo com a maturidade das meninas (com frases como "Não bater", "Não morder", "Não puxar o cabelo"). O cartaz contém também o lema da família (que pode variar a cada ano, como a frase "Somos amigas e companheiras"). A sugestão é que as crianças participem da confecção do cartaz, colorindo, desenhando e ajudando a definir o que é incentivado e o que não é tolerado na família.

- **Explicadas:** as crianças (e os adultos também) têm mais chances de internalizar uma regra quando entendem o porquê, a lógica por trás do comando. Explique o motivo da regra e suas consequências. Desde bebê, minha filha Stella adora cachorros e sempre gostou de passar a mão neles. No lugar de dizer: "Não toque no cachorro ou você irá de castigo", passei a dizer: "Minha filha, toda vez que você vir um cachorro, pergunte ao dono se você pode fazer carinho. Algumas vezes os cachorros podem morder". Eu já passava para ela essa explicação mesmo antes de minha filha começar a falar, e hoje em dia ela sempre pergunta aos adultos se pode ou não acariciar o animal.

- **Reforçadas:** preste atenção nas atitudes da criança no dia a dia. Todas as vezes que ela seguir a regra, faça um elogio com entusiasmo genuíno e reforce o comportamento positivo: "Nossa, você arrumou sua cama hoje pela manhã! Parabéns!" A ausência de comportamento negativo – quando a criança não tem uma crise de birra no restaurante ao esperar o seu prato, por exemplo – também deve ser elogiada, sendo outro exemplo de reforço positivo.

Desde pequenas, as crianças precisam entender que suas escolhas têm consequências. Normalmente, elas obtêm dos pais as estratégias de autocontrole que usam. Portanto, é importante que os pais apoiem os filhos, mas também favoreçam o senso de autonomia deles, ajudando-os a compreender que suas ações têm consequências e que se fizerem boas escolhas, obterão bons resultados. A autonomia é a habilidade de agir livre e independentemente por meio de um autodirecionamento responsável na busca dos próprios interesses.

Liberdade é a nossa capacidade de escolher o bem. Em relação às crianças, devemos ajudá-las a desenvolver bons hábitos. Como estão em formação, elas não são capazes de assumir a responsabilidade por seus atos. Por isso, nosso dever é sempre mostrar aos filhos qual caminho devem seguir de acordo com nossos valores e virtudes, como já conversamos anteriormente neste livro.

Assim, a liberdade da criança para fazer essas escolhas deve ocorrer dentro de um "espaço seguro", delimitado pelos valores de cada família. Ou seja, não estamos dizendo que seu filho deve ser livre para fazer tudo o que quiser. O excesso de liberdade antes da capacidade do cérebro de exercer o autocontrole pode gerar escolhas futuras confusas e inadequadas. Lembre-se de que a criança precisa da construção de uma base sólida para fazer boas escolhas, que estejam de acordo com a fase do seu desenvolvimento emocional e cognitivo, assim como do seu grau de maturidade cerebral. As regras da casa são um bom exemplo do que queremos dizer: a criança pode fazer suas escolhas dentro de determinadas alternativas predefinidas.

Na prática, nós sabemos que as crianças, desde a primeira infância, já fazem certas escolhas, como não querer comer determinado alimento, negar-se a dividir um brinquedo ou fugir de qualquer tipo de foto em família. Elas até podem acabar fazendo a vontade dos pais e, por exemplo, concordarem em jantar na casa do vizinho. Mas provavelmente vão permanecer sentadas e com a cara amarrada por algum tempo, mostrando que sua vontade já existe e que ela deve ser levada em conta por nós.

A lógica é definir uma estrutura dentro da qual a criança possa fazer as coisas da maneira que lhe agrade. No entanto, as regras criadas pelos pais devem estar de acordo com os valores que querem transmitir aos filhos, sendo claras e firmes. As regras estabelecem limites que ensinam a criança a adotar uma visão fixa do mundo, além de desenvolver em seu cérebro a perspectiva de um mundo estável e de um sistema de valores, conceitos que são fundamentais para o resto da vida.

Dito isso, não ameace seu filho com uma punição apenas para impedi-lo de fazer algo, assim como nunca faça uma ameaça que você não vai cumprir, já que qualquer quebra no que foi combinado trará consequências. Quando ele faz algo sabendo que não deveria, a ausência de punição é igual a uma recompensa. Em outras palavras, ao ameaçá-lo com uma falsa punição, você estará recompensando seu filho por não obedecer a você. Como consequência, por ter recebido o incentivo errado, ele acabará fazendo mais do mesmo, o que pode acabar com sua autoridade e levar a "batalhas diárias".

Por exemplo: "Vou tirar seu *tablet* por uma semana". E a criança diz: "Ok, tire" – e você não faz nada. Da mesma forma, não adianta chamar, gritar, contar "um, dois, três..." várias vezes sem agir. Também não vale a pena dar uma "palestra" ou ficar de "mimimi". Procure não infantilizar a criança, seja claro e objetivo. Também comunique-se com calma, sem gritar e perder o controle. Por exemplo, se a criança comeu na sala e mais uma vez sujou o sofá, diga sem se exaltar: "Minha filha, nós combinamos que não aconteceria mais isso de comer na sala. Então, leve esse prato para a mesa e me ajude a limpar a sujeira que você fez."

Tendo isso em mente, nós, como pais, devemos escolher as batalhas em relação às regras impostas. Algumas vezes nossos filhos precisam "ganhar a batalha". Um exemplo clássico é a hora de escolher o que vestir, principalmente com as meninas. Garanto que isso começa cedo, lá pelos 3 anos de idade. Em casa, todas as manhãs era a mesma briga. Apesar de terem uniforme para vestir, minhas filhas teimavam: "Eu quero saia", dizia a Stella; "Só uso vestido, e sem meia", insistia a Gabi. Até que passei a deixar que elas decidissem com que roupa iriam para a escola, ainda que estivesse frio. Assim elas aprenderam que era necessário colocar a meia ou usar calças, pois sentiram as consequências e aprenderam pela própria experiência.

E as vezes que elas demoraram tanto para decidir o que vestir (repito: mesmo tendo uniforme escolar!) que perderam o café da manhã? É importante que as crianças entendam que suas escolhas têm consequências, repito. "Se você demorar para escolher a roupa para se vestir, não vai tomar café da manhã, pois vamos nos atrasar para a escola." Aprendi a me adaptar também. Como adultos, somos funcionais e estamos mais preocupados com o resultado do que com o processo em si. O cérebro da criança, por outro lado, tem sua atenção voltada para o processo, enxergando o que está vivenciando sob outra perspectiva.

Eu esperava que elas se arrumassem, cada uma no seu ritmo, escolhendo a tiara, a meia, o acessório, qual tênis usar. Ao fazerem essas escolhas, as meninas sentiam que estavam no "comando", o que é muito importante para o desenvolvimento da autonomia e autoconfiança. Você também pode estimular seus filhos a darem ideias sobre as consequências dos seus atos, organizando com cada membro da família as combinações. Por exemplo: "Se você brigar novamente com sua irmã, o que acha que pode acontecer com você?"

A criança precisa entender as regras. Peça para que a criança repita o que foi dito, para você ter certeza de que foi claro e de que ela entendeu o que foi combinado. Até os 7 anos, seu cérebro funciona por meio do pensamento concreto; assim, a criança é literal e leva o sentido de tudo o que escuta ao pé da letra, conforme já conversamos anteriormente. Além disso, quando você se expressa com clareza, está ensinando seu filho a fazer o mesmo, contribuindo para melhorar a capacidade de comunicação dele no futuro.

Sei que é fácil falar, mas na prática temos de ser persistentes. Repetir faz parte do processo da educação: quantas vezes nos sentamos, olhamos nos olhos da criança, explicamos calmamente o "porquê" da importância de ela não ter mais aquele tipo de comportamento? Tudo isso faz diferença, e algum dia "a chave vira". Aproveite também para ouvir o que seu filho tem para falar sobre tal atitude. Tente entender o ponto de vista dele e o ajude a encontrar uma alternativa: "Minha filha, por que você quer vestir o pijama todas as tardes assim que chega da escola? Pijama é para usar somente na hora de dormir." "Eu gosto porque é confortável, mamãe", disse a Stella quando tinha 5 anos. "O que você acha de pôr um vestidinho leve no lugar do pijama? É confortável também", argumentei – e desde então a questão foi resolvida.

Agora, se há uma coisa que faz os pais perderem a paciência são as brigas de irmãos dentro do carro enquanto dirigem. Eu, que sempre tive duas crianças no banco de trás do carro, sei bem como isso acontece. Sugiro não deixar a situação sair do controle e atingir um nível em que ninguém mais se entende, quando a gritaria já está estabelecida.

Por isso, dê um primeiro aviso, estabeleça as consequências e aja aplicando-as. Mantenha-se firme. Tente não confrontar as crianças e, se preciso, pare o carro para conversar com elas de forma franca e aberta. Muitas vezes, durante longas viagens, isso pode ser necessário. Peça para que todos desçam do carro e explique a importância do tal passeio em família, de quanta expectativa todos investiram naquele momento, que deve ser de alegria e não o contrário. Não subestime o entendimento dos seus filhos. Trate-os com respeito e amor, mostrando quanto você planejou aquele momento da viagem em família. Deixe que eles também percebam sua vulnerabilidade e se conectem com você também com sinceridade.

Castigo é uma palavra polêmica, definida como uma forma de punição por uma quebra de regra, com o objetivo de diminuir a probabilidade do comportamento inadequado se repetir. Precisamos ter uma atitude justa, respeitosa e ao mesmo tempo proporcional com o que aconteceu. O castigo pode servir como uma ferramenta de educação, mas não deve ser usado como rotina, por refletir muitas vezes a incapacidade dos pais de educar a criança de forma planejada sobre algo que ela fez de errado. Como vimos, seu filho não aprende com os erros, ele reage melhor a incentivos, e o castigo só mostra o que ele *não* deve fazer. Na prática, uma situação que deve ser expressamente evitada: quando a criança não consegue dizer por qual motivo foi punida, e o medo e o sofrimento ficam ligados à pessoa que aplica o castigo e à situação como um todo. Da mesma forma, o castigo pode causar ressentimento e até mesmo gerar raiva na criança.

176

Os resultados das pesquisas de longa duração apontam que as crianças têm desfechos negativos no futuro quando os pais focam somente em castigo e punições mais severas, tentando ajustar somente o comportamento, sem explicar os seus sentimentos. Quando isso acontece, a criança geralmente fica assustada e retraída, e pode evitar não apenas um novo castigo, assim como a pessoa que o aplicou. Portanto, os pais devem orientar sobre o que ela deveria ter feito, explicando que regra foi descumprida, e não somente apontar o comportamento inadequado. Faça com que a criança entenda exatamente o motivo do castigo. Não lance acusações a ela e a seu caráter; acuse apenas a ação específica.

Ninguém gosta de fazer o filho sentir uma emoção negativa, porém a eliminação de comportamentos perigosos (brincar perto do fogo da lareira ou da borda da piscina) ou verdadeiramente desagradáveis (como mentir, bater, morder, estragar o sofá da casa) compensa tal desvantagem. De acordo com Martin Seligman, autor de *Felicidade autêntica*, no momento em que é estabelecida a ligação com uma ação considerada errada, o castigo mostra-se altamente eficaz na eliminação de tais comportamentos.

Os pais devem ser **firmes**, mantendo a expressão facial e corporal, assim como o tom de voz, de acordo com a mensagem que querem transmitir. Além disso, devem oferecer segurança emocional, mostrando que estão preocupados com o bem-estar da criança; e a punição deve ser imediata, aplicada logo depois do momento em que a criança quebrou a regra, para o castigo ser mais eficaz.

Quando as meninas estavam com 2 anos, brincavam de empurrar uma a outra na piscina, muito perto da borda. Avisei que elas poderiam se machucar, mas não me deram ouvidos, acharam graça e continuaram. Eu gritei: "Se vocês se empurrarem mais uma vez, vão sair da piscina." A Stella empurrou a Gabi. Imediatamente, retirei as duas, aos berros, da piscina. "Eu avisei que se vocês não parassem de se empurrar, iriam sair da piscina, sem brincar mais na água por hoje. Como vocês não pararam, foi isso que aconteceu", expliquei com calma e firmeza. No mesmo momento, as duas, chorosas, prometeram que não repetiriam o comportamento, mas permaneceram sem entrar na piscina naquele dia, como gostariam de ter feito.

Muitas vezes, os pais preocupam-se com as mentiras que os filhos contam, temendo que se torne um hábito permanente. Mas essa é uma fase normal e comum do desenvolvimento infantil. Em um primeiro momento, inclusive devido à onipotência típica da infância, elas acham que seus pais leem tudo o que está na sua mente. Com o tempo, as crianças descobrem que isso não acontece e mentem até mesmo como uma tentativa de separação dos pais. As crianças têm muita imaginação e quase não separam o que é real da imaginação. O conceito de verdade é diferente para as crianças. Elas montam suas versões, acreditando no que falam dentro de sua própria perspectiva, mesmo que o fato não tenha acontecido.

Quando acontecer, pergunte a si mesmo: "Por que seu filho está mentindo nessa determinada situação?" Eventualmente, a criança pode contar algo que não aconteceu ou que não é verdade apenas como uma forma de escapar de um problema, sem ter a intenção de enganar os pais ou aqueles que amam. Isso mostra que ela já sabe que aquilo que fez não é o certo e que está começando a formar uma intuição moral.

Além disso, o cérebro das crianças ainda funciona no nível do **pensamento concreto**, e às vezes elas não têm a perspectiva do que é uma mentira. Como não desenvolveram o pensamento abstrato, nem têm a razão estabelecida, vivem em um mundo permeado **pela fantasia e imaginação**. Para ensinar conceitos abstratos, do tipo verdade e mentira, você pode usar histórias, como a fábula do "Pedro e o Lobo" ou contar histórias da sua própria infância, falando sobre como se sentiu por não ter falado a verdade em algum momento. Representar situações imaginárias também pode ajudar a abordar conceitos como a importância da confiança: "como você se sentiria se o papai e a mamãe dissessem que iriam no parque e não cumprissem o combinado?", eu costumo perguntar para as meninas quando quero que elas entendam a perspectiva da outra pessoa quando uma promessa não é cumprida.

Da mesma forma, ao perceber que seu filho está contando uma mentira, ajude-o a explicar o que aconteceu e o conduza na reparação de um possível erro da melhor forma possível. Evite aplicar-lhe um castigo, rotulá-lo ou repreendê-lo com frases como: "você está mentindo" ou "deixe de ser mentiroso". Em vez disso, diga: "É muito importante que você me diga o que realmente aconteceu, para que eu possa acreditar quando você me contar as coisas." Não estamos dizendo que você deva elogiá-lo por mentir, mas reconheça o que aconteceu e explique as consequências da quebra de confiança, principalmente se esse tipo de comportamento for recorrente.

No momento em que você demonstra que confia em seu filho, e ele percebe que você acredita nele, terá a chance de ajudá-lo a reparar o que aconteceu. Mostre que você valoriza a verdade e que é bom quando somos honestos com os outros: "Eu entendo que algumas vezes você tem medo de magoar a mamãe, mas é muito importante que me diga a verdade. Eu não vou ficar brava com você, vamos apenas conversar sobre o que aconteceu." Com isso, é mantido um canal de comunicação para que ele se sinta acolhido, mesmo se vier a fazer algo errado novamente. Por outro lado, se a criança se sentir rotulada, ela pode passar a corresponder a esse determinado comportamento, formando então um círculo vicioso de atitudes negativas.

Afinal, como lidar com uma crise de birra já instalada?

- **Lembre-se de redirecionar sua atenção ao perceber que a birra está começando:** o cérebro imaturo da criança vive no "aqui e agora". Como o "tempo" é um conceito muito abstrato para a criança, ela quer realizar seus desejos imediatamente. Apesar de não ter capacidade de esperar, nem de entender o que é "deixar para depois", não devemos ceder às suas vontades, e sim usar esse conhecimento a nosso favor, reconduzindo a atenção da criança para algo que ela possa se interessar naquele determinado momento, acalmando o seu cérebro imaturo e aumentando as chances de solucionar melhor o impasse. Além disso, quando pequena, a criança pode ter sua atenção distraída ou redirecionada mais facilmente por ter menor capacidade de memória. Então, use a sua criatividade para mudar o foco da criança e dê a ela alternativas dentro de limites preestabelecidos antes que ela entre em uma série de comportamentos oposicionistas, e a birra torne-se cada vez mais intensa e a situação mais difícil de se resolver.

Alguns tipos de reações são comuns quando a criança é frustrada: bater, morder, chutar, jogar objetos e chorar, principalmente se ela ainda não desenvolveu a linguagem e a comunicação verbal completamente. É esperado que seu filho tenha essas reações, o que não quer dizer que ele seja uma criança má ou que tenha alguma propensão a fazer o mal quando for adulto. Ele simplesmente não sabe como se expressar de outra forma. De qualquer modo, tente entender por que essa criança está agredindo. Acima de tudo, ela deve saber que os pais podem ter esse controle, sim, ao segurar sua mão e dizer: "Eu entendo que você está com raiva, mas não pode bater em mim, na mana, nem no gatinho. De jeito nenhum podemos machucar as pessoas. Esse é o nosso combinado."

Além disso, tenha em mente os possíveis gatilhos para uma crise de birra. Identifique e antecipe as ocasiões em que aumenta o risco de crises de birra, como sono e fome. Por exemplo, ao levar seu filho para um almoço em família no restaurante, lembre-se de levar algo para ele comer enquanto aguardam os pratos ou peça sua refeição logo que se sentar à mesa, antes das demais. Isso evita que a criança fique com fome e se sinta frustrada pela quebra em sua rotina.

- **Comunique de forma clara e assertiva:** perceba o jeito como você fala, se sua expressão facial, tom de voz e a postura estão de acordo com o que você deseja transmitir. Ambos, o pai e a mãe, devem ser firmes e carinhosos, mantendo juntos as mesmas combinações e evitando a possibilidade de dupla mensagem. Evite dar comandos que a criança não tem capacidade de cumprir. No fim da conversa, confirme se ela entendeu a mensagem.

Como já conversamos anteriormente, o cérebro da criança aprende com mais facilidade quando as regras estão conectadas com as emoções. Por isso, a melhor forma de disciplinar é através de regras e limites claros junto de conexão emocional e alta expectativa em relação à capacidade da criança de apresentar o comportamento esperado.

É importante lembrar que quanto mais agirmos com rapidez e consistência em todas as situações de birra, mais rapidamente essas situações tendem a diminuir em duração e frequência. Quando chega a hora de ir embora da brinquedoteca, antes de uma das meninas começar a ter uma crise de birra por não querer ir embora, mesmo após o segundo aviso, eu costumo direcioná-la para a porta, mostrando que esse é o comportamento esperado, apesar de não ser a sua vontade. Ao mesmo tempo que a "ajudo" a seguir em direção à saída, coloco em palavras o que ela está sentindo, mostrando empatia e validando o seu sentimento de frustração: "eu sei que você está brava porque gostaria de ficar brincando, mas chegou a hora combinada de ir embora". A criança literalmente se espelha no comportamento dos pais. Quando falamos com tranquilidade com ela durante essa situação, podemos ativar seus neurônios espelhos, como veremos mais adiante, fazendo com que seu cérebro entre em um estado de calma e consiga colocar em palavras o que sente.

Além disso, procuro oferecer a "sensação de controle", dando a chance de a criança fazer pequenas escolhas para se sentir parte da decisão e aumentar a sua chance de colaborar com o comportamento desejado: "Quando chegarmos em casa, você quer chamar a Júlia, nossa vizinha, para brincar ou prefere me ajudar a preparar um lanche gostoso?"

- **Evite reforçar o comportamento considerado inadequado:** no desenvolvimento infantil, a atenção dos pais faz toda a diferença. O melhor presente que podemos dar para nossos filhos é a nossa atenção. Quando os pais, de forma automática e sem se darem conta, prestam muita atenção ao que "não está indo tão bem", tendem a nutrir o comportamento mal adaptado e a criar um círculo vicioso, dificultando ainda mais seu manejo. Por isso, não dê atenção demais às birras e procure não ficar ressentido com a criança pelo seu comportamento.

Por exemplo: se seu filho teve uma crise de birra por um motivo qualquer, mas depois de certo tempo retornou já mais calmo para lhe mostrar um brinquedo que estava montando no seu quarto, no lugar de dizer "não quero falar com você agora, estou bravo porque você se atirou no chão, gritou, fez birra", o que reforça, inconscientemente, este mesmo comportamento da criança para chamar a atenção dos pais, diga: "Meu filho, que bom que você está mais tranquilo e conseguiu se acalmar sozinho enquanto estava no seu quarto, agora sim, podemos brincar! Quero ver o que você fez enquanto estava no seu quarto!" A estratégia não é ignorar a criança, nem a crise de birra, mas o objetivo aqui é evitar supervalorizar a birra e dar o incentivo errado no lugar de evitar o comportamento impróprio.

Da mesma forma, quando estamos exaustos e dizemos: "ok, pode assistir mais um episódio" ou "ok, fica mais tempo no parquinho", o que nosso filho aprende é que toda a vez que ele quiser algo, ele deve fazer uma crise de birra mais forte, mais longa, mais intensa para conseguir o que quer e nós basicamente estamos garantindo que esse comportamento se perpetue.

As crianças adoram ser elogiadas (e quem não gosta?). Então foque nas coisas boas e faça com que elas floresçam. O comportamento que recebe atenção é adubado e floresce. Se fazemos isso com o comportamento que não está adaptado, acabamos esquecendo de regar o comportamento adequado. Além disso, quando recebe a atenção dos pais, o carinho e o amor estimulam o cérebro da criança com a liberação de ocitocina, o hormônio do relaxamento e da felicidade.

- **Ensine formas mais adaptadas para lidar com as emoções:** deve ser ensinado à criança qual é a melhor forma de reagir e lidar com a raiva de acordo com sua fase do desenvolvimento. Assim como nós, adultos, fazemos exercício físico para gerenciar o estresse, podemos ensinar aos nossos filhos algumas técnicas de autocontrole para lidar com a raiva de forma mais adequada também. Mesmo as crianças menores, por volta dos 3 anos de idade, conseguem aprender maneiras diferentes de controlar as emoções mais fortes.

Por exemplo: "Meu filho, você parece estar bem bravo, tão bravo que chutou a cadeira. Vamos chutar bola lá no campinho do condomínio? Com sua força, garanto que a bola vai atravessar o campo e acertar o gol!"

Quando a criança fica com raiva, seu sistema nervoso entra em um estado mais elevado de excitação. É quase como se o botão de intensidade tivesse sido aumentado. Ajude seu filho a perceber as sensações que ele sente no corpo e como

O cérebro na infância

pode liberar um pouco dessa excitação do sistema nervoso. Algumas crianças conseguem expressar em palavras como se sentem nesses momentos. Você pode iniciar essa conversa perguntando a seu filho: "Como você se sentiu quando jogou seu brinquedo no chão?" Depois de identificar os sentimentos que ele experimenta em situações semelhantes, você pode usar estratégias para acalmá-lo e ensiná-lo a "diminuir a intensidade".

Você também pode propor que ele pule para cima e para baixo, rasgue um papel, grite no travesseiro, abrace um ursinho de pelúcia ou use alguma outra estratégia que considere adequada. Nós podemos servir de modelo, ensinando exercícios de respiração. Aproveite para fazer isso com a criança. Você pode imitá-la e ela imitar você, o que pode até mesmo virar uma diversão.

Técnicas de relaxamento, como *mindfulness* e exercícios de respiração, ajudam a acalmar a mente e a regular as emoções. Quando a respiração torna-se mais lenta e profunda com um ritmo constante e confortável, o sistema parassimpático é ativado, ocorrendo aumento da oxigenação e melhora do metabolismo: equilíbrio da pressão sanguínea e da frequência cardíaca, além da diminuição dos níveis de cortisol e adrenalina no sangue. Com isso, o cérebro da criança entende que "está tudo bem", gerando uma sensação de relaxamento e diminuição da ansiedade.

Explique para a criança que quando guardamos a raiva, ela fica maior, tornando mais difícil pôr para fora essa emoção de uma forma adequada. As crianças são muito concretas, e usar exemplos com metáforas ajuda bastante. Por exemplo, fale que todos temos um pequeno pote de raiva, e que se a tampa não ficar aberta para que a raiva seja liberada aos pouquinhos, ela transborda e não queremos que isso

184

aconteça. O ideal é fazer essas combinações no momento em que seu filho está tranquilo e mais disposto a aprender sobre as emoções.

- **Ajude seu filho a fazer uma pausa:** algumas crianças se acalmam mais rapidamente quando permanecem sozinhas em um local seguro e tranquilo. Isso não é uma punição, e ajuda as crianças a aprender a se acalmar e a recuperar o controle. Quando seu filho estiver recomposto, diga a ele: "Muito bem, você conseguiu se acalmar."

  Afaste a criança da situação para que ela se acalme, explicando que quando ela estiver pronta, pode voltar. Permaneça ao seu lado, protegendo-a para evitar que ela se agrida. Mas mostre, com palavras e atitudes, que você não aprova o que ele está fazendo: mantenha a voz firme e sua expressão corporal e facial de acordo com a situação, indicando desaprovação, sem abraços e carinhos naquele momento.

  Quando meu marido e eu estamos em um restaurante e uma de nossas filhas começa a ter um comportamento inadequado por algum motivo qualquer, pegamos a menina no colo e a afastamos da mesa. Deixamos que ela fique um tempo "de fora", sentada em outro local, longe da situação, mas sendo observada por nós. Quando ela retorna mais calma, damos os parabéns, elogiamos seu comportamento adequado e lhe damos um abraço, demonstrando empatia e conexão com o seu sentimento de frustração.

- **Lembre-se de que a criança aprende melhor quando seu cérebro está em um estado calmo e tranquilo:** por isso, conversamos com ela só depois que se acalma. No exemplo anterior, mantivemos o discurso firme e assertivo, explicando de forma clara e objetiva a razão pela qual ela não conseguiu o que desejava com aquele tipo de comportamento reprovado pela família.

Não tenha vergonha, não se sinta constrangido por contrariar seu filho na frente dos outros. Como no exemplo da pipoca na saída da escola, neste caso também não cedemos aos desejos das meninas para evitar uma crise de birra em público. Quanto mais cedemos, pior a crise de birra se torna. O principal objetivo e demonstração de amor é educar seu filho, o que está acima da aprovação de quem quer que esteja por perto. Seja no restaurante, no supermercado, onde for. Não tenha medo do que os outros vão pensar e siga seus valores.

- **Tenha paciência:** educar é falar muitas vezes. A obediência dos filhos acontece quando os pais exercem sua autoridade com regularidade e consistência, repetindo várias vezes quais são as combinações da família e as regras da casa. Motive e encoraje seu filho com entusiasmo a fazer o que deve ser feito, mesmo que ele não tenha vontade. Proponha desafios e dê os incentivos corretos. O filho aprende a obedecer quando os pais mostram com atitudes que confiam nele e que não precisam repreendê-lo sistematicamente. A criança precisa aprender a se controlar, a lidar com as frustrações, a esperar, a pedir "por favor" e a dizer "obrigado(a)" para ser socialmente aceita. E o dever dos pais é repetir as regras quantas vezes for necessário.

O mundo na infância

BRINCAR

Toda a criança precisa brincar com outra criança. É através da interação que ela se desenvolve. Durante a brincadeira, as crianças adaptam sua linguagem ao mundo criativo infantil, regulam suas emoções e treinam o autocontrole. Se seu filho está brincando, é sinal de que ele está se desenvolvendo de forma saudável e feliz. Por tudo isso, podemos dizer que

O cérebro na infância

brincar é tão importante para o cérebro em formação da criança quanto os nutrientes e as proteínas.

Sabemos que o brincar é uma parte natural da infância. Porém, o que a maioria dos pais não sabe é que brincar oferece uma série de benefícios e experiências essenciais para o desenvolvimento saudável, tanto do corpo quanto da mente da criança. A criança aprende brincando, tendo o prazer da descoberta por meio da experiência. Durante a infância, ela usa a imaginação para entender e transformar sua realidade. Brincar é o seu **trabalho**: a coisa mais séria (apesar de muito divertida) que a criança tem a fazer.

Por isso, quanto mais oportunidades de **brincar** a criança tiver, mais chances de **desenvolver suas potencialidades** ela terá. Ao brincar, a criança tem o controle da própria vida, portanto, é o "espaço" onde ela pode testar seus limites, fortalecer o autocontrole e desenvolver suas habilidades socioemocionais, como a empatia. Tudo isso promove diversas capacidades cognitivas vitais, desde o planejamento até a resolução de problemas, possibilitando antecipar consequências e lidar com os contratempos em seu caminho, tornando-a mais resiliente.

Segundo Peter Gray, pesquisador que aborda a importância da brincadeira da perspectiva biológica e evolucionista, vem ocorrendo um declínio do brincar livre (brincadeira sem a orientação de um adulto) desde 1960 nos Estados Unidos, o que traz repercussões negativas para as crianças. Isso ocorre porque elas passam cada vez mais tempo na escola e em atividades direcionadas por adultos mesmo fora do ambiente escolar. Além disso, os pais, hoje em dia, tendem a ser mais superprotetores do que no passado e há menos crianças brincando de forma livre. O declínio contínuo na liberdade das crianças para brincar ocorre ao mesmo tempo em que há um aumento gradual e acentuado em problemas relacionados à saúde mental na infância.

É difícil quantificar o declínio do brincar de forma livre, mas alguns estudos sugerem a diminuição dessa atividade ao longo do tempo. Uma pesquisa que acompanhou famílias pelo período de

188

O mundo na infância

16 anos, de 1981 a 1997, mostrou que os pais relataram uma diminuição em 25% do tempo de brincar livre dos seus filhos. Para a especialista em desenvolvimento infantil Sergia Kelling, brasileira que atua como pesquisadora na Universidade de Stanford, nos Estados Unidos, brincar é a atividade mais importante da infância, e não um "intervalo". Outro ponto importante abordado por ela é que o **brincar livre** não deve ser confundido com a falta de limites. Trata-se de um espaço protegido dos limites dos adultos, onde as crianças podem imaginar, transformar e criar sua própria brincadeira sem a interferência desse adulto. Quando observamos uma criança brincando sozinha ou com outra criança, temos acesso à sua mente, à forma como seu cérebro entende o mundo e se relaciona com ele.

Quando brinca, especialmente de forma livre, a criança desenvolve sua criatividade e resolução de problemas. Criativa por natureza, a criança tem necessidade de expressar essa criatividade – e nada a estimula mais do que brincar. E como sabemos disso? A criatividade pode ser medida por um processo chamado pensamento divergente, cujo objetivo é achar o maior número possível de soluções para um problema. Seu oposto é o pensamento convergente, que consiste em achar uma única solução apropriada para um problema. Em testes de pensamento divergente, nos quais foram medidas alternativas de usos para objetos familiares, as crianças que brincavam de forma livre apresentaram três vezes mais opções criativas do que aquelas do grupo de comparação (crianças que não praticam regularmente o brincar livre). Esses experimentos mostraram que elas já tinham repertório suficiente para criarem algo novo a partir de experiências anteriores, como usar uma caixa de papelão como carrinho ou esconderijo, transformar uma panela em instrumento musical ou brincar com um controle remoto como se fosse um aparelho telefônico.

Além disso, a criatividade é a capacidade de acrescentar um conhecimento novo a outro existente, fazendo conexões cada vez mais rápidas e eficientes para a resolução de problemas. Com o tempo, essas conexões se tornam cada vez mais rápidas e eficientes para que surja algo diferente. Dessa forma, o brincar promover a plasticidade e a adaptabilidade do cérebro. Por isso, a criatividade está relacionada com invenção, originalidade e inovação, fazendo com que surjam novas ideias, que são valorizadas. Os pais podem aproveitar esse conceito e ensinar para a criança como o seu cérebro funciona para que ela possa desenvolver o hábito de forma tais conexões no dia a dia. Como isso pode ser feito? Você pode apontar para seu filho quais informações e aprendizados são importantes de serem guardados para serem usados no futuro ou mostrar a origem de uma conexão que a criança realizou, espontaneamente, ao usar uma experiência do passado para resolver um problema no presente. Por exemplo: "Minha filha, que bacana que você conseguiu subir nessa árvore tão depressa e sozinha. Lembra quando você treinou na árvore da casa da vovó com a ajuda dela?"; "Filho, que legal esse castelo que você desenhou. Você se lembra de algum castelo parecido com esse? As cores são as mesmas do castelo de Lego que montamos ontem!".

Os pais frequentemente fazem a seguinte pergunta: "Qual é o melhor brinquedo para o meu filho?" Muitas vezes, as crianças se interessam mais pela caixa em que vem o brinquedo do que pelo próprio presente em si, não é verdade? O fato é que as crianças precisam de brinquedos que estimulem sua imaginação e criatividade. O brincar livre é importante, mas o **brincar guiado** também deve fazer parte do desenvolvimento infantil. Por exemplo, os pais devem apresentar diferentes formas de a criança usar o brinquedo, propor desafios através de circuitos e gincanas, buscando alternativas para as soluções de diferentes problemas. Tudo isso fortalece as conexões do córtex pré-frontal, desenvolvendo as funções executivas, que são um componente importante da inteligência, como já conversamos.

A melhor sugestão que podemos dar é não interromper a criança enquanto ela estiver brincando. Você já deve ter ouvido falar no conceito de **flow**. Esse termo, sem tradução para o português, foi criado pelo professor Mihaly Csikszentmihalyi e se refere a um estado de gratificação que entramos quando estamos completamente concentrados no que fazemos, 100% engajados na atividade e sem ver o tempo passar. O *flow* ocorre durante experiências ativas, que exigem domínio da atividade, atenção plena e propósito, sendo ao mesmo tempo vivenciadas com satisfação. A brincadeira é o melhor modelo de gratificação na infância. No momento em que a criança brinca (pode ser de forma livre ou durante uma brincadeira com seus pais, por exemplo), suas mais altas capacidades estão à altura do desafio apresentado pela atividade, que não deve ser fácil e nem impossível, promovendo essa sensação de plenitude para ela. Tudo isso transforma a situação de desafio, que acontece durante a solução de um problema, em algo gratificante, como ocorre na brincadeira.

Como sabemos, o cérebro das crianças, especialmente das pequenas, precisa se sentir no controle da situação, sabendo o que vai acontecer a seguir. E o que isso tem a ver com a brincadeira? É na repetição que a criança conhece as possibilidades do brincar, e seu cérebro entra no estado de *flow*. Quando brincam e **repetem** várias vezes a mesma atividade, as crianças aprendem a controlar o seu ambiente e sentem-se mais seguras; e uma criança segura é uma criança mais tranquila, que tende a se desenvolver de forma mais saudável. Da mesma forma, já vimos que é necessário proporcionar à criança rotina e um ambiente estruturado. Porém, isso não quer dizer que devemos assumir o papel de "recreacionistas", querendo entretê-la de várias maneiras, direcionando-a e dizendo o que ela deve fazer o tempo todo. Quando isso ocorre, a criança passa a precisar dos pais para saber o que fazer a todo o momento – e sem o comando deles, fica perdida.

Assim, deixe a criança se sentir entediada: quando os pais gratificam e estimulam demais seu filho, é criado um reforço positivo, e a criança não tolera mais ser frustrada e ficar aborrecida. Se for satisfeita sempre e receber um novo estímulo constantemente, sentindo prazer o tempo todo, ela ficará sem tempo para criar seu próprio ritmo e iniciar a exploração. Consequentemente, ela não tem a oportunidade de aprender a pedir ajuda ou a nomear o que deseja, e os pais perdem a chance de ampliar seu repertório de experiências e lhe dar instrumentos para lapidar o comportamento futuro diante das novas dificuldades. Por isso, precisamos nos afastar até para vermos se nossos valores e nossos ensinamentos estão sendo internalizados, se a criança tem tal comportamento somente pela nossa presença ou porque busca a nossa aprovação.

Quando a criança é pequena, e principalmente quando bebê, podemos ficar por perto, já que ela precisa de segurança e da presença física de um adulto. Mas ela também consegue brincar sozinha. Nós, como pais, com a melhor das intenções, temos a tendência de resolver tudo por nossos filhos, incluindo as brincadeiras. Muitas vezes, elas dizem: "Mamãe, estou com *tédio*, não tenho nada para fazer." Uma sugestão é responder algo do tipo: "Entendi. E o que *você* pode fazer a respeito disso?" Deixe a criança assumir a liderança, permita que ela use a criatividade para se entreter.

Pelo menos duas coisas acontecem quando as crianças estão entediadas: sua imaginação é estimulada e inicia a busca de um novo objetivo. No momento em que precisa ter uma atitude ativa para buscar soluções e fazer melhores escolhas, a criança aprende a tomar a responsabilidade por sua própria vida – conforme sua capacidade, é claro. Assim, estamos treinando e fortalecendo as conexões do córtex pré-frontal da criança, a área mais sofisticada do seu cérebro e responsável pelas funções executivas.

Para brincar, é fundamental que a criança esteja tranquila, se sentindo protegida e acolhida, vinculada a um adulto. No momento em que o cérebro da criança percebe que está em um ambiente seguro, ela tem a oportunidade reconhecer seus sentimentos e elaborar suas próprias emoções. Lembro-me de quando a brincadeira preferida da Stella era colocar todos os brinquedos em uma, duas, três mochilas ou malinhas com rodinhas. E ai de quem tirasse seus preciosos objetos lá de dentro. O peso era enorme e, quando ela ia dormir, levava a bagagem para seu quarto. Ao nos mudarmos de São Paulo para Porto Alegre, ela tinha 3 anos e enfrentava a quarta mudança de cidade. Ou seja, era mais do que compreensível que essa fosse sua brincadeira favorita. Por meio dessa atividade lúdica, Stella estava imitando o que via os adultos fazendo a toda hora: malas e mudanças. Com o tempo, de forma natural e sem ser pressionada, ela foi deixando de lado essa brincadeira.

Esse exemplo ilustra o importante papel da brincadeira nas situações em que o cérebro da criança se sente sem controle algum, lhe dando a possibilidade de aliviar a ansiedade, por meio das emoções positivas que a brincadeira traz, além de ser capaz de manter a previsibilidade em relação ao futuro que lhe parece incerto. Sabemos que controlar determinada situação é uma forma poderosa do cérebro da criança de converter emoções negativas em positivas.

Toda a criança adora brincar de "faz de conta" e imitar o que vivencia por intermédio dos jogos simbólicos. Ao brincar de casinha, a criança recria situações do cotidiano familiar, explora móveis e utensílios e representa papéis conhecidos, como médico, cabeleireiro, veterinário etc. Ao vestir a fantasia de princesa ou do super-herói favorito, usar o sapato do pai ou se pintar com as maquiagens da mãe, ela pode experimentar e ensaiar diferentes papéis que talvez só venha a desempenhar na vida adulta, através da sua imaginação e criatividade. Os pais não devem tolher esses exercícios; aliás, podem até aprender muito sobre os filhos ao observá-los nessa situação.

Essa identificação, que ocorre principalmente com os nossos pais, é poderosa. Existe uma frase que diz "filho não aprende, filho copia". Segundo o neurocientista John Medina, um bebê de meses consegue se lembrar de um evento que presenciou uma semana antes por uma única vez; com 1 ano e meio, a criança já consegue imitar um evento que presenciou um mês antes. Sim, nossos filhos estão constantemente nos observando e são profundamente influenciados pelo que registram do nosso comportamento. Tudo isso fica tão gravado na memória que, se pensarmos bem, muitos dos nossos próprios comportamentos se devem ao **modelo de identificação** que tivemos na infância. O que nos faz pensar no modelo que queremos ser para nossos filhos: quais comportamentos queremos que repitam e quais queremos que sejam diferentes?

O cérebro na infância

Além disso, ao brincar, a criança pode se expressar e criar soluções para problemas que ainda nem enfrentou, consegue trabalhar sentimentos difíceis como a raiva e a inveja, pode se pôr no lugar do amigo, ser vilão ou mocinho, aprender a conviver com os outros e ainda desenvolver o pensamento lógico e a linguagem. E o melhor é que ela realiza tudo isso sem sofrer consequências negativas permanentes em sua vida.

Durante a pandemia da covid-19, quando o Paulo contraiu o vírus e permaneceu isolado em nosso quarto por alguns dias, a Stella e a Gabi montaram seu próprio "isolamento" na nossa sala. Elas passavam a maior parte do dia na sala, cada uma instalada em sua cabana construída com lençóis entre o sofá e uma estante de livros. Lá, as meninas fizeram uma "réplica" do seu quarto com fotos delas quando bebês, almofadas para se deitarem, livros, bonecas e bichos de pelúcia – até um miniventilador havia no pequeno espaço. Com todos esses "itens essenciais", elas mantiveram a cabana instalada até pouco tempo depois de o Paulo sair do isolamento. Só então, com o consentimento das meninas, desmontamos o acampamento. Essa brincadeira foi a forma que elas encontraram, espontaneamente, para lidar com a ansiedade de ver o pai "isolado" na própria casa, sem entenderem muito bem o motivo.

As crianças, especialmente as pequenas, geralmente têm muita energia e pouca capacidade de foco, como vimos anteriormente. Podemos usar as brincadeiras para exercitar as partes do cérebro responsáveis pela atenção e autorregulação de forma divertida. O mestre mandou, dança de cadeiras e estátua são jogos que ajudam a criança a entrar em sintonia com seu corpo e a controlar a hiperatividade motora, ao mesmo tempo em que presta atenção no ambiente. Montar um percurso de obstáculos também fortalece as conexões do córtex pré-frontal: no momento em que a criança precisa tomar decisões sobre como seguir em frente e aprender com o resultado dessa escolha, ela treina capacidades como controle de impulsos, regulação emocional e resolução de problemas com criatividade.

O mundo na infância

A agressividade é um elemento que faz parte da infância. As brincadeiras com lutas e disputas existem no universo masculino com mais frequência, mas ocorrem também no universo feminino. Apesar de as meninas, em geral, serem mais comunicativas e prestarem mais atenção aos detalhes, elas também gostam de brincadeiras que envolvem aventura. Os meninos, por sua vez, tendem a ser mais ativos, gostam de correr e brincar de espadas e de mocinho e bandido. Sim, os meninos e as meninas podem brincar de espadas e armas, como veem nas histórias de príncipes e heróis. Dessa forma, aprendem a defender a si e a sua família, adquirindo senso de responsabilidade e respeito, sem se tornarem mais violentos ou agressivos, como alguns adultos tendem a acreditar.

As crianças precisam ter a oportunidade de experimentar brincadeiras de luta de uma maneira saudável e construtiva. Mais uma vez, aqui também é importante buscar o equilíbrio, usando o bom senso para evitar que elas passem dos limites e corram o risco de se machucar. As atividades com disputas e perseguições envolvem emoções, contato físico, uso de força e compartilhamento de histórias, sendo uma atividade social acima de tudo. Além disso, essas brincadeiras ajudam as crianças a canalizarem sua agressividade de uma maneira não destrutiva, lembrando que ignorar ou reprimir o sentimento de raiva e o comportamento agressivo não ajuda em nada.

Esse tipo de atividade é instintivo e faz parte da nossa evolução como espécie. Estudos de observação com animais mostram que se os jovens primatas machos são privados da oportunidade de lutar com outros machos, eles crescem e se tornam mais violentos quando adultos – e não menos, como algumas pessoas poderiam pensar. Isso ocorre porque esses animais não tiveram a oportunidade de aprender a se relacionar com os outros de uma forma lúdica.

O mesmo acontece com as crianças: aos poucos, elas vão, naturalmente, entendendo as diferenças entre brincar de luta e uma luta real, equilibrando as habilidades sociais como competição e cooperação, além de compaixão e demonstração de cuidado com o outro.

195

O cérebro na infância

Por meio da resolução de problemas, de forma independente, e do ajuste de comportamentos pela aquisição de limites, a criança treina o autocontrole, além de outras funções executivas, como a flexibilidade cognitiva e a capacidade de imaginar a perspectiva do outro. Essas habilidades, por sua vez, fornecem a base para a empatia, conforme veremos mais para frente.

Em relação ao desenvolvimento das **habilidades socioemocionais**, sabemos que na competição as crianças aprendem a enfrentar adversidades e a lidar com conflitos. Um senso saudável de competição aumenta a autoestima e torna mais provável que elas defendam seus direitos e os daqueles que amam. Na cooperação, as crianças aprendem a ouvir, a ver as coisas pela ótica da outra pessoa, favorecendo a empatia; além de trabalhar em conjunto e a ceder em prol da coletividade ou do outro. Esses aspectos são muito importantes, pois se a criança só aprender a ser competitiva, ela pode se tornar um adulto egoísta e isolado socialmente, incapaz de trabalhar em grupo. Por outro lado, se a criança sempre tiver uma atitude cooperativa, pode não aprender a se defender e a se afirmar perante os demais.

Muitos pais têm dificuldade de ver as crianças em uma brincadeira mais arriscada quando estão se divertindo no parquinho. Principalmente se estão se envolvendo em lutas e perseguições entre os amigos, alguns adultos tendem a afastá-los das atividades ou separá-los fisicamente. E por que temos, hoje em dia, tanta dificuldade em aceitar que as crianças brinquem dessa maneira? Uma das respostas talvez seja o fato de que todos os pais querem criar filhos e filhas gentis com os outros, e eles têm muito medo de que essas brincadeiras rotulem suas crianças como "violentas" ou que despertem nelas uma "agressividade excessiva". Porém, tudo é uma questão de equilíbrio e é importante a criança aprender a canalizar a agressividade de maneira não destrutiva e brincadeiras desse tipo ajudam nisso.

Como já conversamos, a superproteção de alguns pais pode também ser um dos motivos. Meninas e meninos avaliam o risco de maneira diferente e diferem na probabilidade de se envolverem em comportamentos de risco. De acordo com Leonard Sax, desde que começam a caminhar, os meninos são significativamente mais propensos a fazer algo perigoso do que as meninas: colocar os dedos em uma tomada elétrica, tentar ficar de pé sobre uma bola de basquete, pular de uma cadeira para outra. E quando os pais tentam impedir seus filhos de fazer algo arriscado, os meninos são menos propensos a obedecer do que as meninas.

A **Brincadeira com Risco** (em inglês *Risky Play)* é uma forma de brincar que deve, com supervisão, ser estimulada. Toda criança adora desafios e a possibilidade de testar seus limites físicos, principalmente em ambientes abertos, em contato com a natureza, o que é muito importante para seu desenvolvimento. Além disso, ela aprende muito sobre si mesma e sobre o mundo quando existe um elemento de risco, suficiente para promover um desafio, mas sem ser perigoso demais.

Evidentemente, a supervisão de um adulto é necessária, prevenindo que as crianças pratiquem esse tipo de atividade sem a devida proteção e estrutura:

- Escalar objetos altos, como subir em árvore.
- Experimentar alta velocidade, como em um escorregador.
- Usar diferentes objetos, até mesmo alguns afiados e com pontas.
- Ficar perto de elementos arriscados, como fogo e água.
- Brincar de lutas, como de bandido e mocinho.
- Realizar jogos de desaparecer, como esconde-esconde.

Em relação aos jogos interativos com os amigos, pais e irmãos, essas são atividades que ajudam a criança a desenvolver empatia, reciprocidade, compartilhamento, resolução de problemas, tomada de perspectiva, cooperação, além de promover a autoestima, o sentimento de pertencimento e a aceitação. Algumas crianças são competitivas, têm um temperamento mais colérico do que as outras e não gostam de perder, demonstrando raiva e até mesmo agressividade. O momento de brincar é uma ótima oportunidade para os pais conhecerem o temperamento dos filhos e suas reações não adaptadas. Eles podem aproveitar para conversar sobre isso, sobre o que sentem quando perdem, por exemplo, e como podem solucionar isso de outra forma. Essas situações são necessárias e importantes para o desenvolvimento infantil saudável.

Da mesma forma, as disputas entre irmãos são bastante comuns e fazem parte da infância. Geralmente, os filhos estão disputando a atenção dos pais, e o ideal é que os adultos não "tomem partido", julgando quem começou a briga, quem é a "vítima" ou o "culpado", permitindo que as crianças encontrem uma solução para o conflito e que possam voltar a brincar. Com isso, os pais saem de cena, deixam de ser o alvo da disputa e "passam a bola" para os filhos, que tendem a se entender melhor sem a nossa interferência.

Com mais ou menos 2 anos, minha filha Stella se envolvia em disputas por brinquedos eventualmente. Compartilhar não era seu forte. A mais competitiva da dupla, sempre foi bastante persistente para conseguir o que queria e, algumas vezes, se expressava de modo impulsivo, inclusive fisicamente. Nessas situações, nossa intervenção era necessária para mostrar-lhe que existem outras maneiras de conseguir o que se quer. Assim, a incentivávamos a se expressar por meio da linguagem: "Me empresta o brinquedo?" ou "Posso brincar com você?". Ela aceitava as intervenções, mostrando que havia entendido a situação e rapidamente se envolvia em outra brincadeira.

Por outro lado, a Gabi sempre adorou participar de brincadeiras com outras crianças e fazer amizades. Porém, costumava ceder objetos e brinquedos com muita facilidade, mesmo que ainda estivesse engajada na atividade. Com o tempo, ela foi mudando seu comportamento, na medida em que passamos a chamar sua atenção: "Gabi, você não quer mais brincar com essa boneca?" ou "Fala para o amigo que depois você empresta o balde e a pá". Assim, ela começou a se impor e a emprestar os brinquedos apenas quando terminava de usar, o que foi uma enorme conquista para sua autonomia.

O mundo na infância

A primeira brincadeira da criança é a de esconde-esconde ou "cadê-achou" (*peekaboo* em inglês). Todo o bebê adora ver a mãe reaparecer após ela ter escondido seu rosto com as mãos. Para eles, essa é uma situação ameaçadora. Sem ter noção de tempo e espaço, quando não vê mais a mãe, é como se ela não estivesse ali. Além de ser uma brincadeira universal, estudos mostram que brincar de esconde-esconde favorece o desenvolvimento da arquitetura cerebral do bebê e enriquece sua vida emocional. Esse tipo de atividade mostra o poder da comunicação de duas vias na construção da relação entre os pais e o bebê, que ocorre desde muito cedo, fortalecendo o vínculo. Com o passar do tempo, a comunicação se torna cada vez mais complexa e sofisticada. Quando o cuidador percebe que o bebê está respondendo a ele, os dois estão em verdadeira sintonia, e esse jogo de pingue-pongue divertido vai fortalecendo a responsividade.

Esse tipo de sintonia também pode acontecer quando os pais interagem com os filhos, porque são ativadas as mesmas áreas cerebrais quando eles brincam, imitam o comportamento um do outro, cantam músicas e leem um livro juntos. Um estudo recente observou, em tempo real, essa incrível comunicação entre pais e filhos. Para isso, os pesquisadores precisaram usar um método chamado espectroscopia funcional em infravermelho próximo (fNIRS – Functional Near-Infrared Spectroscopy) para registrar a atividade cerebral, simultaneamente, dos cérebros de bebês e adultos. Dispositivos acoplados à cabeça dos bebês e de seus pais coletaram dados de diversas áreas do cérebro envolvidas na previsão, processamento da linguagem e compreensão da perspectiva das outras pessoas.

Quando analisaram os dados, os pesquisadores descobriram que, durante as sessões face a face, os cérebros dos bebês eram sincronizados com o cérebro dos adultos em várias áreas relacionadas com a compreensão de alta complexidade do mundo. Por exemplo, a atividade cerebral mais intensa ocorreu no córtex pré-frontal, que está envolvido no aprendizado, raciocínio,

O cérebro na infância

planejamento e nas funções executivas, habilidades que devem ser desenvolvidas na infância.

Conforme os resultados da pesquisa, durante a interação, o adulto e a criança parecem formar um ciclo de *feedback*: o cérebro da criança pode liderar a atividade cerebral do adulto por alguns segundos, sugerindo que os bebês não apenas recebem passivamente as informações, mas podem guiar um adulto para a próxima atividade em que vão pôr sua atenção, como pegar um brinquedo ou dizer uma palavra. Tudo isso comprova o que já sabíamos pela prática: quando um bebê e um adulto interagem, seus cérebros influenciam um ao outro de forma dinâmica. Os dois sentem e pensam da mesma maneira e seus cérebros se conectam. A sincronização tem um papel fundamental para as relações sociais por desenvolver a capacidade de empatia e a própria linguagem, ao fortalecer as conexões do córtex pré-frontal. O fenômeno também é muito importante para a autorregulação, como já discutimos anteriormente.

Nós, como pais, devemos estar dispostos a nos conectar com o mundo da criança. Ao lembrarmos da nossa própria infância, ficamos mais presentes e nos relacionamos de verdade com nossos filhos, ajudando a desenvolver seu cérebro de forma saudável – e o seu coração também! Procure tornar a rotina familiar mais leve e divertida, ensinando a criança a encontrar o humor, a graça e o entusiasmo genuíno no dia a dia, a rir do inesperado e do que aconteceu por acaso. Divirta-se com a criança, tenham bons momentos juntos. O senso de humor ajuda o cérebro a lidar melhor com as emoções, a tolerar as frustrações com mais facilidade, sendo um mecanismo muito evoluído de defesa do ego. A capacidade de rir de si mesmo é para poucos: traz leveza para as nossas vidas, além de nos ensinar a virtude da humildade ao reconhecermos nossas fraquezas.

Por isso, se solte, fale bobagens, brinque com descontração e entusiasmo, entrando no seu mundo da fantasia. Algumas sugestões: você pode mudar o tom de voz, transformar-se em um personagem, trocar de papel com a criança. Meu marido e a Gabi adoram

O mundo na infância

conversar usando um sotaque diferente, e caem na risada ao falar sobre diversos assuntos enquanto fingem que são personagens engraçados. Tudo isso cria uma conexão especial, aumenta a sintonia e a cumplicidade da dupla por ser uma forma de comunicação somente deles.

Lembre-se disso em momentos de "confrontos" e tente usar a imaginação e a brincadeira para "quebrar o clima" e tornar o momento mais leve. Por exemplo, quando estávamos nos arrumando para uma festa de aniversário, a Gabi queria que o pai a ajudasse a escolher um vestido e a pôr sua roupa. Ela não parava de chamar o nome dele, enquanto eu tentava aprontá-la para sairmos o mais depressa possível. Em vez de explicar à minha filha que estávamos atrasados e que o pai estava ocupado se arrumando, sem nem mesmo conseguir escutá-la, eu falei com outra entonação: "Seu pai, o rei Paulo, está em outro aposento do castelo e não consegue vir agora, minha linda princesa Aurora. Por isso, eu, sua fada-madrinha, estou aqui. Então, como posso ajudá-la, majestade?" A Gabi começou a rir, eu também, e tudo foi resolvido de uma forma mais divertida e – por que não? – mais rápida também.

É certo que brincar fortalece a relação entre pais e filhos. Mas para que isso aconteça, é preciso haver entrega emocional e presença atenta, o que demanda esforço dos pais no momento em que se envolvem com interesse genuíno na atividade. Quando brincamos com nossos filhos, conseguimos preencher a desproporção da hierarquia através de regras claras e estruturadas do jogo, que não mudam de acordo com o humor ou o desejo dos pais. Com isso, demonstramos amor e proteção, ao mesmo tempo em que ajudamos a criança na solução dos problemas, exercendo a paternidade com cuidado e respeito à vulnerabilidade dela. No momento em que os pais deixam os filhos vencerem, transmitem confiança e demonstram que vencer não é o mais importante. Também ensinam a canalizar construtivamente a energia competitiva e mostram quanto pode ser realizado por meio da cooperação.

LUTINHA

Agora, uma dica para os pais que adoram fazer brincadeiras mais agitadas e de maior contato físico com os filhos, como as famosas "lutinhas". Podem ficar tranquilos que a atividade está liberada. Ao contrário do que muitas pessoas pensam, a Neurociência mostra que esse tipo de atividade entre pais e filhos é instintiva, sendo praticada inclusive pelos primatas, fazendo parte do desenvolvimento saudável. Além de ser divertida e provocar muitas risadas, brincar de "lutinha" tem muitos benefícios para a saúde física, mental e emocional de seu filho:

- **Promove a liberação de ocitocina:** o contato físico que ocorre nesse tipo de brincadeira também favorece a secreção desse hormônio e fortalece ainda mais o vínculo entre pais e filhos.

- **Aumenta a produção de BDNF:** essa neurotrofina atua como um fertilizante o cérebro, pois ajuda a estimular o crescimento dos neurônios do córtex cerebral e do hipocampo, favorecendo o aprendizado, a memória e o desenvolvimento da linguagem.

- **Promove as conexões dos neurônios localizados no córtex cerebral:** melhor desempenho cognitivo, semelhante aos efeitos obtidos pela prática da dança.

- **Melhora a autorregulação:** as crianças aprendem a lidar com fortes emoções, passando de um estado de agitação para um estado mais calmo quando a brincadeira termina.

- **Desenvolve as habilidades socioemocionais:** quando os pais brincam dessa forma com os filhos, eles demonstram como uma pessoa maior e mais forte faz para conter a própria força, ensinando a exercer o autocontrole com justiça e empatia. Também ajuda as crianças a aprenderem conceitos como perseverança e confiança.

- **Estimula a resolução de problemas:** as crianças têm a oportunidade de assumir riscos e cometer erros sem medo de punição. Ao mesmo tempo, aprendem a lidar com o imprevisível, tornando seus cérebros mais resilientes, flexíveis e com maior capacidade de aprendizagem.

O cérebro da criança é capaz de receber e integrar informações vindas de diversos sentidos. Uma vez que a capacidade de aprendizado da criança aumenta no momento em que têm seus sentidos estimulados, sugerimos que elas brinquem, preferencialmente, em ambientes multissensoriais, podendo ser na sua própria casa ou em contato com a natureza. Há diferentes formas de montar uma sala ou um cantinho de brinquedos, e cada família deve escolher como será a sua. Você também pode fazer atividades no pátio de casa ou do edifício onde mora, em um parque ou praça.

O mais importante é que a criança tenha um espaço para criar e experimentar. E o que não pode faltar são diferentes tipos de objetos e materiais para desenvolverem suas potencialidades: giz de cera, tesoura sem ponta, tinta, massinha, blocos de madeira com partes soltas, potes com vários formatos. As crianças que praticam atividades artísticas tendem a resistir melhor às distrações, a manter o foco com mais facilidade e a ter melhores pontuações em testes de inteligência. Então, ofereça chapéus e fantasias, fantoches, instrumentos musicais ou materiais que produzam diferentes sons.

Aqui deixo a minha experiência pessoal. Já mudei de cidade com a família várias vezes, desde que minhas filhas nasceram, mas sempre reservei um lugar na casa para montar a brinquedoteca das meninas. Mesmo morando em apartamento, elas têm um espaço onde podem sujar, molhar, riscar, grudar massinhas no tapete de borracha, onde brincam com suas regras e sem riscos de se machucarem. Na sala de brinquedos, elas podem escolher a atividade do dia, usando diferentes cestas e organizadores, que são trocados de lugar com frequência para que tenham acesso a diferentes materiais de tempos em tempos. Algumas vezes, esse local é transformado em sala de aula, quando brincam de escola; em um reino de princesas, quando montam uma cabana, que serve de castelo; ou em um berçário de recém-nascidos, quando colocam as bonecas em uma pequena banheira, imitando o vídeo de seu primeiro banho no hospital que tanto gostam de assistir.

MÚSICA

A audição é o primeiro sentido que se desenvolve durante a gestação. É comum que a gestante se emocione ao perceber o filho chutar sua barriga em reação ao som. Os neurônios em formação esperam por estímulos externos para serem ativados, formando redes de conexões no cérebro, que levam à resposta psicomotora e provocam os movimentos do bebê sentidos pela mãe. Os sons intrauterinos são os primeiros sons que ouvimos e, a partir do nascimento, o repertório sonoro se amplia de uma maneira impressionante. Por ser um som com estabilidade rítmica, o bebê, ainda no útero, permanece em um estado de tranquilidade e calma ao escutar o coração da mãe batendo.

Com exames de ultrassonografia, conseguimos observar a experiência do bebê na barriga da mãe, e estudos recentes mostram ser possível relacionar o comportamento do bebê após o nascimento como uma continuidade da vida do feto durante o período pré-natal. Dessa forma, sabemos que as informações sensoriais que os fetos recebem durante a gestação ficam gravadas no seu cérebro, começando a formar memórias implícitas por meio de sons, aromas, sabores e sensações que experimentam ainda na barriga da mãe.

Por esse motivo, os recém-nascidos têm uma poderosa memória para os sons com os quais tinham contato durante o período da gestação. No último trimestre da gestação, o sistema auditivo já está conectado o suficiente para registrar os sons, que recebe através do líquido amniótico. Dessa forma, os bebês já escutam a voz das suas mães e preferem esta em relação à de outras pessoas, após o nascimento. Desde o primeiro dia de vida, eles também reagem de modo distinto a uma história ou a canções que ouviram no período pré-natal, bem como têm preferência pela língua nativa.

A música faz bem para o cérebro e para a alma, sendo a expressão artística que mais diretamente nos atinge. Assim, é importante escutarmos músicas de boa qualidade na gravidez e continuarmos a tocá-las após o nascimento do bebê, uma vez que os sons conhecidos

O mundo na infância

têm o efeito de acalmar o recém-nascido. Música e linguagem estão intrinsicamente ligadas, têm muitos elementos em comum e estão presentes desde antes do nascimento e ao longo da nossa vida. O pianista Álvaro Siviero faz uma correlação entre a música e a comunicação na belíssima série *Aprenda a gostar da música de verdade*. Ele explica que a música é uma linguagem e, assim como ensinamos nossos filhos a falar outros idiomas, temos a possibilidade de "alfabetizá-los" através de notas musicais.

De acordo com o psicólogo David Rubin, autor do clássico livro *Memory in Oral Traditions*, a música tem sido um importante recurso de **memória** por milhares de anos. As letras de músicas são mais fáceis de serem lembradas do que conversas e discursos em geral. Ou seja, recordamos com mais facilidade um texto quando o escutamos como uma canção em vez de uma fala. E isso ocorre desde os tempos antigos. Histórias épicas, como *Ilíada* e *Odisseia* de Homero, foram transmitidas verbalmente por meio de recursos poéticos. Assim, antes da existência da escrita, para que a tradição sobrevivesse, ela era entoada ou cantada, sendo armazenada na memória de alguém e passada para outra pessoa, que também seria capaz de armazená-la e recontá-la por gerações.

O hipocampo e o córtex frontal são duas importantes áreas do cérebro associadas à memória e recebem uma grande quantidade de informações a cada minuto. Recuperar a informação desejada, como sabemos, nem sempre é fácil. A música, por sua vez, ajuda a "desbloquear" essa informação por meio de algumas "pistas", como ritmo, rima e, às vezes, pela presença de uma aliteração. Os poemas empregam os mesmos padrões de som: aliteração, assonância, repetição e, principalmente, rima. Essas características universais das narrativas orais estimulam os pontos fortes e evitam os pontos fracos da memorização, favorecendo a transmissão das tradições ao longo do tempo.

Além da estrutura da música, o que nos ajuda a lembrá-la é sua melodia e as imagens que suas palavras evocam na nossa memória. A música tem um padrão de notas que é um tanto previsível, mas também tem

O cérebro na infância

algum grau de novidade, chamando nossa atenção até que se torne parte de nosso "banco de dados" de padrões auditivos. E nossa capacidade de lembrar esses padrões de notas é muito forte. O cérebro começa a relembrar, comparando a melodia que está ouvindo com a que já tem gravada no seu "banco de dados", permitindo reconhecer uma música simplesmente ouvindo suas primeiras notas. Já que o cérebro é muito bom em memorizar melodias, se a música tiver letras, então a melodia pode ser um suporte para nos ajudar a lembrar essas letras.

Como sabemos, a memória tem importante relação com o conteúdo emocional. As músicas de momentos especiais, principalmente relacionados com as primeiras experiências que acontecem na nossa vida, despertam fortes emoções e ficam mais facilmente gravadas na memória. E o que acontece no cérebro quando a música não só transmite emoções, mas também sensação de prazer? Toda vez que ouvimos uma melodia, várias regiões cerebrais são ativadas, incluindo o sistema de recompensa. Ao ser acionado, esse sistema libera dopamina, promovendo felicidade e satisfação. Em busca da mesma sensação de prazer, repetimos esse comportamento e escutamos a mesma música. Ou seja, ao escutarmos as músicas que mais gostamos, aumentamos as chances de aprender sua letra pelo processo de repetição, criando-se um ciclo virtuoso. Por esse motivo, o recurso musical também é uma estratégia usada no aprendizado infantil.

A boa música, por sua vez, ativa sinapses cerebrais importantes relacionadas aos sentimentos. As composições com estabilidade rítmica e melódica levam a um estado de tranquilidade, calma e paz por apresentarem ao cérebro em formação da criança a sensação de previsibilidade, acima de tudo. Para as crianças muito pequenas, o significado da música vai além das palavras. Cantar para os bebês não deixa de ser mais uma forma de dar e receber amor. As conhecidas cantigas de ninar, que embalam o sono, estimulam o desenvolvimento da linguagem do bebê, promovem o seu vínculo com os cuidadores e dão suporte à formação da sua consciência corporal, ao movimentar-se de acordo com o som que escuta.

Como podemos saber qual música é adequada e apropriada para cada etapa do desenvolvimento da criança? Em primeiro lugar, use o bom senso. Tente se conectar com a música, procurando entender o sentimento que a melodia lhe traz antes de apresentá-la ao seu filho. Lembre-se dos seguintes conceitos: nos momentos iniciais da vida, a criança precisa de estabilidade, que pode ser encontrada nas obras de compositores como Bach e Mozart; por sua vez, as marchas animadas provocam alegria e felicidade; da mesma forma, algumas músicas podem ajudar a criança a se conectar com alguma emoção ou, até mesmo, ajudá-la a reconhecer e a tolerar seus sentimentos, como a tristeza e a frustração. Ou seja, o tipo de música apresentada também depende do temperamento da criança e da situação que ela está vivenciando.

A Neurociência mostra que o treinamento musical favorece a neuroplasticidade. E como sabemos disso? Em termos gerais, a prática de qualquer atividade tende a exercer o máximo de efeito sobre as capacidades cerebrais diretamente exigidas por tal atividade. Tendo esse conceito em mente, cientistas realizaram um estudo com exames de ressonância magnética de irmãos gêmeos idênticos, sendo que apenas um deles era pianista amador, para verificar se a prática a longo prazo de um instrumento musical é capaz de mudar a arquitetura cerebral das estruturas relacionadas à música. Nessa pesquisa, foi comprovado que o córtex auditivo motor e as fibras nervosas que ligam ambos os hemisférios cerebrais estavam mais desenvolvidos no irmão que praticava piano devido ao treinamento específico.

Da mesma forma, outro estudo de neuroimagem, com foco na área cerebral responsável pela destreza dos dedos, revelou uma reorganização e um aprimoramento da função das áreas do córtex cerebral que controlam a mão esquerda de adultos que tocam instrumentos de corda com alta performance. Aqueles que começaram o treinamento musical antes dos 12 anos tiveram maior resposta nas corticais relacionadas à aptidão para instrumentos. Os resultados desses estudos sugerem que há uma relação entre o funcionamento e a integração do cérebro com as experiências sensório-motoras, como a destreza de quem toca um instrumento precocemente.

O cérebro na infância

Além de melhorar as habilidades de processamento musical, as evidências também sugerem que aprender a tocar música beneficia outras habilidades cognitivas. Apesar de estudos com crianças e adultos indicarem que os cérebros de músicos e não músicos são diferentes, ainda não foi determinado se tais diferenças resultam de traços pré-existentes, do treinamento musical ou de uma interação entre os dois. Para responder a essa pergunta, um grupo de cientistas investigou os efeitos do treinamento musical no cérebro e no desenvolvimento cognitivo das crianças. O grupo de crianças que realizou o treinamento musical foi comparado com dois grupos de crianças, um envolvido em esportes e outro não matriculado em nenhum treinamento sistemático após a escola.

Três anos após o treinamento, os pesquisadores observaram que o treinamento musical induz mudanças cerebrais e comportamentais em crianças, e essas mudanças não são atribuíveis a traços biológicos pré-existentes. Em relação às habilidades não relacionadas à música, as crianças com treinamento musical, em comparação com crianças sem treinamento ou com treinamento esportivo, mostraram ativação neural mais intensa em regiões envolvidas na tarefa de inibição cognitiva (a capacidade de suprimir uma resposta dominante imediata e atrasar a gratificação) em exames de neuroimagem funcional. Assim, os resultados sugerem que programas extracurriculares sistemáticos, particularmente o treinamento baseado em música, podem acelerar o desenvolvimento do controle inibitório e das redes cerebrais relacionadas a essa capacidade no início da infância.

No momento em que a criança aprende a tocar **um instrumento musical**, ocorre o treinamento das **funções executivas**, já que ela usa a atenção seletiva, aprende a reconhecer padrões e exerce o controle de impulsos. Da mesma forma, a musicalização desenvolve as habilidades socioemocionais por ser um meio de ensinar a criança a entrar em sintonia com os diferentes aspectos emocionais da fala. Com isso, ela passa a compreender melhor a si mesma, a reconhecer seus sentimentos e a regular as próprias emoções, o que favorece a sua capacidade de decifrar os sinais não verbais e de perceber as emoções do outro. Essa capacidade, por sua vez, prediz a habilidade da criança em estabelecer e manter amizades ao longo da vida, como veremos no próximo capítulo.

Assim como todas as experiências de aprendizagem durante a infância, as atividades musicais promovem o desenvolvimento em múltiplos domínios cerebrais simultaneamente. Segundo o médico Sanjay Gupta, neurocientista e autor do livro *Keep Sharp: Build a Better Brain at Any Age,* observar o cérebro de alguém cantando uma música em um exame de ressonância magnética funcional é como observar um show de luzes em um céu de noite clara, tamanha a intensidade e quantidade de conexões cerebrais que se formam.

Quando a criança se propõe a cantar uma música, precisa lembrar a letra, além de ser capaz de pronunciar suas palavras, desafiando sua memória de trabalho para conseguir manter a música em mente. Tudo isso envolve o lado esquerdo do cérebro, mais especificamente o lobo temporal. Cantar as palavras envolve mais do que simplesmente falar, sendo necessário recrutar também o lobo temporal e parietal do lado direito do cérebro, responsáveis pela memória não verbal, como o volume e o tom da canção. Se ainda quiser adicionar um ritmo ou batida à música, seu filho vai recrutar a parte posterior do cérebro, o cerebelo. Por fim, essas informações precisam se movimentar de um lado para o outro do cérebro para sincronizar e formar a canção que a criança deseja cantar.

Mais importante do que tudo isso, quando as crianças compartilham experiências musicais com as pessoas que amam, elas se sentem especiais, porque são as protagonistas daquele momento, favorecendo sua autoestima e autoconfiança. Assim, caso seu filho seja mais tímido e introvertido, ou tenha mais dificuldade em fazer amizades, você pode incentivá-lo a fazer aulas de música. O treinamento pode ser feito também em casa, usando instrumentos infantis ou improvisando com materiais que fazem diferentes sons. Podemos ensinar as crianças sobre a vida dos compositores, ao mesmo tempo que tocamos seus concertos na sala de nossa casa, por exemplo. Para isso basta usar a criatividade sem subestimar o potencial de aprendizado do seu filho.

A Stella e a Gabi adoram participar das aulas de música. A minha dupla sempre se mostrou muito musical: quando as meninas tinham aproximadamente 1 ano de idade, frequentaram aulas em uma escola de música onde os bebês realmente tinham a oportunidade de experimentar, com suas próprias mãos, todos os tipos de instrumentos musicais, que ficavam expostos na parede da sala e eram especialmente apresentados a cada nova aula.

Os professores eram supercriativos e faziam as aulas serem atrativas para as crianças. Ao mesmo tempo que demostravam cada instrumento, explicavam sobre suas características, comparando o tamanho e a sonoridade, eles permitiam que os bebês pudessem tocá-los, explicando seu funcionamento na prática de forma clara. Além da música, eles eram expostos a várias outras experiências sensoriais: corriam atrás de bolhas de sabão enquanto ouviam "Somewhere Over The Rainbow", o tema do filme *O Mágico de Oz*; exercitavam o equilíbrio e a motricidade sobre bolas de diferentes cores ao som de uma música animada; brincavam de fantoches de pano e imitavam animais ao som de "Seu Lobato Tinha um Sítio"; e treinavam a capacidade de autocontrole cantando "Shake Shake and STOP!". Ao final, todos os bebês eram incentivados a guardar o material em sua devida caixa, ao som de uma marchinha, para manter a organização da sala.

O mundo na infância

O QUE A MÚSICA TRAZ PARA A CRIANÇA:

- **Habilidades motoras:** enquanto canta e toca, dança e pula, a criança está desenvolvendo a motricidade grossa. Ao movimentar pequenos músculos das mãos e dos dedos enquanto canta "a janela do ônibus abre e fecha" e ao tocar instrumentos, por exemplo, ela utiliza as habilidades motoras finas – as mesmas que serão usadas para escrever e desenhar.

- **Consciência corporal:** é capaz de identificar as partes do seu corpo, como na canção "Cabeça, Ombro, Joelho e Pé", além de desenvolver o equilíbrio quando se mexe ao som da música.

- **Coordenação motora bilateral:** isso acontece ao usar os dois lados do corpo ao mesmo tempo e em movimentos coordenados, como ocorre ao tocar piano. Para isso, os dois hemisférios cerebrais devem se comunicar, coordenando os movimentos corporais. O mesmo ocorre quando a criança bate no tambor e passa o chocalho de uma mão para a outra.

- **Linguagem:** as rimas das canções expandem o vocabulário infantil e estimulam o raciocínio lógico. Por exemplo, repetindo a canção "Guarda-Guarda" na hora de organizar os brinquedos, ajudamos a criança a entender o significado das palavras, relacionando-as com nossas ações e introduzindo hábitos e rotinas.

- **Habilidades socioemocionais:** quando a criança canta, dança ou toca um instrumento, ela normalmente faz essas atividades com outras pessoas, aprendendo a esperar sua vez, compartilhar, cooperar e trabalhar em equipe. Ela também descobre como nomear seus sentimentos e a se acalmar sozinha, imitando o modelo dos pais, que a põem para dormir com uma música suave de ninar. Além de desenvolver a autoestima e autoconfiança ao conseguir se expressar e provocar reações nas pessoas com o som que produz.

O cérebro na infância

- **Habilidades cognitivas:** naturalmente, a música proporciona a prática da memória, o aprendizado de padrões de repetição e de habilidades de pensamento simbólico, aptidões que ajudam na aquisição da capacidade da leitura e escrita, além de conceitos de matemática. Tudo isso acontece em um contexto lúdico e muito alegre, que engaja a atenção da criança no aprendizado. Por exemplo: enquanto canta, ela pode contar os números, aprender o alfabeto, reconhecer e antecipar padrões de sequências pela repetição dos ritmos e das rimas. Além disso, em músicas como "Seu Lobato Tinha um Sítio", a criança classifica os animais e pratica o jogo simbólico, representando os bichinhos ou usando fantoches.

- **Tradições e novas culturas:** cantar músicas da sua terra natal, assim como do folclore local, cria um senso de comunidade e dá continuidade às tradições familiares. Esse costume ajuda a validar a importância da própria cultura e do idioma materno. Além disso, como vimos anteriormente, a música pode ser usada para apresentar um novo idioma de forma lúdica e divertida.

Então, **que tal usarmos todos esses resultados da Neurociência a nosso favor?** Assim como algumas pessoas costumam falar: "Para que levar meu filho ao museu, se ele não está aprendendo nada?"; outras dizem: "Ah, mas a criança é tão pequena. Nem vai se lembrar do show musical e da peça de teatro infantil a que assistimos". Como conversamos anteriormente, a criança pode não se recordar de tais experiências, mas devemos ter em mente que o objetivo aqui é expor seu filho às mais diferentes formas de expressão artística, como as experiências musicais, apoiando o processo de neuroplasticidade, a formação de novas conexões cerebrais, aproveitando as janelas ótimas de desenvolvimento que ocorrem nos primeiros anos de vida. Ou seja, ela pode não se lembrar da atividade em si, mas a experiência estará marcada em seu cérebro.

Por esse motivo, mais uma vez, ressaltamos a importância do papel do adulto, como um modelo de maturidade e boas escolhas: procure prestar atenção no que você e sua família escutam e apresentam ao seu filho. Nós somos o parâmetro da criança e devemos mostrar a boa música. Na nossa família, temos o hábito de levar as meninas a programas culturais da cidade, como a museus, shows de música, peças infantis, teatro com marionetes, circos e até mesmo a apresentações de orquestras. Fique atento à programação cultural de sua cidade, certamente há programas interessantes enriquecedores para todas as idades.

AMIZADE E EMPATIA

A vida é muito melhor quando compartilhada com amigos queridos. Muitos se tornam nossos irmãos, nossa "família de escolha". Segundo São Tomás de Aquino, a definição de amizade é *"idem velle, idem nolle"*, ou seja, querer as mesmas coisas que você e rejeitar as mesmas coisas que você. No momento em que formamos nossa própria família, essa frase ganha ainda mais importância, uma vez que nossos amigos, aqueles que mais convivem conosco, servirão de importantes modelos e referências de valores para nossos filhos.

E por que é tão importante ensinarmos o valor da amizade para nossos filhos desde pequenos? Amizades bem-sucedidas e relações familiares satisfatórias são a receita da felicidade. Pesquisas mostram que o fator mais importante para ser feliz são os relacionamentos ao longo da vida. É o que mostram os resultados de um clássico estudo longitudinal realizado pela Harvard Medical School, chamado "Grant Study". Quando os cientistas iniciaram o estudo, em 1938, durante a Grande Depressão que ocorreu nos Estados Unidos, eles procuravam pistas sobre como levar uma vida saudável e realizada, analisando 268 pessoas. Para isso, buscaram dados sobre a saúde física e mental dos voluntários, que eram, no início do estudo, jovens alunos do segundo ano da Universidade de Harvard, todos eles homens – já que somente homens podiam frequentar essa universidade na época – e de nacionalidade americana. Esse grupo foi comparado com outro, que incluiu 456 jovens de um bairro pobre do centro da cidade de Boston. Ambos os grupos eram acompanhados por meio de questionários realizados rigorosamente de

O cérebro na infância

dois em dois anos. Além disso, eram avaliados por informações de prontuários médicos, exames de sangue e de neuroimagem, assim como entrevistas com a esposa e familiares.

Os resultados desse estudo produziram lições importantes: relacionamentos próximos e habilidades sociais, como a empatia, são os fatores que mantêm as pessoas verdadeiramente felizes. Para George Vaillant, um dos principais investigadores do estudo por muitos anos, a chave para um envelhecimento saudável são os relacionamentos. Os laços e vínculos protegem as pessoas dos descontentamentos da vida, além de ajudar a retardar o declínio físico e mental. O estudo também mostrou que a amizade é um melhor fator preditor para vidas longas e felizes do que qualquer outra única variável estudada, como classe social, dinheiro, QI ou até mesmo os genes. Esse achado provou ser verdadeiro em ambos os grupos, entre os estudantes de Harvard e os jovens do centro da cidade de Boston. Atualmente, mais de 80 anos depois, o estudo conta com a avaliação da segunda geração, incluindo mais de 2.000 pessoas, os filhos e filhas dos participantes originais – entre eles, figuras famosas como o presidente americano J. F. Kennedy.

Em uma conferência para o TED intitulada "O que torna uma vida boa? Lições do estudo mais longo sobre a felicidade", o professor de psiquiatria da Harvard Medical School e diretor do estudo, Robert Waldinger, diz que a principal revelação da pesquisa é: "Cuidar do corpo é importante, mas cuidar dos relacionamentos também é uma forma de cuidar de si." E ele explica: "Bons relacionamentos não protegem apenas nossos corpos; eles protegem nossos cérebros. No caso de pessoas satisfeitas em seus relacionamentos, mais conectadas ao outro, seu corpo e cérebro permanecem mais tempo saudáveis." Waldinger ressalta que os participantes que mantiveram relacionamentos afetuosos viveram por mais tempo e eram mais felizes. Por outro lado, quem era mais isolado do que gostaria de ser, era menos feliz, tinha pior saúde, sua função cerebral apresentava declínio mais precocemente e vivia menos do que quem não era solitário.

214

O mundo na infância

Uma vez que a **amizade** é o melhor preditor estudado até hoje para determinar a **felicidade**, como podemos ajudar a criança a fazer e manter amizades? Relacionar-se é basicamente dividir aquilo que está dentro da gente, o que sentimos, com as outras pessoas, colocando-se no lugar delas. O fato é que nem todas as crianças são ensinadas e nem mesmo treinadas a fazer isso, especialmente durante a primeira infância. Na vida corrida atual, muitas vezes é mais fácil corrigir de forma automática os comportamentos inadequados dos nossos filhos do que fornecer a eles as habilidades necessárias para compreenderem a origem do que sentem, assim como os sentimentos dos outros.

Basicamente, é função dos pais ensinar a criança a desenvolver, desde muito pequena, a autocompreensão (consciência dos próprios pensamentos e sentimentos) para ter empatia pelos outros. Outra habilidade importante para criar filhos socialmente competentes é a **regulação emocional**. Já conversamos anteriormente sobre como é importante ensinar a criança a lidar com suas emoções, mas o que isso tem a ver com a capacidade de fazer amigos? No momento em que seu filho consegue nomear o que sente, ele tem mais chances de modificar seu comportamento e se comunicar melhor. Por exemplo, quando acontecer uma disputa por brinquedo e ele sentir raiva, vai ter mais chances de dizer: "estou bravo", no lugar de bater ou gritar com o amigo.

As relações duradouras e satisfatórias se baseiam em empatia. Junto com a habilidade de regular as emoções, a capacidade de perceber as necessidades da outra pessoa e responder a ela de forma empática desempenha um importante papel na competência social do seu filho. Segundo Michele Borba, a autora do livro *UnSelfie: Why Empathetic Kids Succeed in Our All-About-Me World*, as crianças que entendem as perspectivas dos outros têm mais amigos e desenvolvem relacionamentos mais fortes e íntimos do que as egocêntricas, além de serem mais felizes, apresentarem melhor comportamento, terem mais facilidade de lidar com conflitos, se colocarem à disposição para ajudar quem precisa e se preocuparem em fazer o que é certo, como cumprir combinados, respeitar regras e acordos.

215

O cérebro na infância

Assim como as outras características do comportamento humano, é muito difícil mensurar a empatia em crianças bem pequenas. Acredita-se que ela se desenvolva com o passar do tempo, sendo influenciada pelas experiências sociais e pela maturidade cognitiva também. O córtex pré-frontal, a região do cérebro que demora mais tempo para amadurecer, além de ser responsável pelas funções executivas, como o autocontrole, é parte vital na condução do comportamento das habilidades socioemocionais, tais como a empatia. No momento em que desenvolvem a empatia, as crianças precisam ter a capacidade de avaliar alternativas e possibilidades hipotéticas, que fazem parte do autocontrole, fortalecendo as conexões do córtex pré-frontal. Da mesma forma, quando elas têm melhor autocontrole demostram mais empatia e tendem a imaginar com mais facilidade o que os outros estão pensando.

De uma maneira geral, a empatia é a habilidade de perceber as necessidades de outra pessoa e responder a isso de forma adequada, com compreensão e simpatia. Vejamos um exemplo: minhas filhas tinham 2 anos e meio quando, passeando em um shopping, vimos um enorme pinguim de pelúcia vindo em nossa direção. A Gabi sentiu medo e não quis chegar perto dele, já a Stella saiu correndo para abraçá-lo. Quando nos aproximamos do pinguim, a Gabi continuou se segurando entre as minhas pernas, sem querer chegar perto do personagem de um parque de diversões de inverno. Então, a Stella pegou na mão do pinguim e o puxou para perto da irmã, enquanto dizia com uma voz doce: "Vem, Gabi! Não quer? Não gosta? Ele é bonitinho, Gabi! Não precisa ter medo." Para demonstrar que não havia perigo, ainda fez carinho e encostou a cabecinha na barriga macia e peluda do personagem.

Depois de todo o empenho da Stella, a Gabi chegou perto do pinguim e, mesmo receosa, conseguiu posar para uma foto ao lado da irmã. Isso representou uma grande vitória para ela, assim como para a Stella, que ficou satisfeita por ter ajudado a mana a se sentir mais segura e a superar – em parte – seu medo de animais, mesmo

O mundo na infância

que de pelúcia. Esse flagrante ilustra como uma criança de 2 anos tem a capacidade de reconhecer e interpretar as expressões não verbais e demonstrar empatia, conseguindo se pôr no lugar de outra criança, além de tentar ajudá-la a superar o desafio.

Por sua importância para manter e fortalecer os relacionamentos, a empatia pode ser considerada o elemento que "cola" as pessoas umas às outras, proporcionando uma estabilidade às interações no longo prazo. Esse é um dos motivos pelos quais a empatia é tão importante para a capacidade de fazer amizades. Quando alguém está verdadeiramente feliz ou triste por outra pessoa, mostrando ser genuinamente amável e cuidadosa com ela, essas duas pessoas estão engajadas em comportamentos construtivos ativos. Esse tipo de interação é parte fundamental da evolução dos seres humanos ao possibilitar a realização de projetos conjuntos e a resolução de problemas em grupo, facilitando a cooperação.

As relações sociais positivas associam-se a sensações de bem-estar e a motivação para buscá-las é reforçada pelo sistema de recompensa do cérebro. Estruturas relacionadas ao sistema de recompensa, como o **hipocampo**, a **amígdala** e o **hipotálamo** – que também fazem parte do sistema límbico, a região mais primitiva do cérebro –, "decidem" quem é nosso amigo ou inimigo. O hipotálamo libera **ocitocina**, que, como vimos, desempenha um papel central na execução das habilidades socioemocionais, sendo conhecida como o hormônio da confiança, do amor e da ligação.

Responsável pela **dinâmica de grupo**, a ocitocina é liberada quando o cérebro da criança percebe que ela é acolhida por outras pessoas e tem a sensação de fazer parte da família. Esse é um dos motivos pelos quais a criança se sente protegida e feliz quando faz parte de um grupo, elementos importantes para a sua sobrevivência e que têm origem na nossa evolução.

Somos seres sociais, essa é a nossa identidade. A socialização tem origem na **evolução**: aqueles indivíduos que tiveram sucesso na integração e formação de grupos aumentaram muito sua chance de sobreviver ao longo do tempo. Nossas **capacidades cognitivas, emocionais e sociais** estão intrinsecamente entrelaçadas no curso de vida. O cérebro é um órgão altamente integrado, cujas múltiplas funções operam em coordenação umas com as outras. Ou seja, a saúde emocional e física, assim como as habilidades sociais e as capacidades linguísticas e cognitivas, que surgem nos primeiros anos de vida, são importantes para o **sucesso na escola**.

Isso ocorre pois as crianças tendem a ser **mais cooperativas** e atentas na escola quando conseguem captar sinais não verbais e compreenderem situações que poderiam deixar outras crianças confusas. Por não captarem os sinais não verbais, elas podem não compreender o que as outras pessoas realmente querem dizer, sentem-se inseguras e com menor capacidade para focar sua atenção no aprendizado, já que estão tentando entender o mundo à sua volta. Assim, as crianças que ainda estão aprendendo a ler as pistas da comunicação não verbal tendem a apresentar mais dificuldades no ambiente escolar e no relacionamento com os amigos.

A cooperação depende da capacidade do cérebro da criança de entender o que está na mente dos outros. As crianças acreditam que seus pais são oniscientes, que sabem tudo, principalmente o que se passa com elas. Perto dos 3 anos de idade, elas se dão conta de que os pais não conseguem sempre ler a sua mente. Essa percepção vem de uma capacidade indispensável para a interação social humana, chamada de Teoria da Mente: a habilidade com que conseguimos inferir qual é o estado mental do outro por meio da interpretação de pistas sutis.

O que a Teoria da Mente tem a ver com a empatia? A maioria dos seres humanos possui naturalmente essa habilidade: você pode nunca ter tido uma experiência similar à de determinada pessoa, mas consegue ter empatia com a realidade dela e entender o que ela sente por causa dessa experiência. A base neurobiológica da empatia e da Teoria da Mente são os neurônios-espelho, responsáveis por mediar comportamentos humanos complexos. Esse conjunto

O mundo na infância

de neurônios permite que a criança compreenda a ação que observa e sinta o que a pessoa observada sente, apesar de não estar passando pela mesma experiência. Os neurônios-espelho também estão envolvidos na habilidade de interpretar a comunicação não verbal, como as expressões faciais, e a habilidade de entender a intenção do outro. Eles se conectam e ativam o sistema de memória, assim como as regiões de processamento das emoções.

Você já viu seu filho cair no chão e chegou a "sentir" na pele a dor que seu pequeno estava sentindo? Os neurônios-espelho são os responsáveis por esse fenômeno, já que alguns deles disparam quando alguém vê o filho se machucar. O pai ou a mãe não levaram o tombo de verdade, mas isso não importa para o cérebro, que sente a experiência da dor de quem ama. Nossa mente está conectada com o corpo, e nosso cérebro desenvolveu os neurônios-espelho para termos a capacidade de nos pôr no lugar do outro, dentro da mente da outra pessoa, aumentando assim nossa capacidade de comunicação e nossas habilidades socioemocionais – entre elas, a empatia.

De acordo com o psiquiatra Daniel Siegel e a psicóloga Tina Bryson, a empatia tem diversas facetas, que juntas explicam o seu real significado: **sentir verdadeiramente o que o outro sente e fazer algo para ajudá-lo**. Assim, a empatia leva seu filho a tomar **decisões morais e éticas**. Ou seja, quando se preocupa com os sentimentos de alguém, a criança tem muito menos probabilidade de enganar ou de fazer mal a essa pessoa de alguma forma e vive de acordo com uma **moralidade autêntica**.

A professora de educação infantil das minhas filhas me contou a seguinte história de quando elas tinham 2 anos e meio: em uma brincadeira na escola, a Stella prendeu, acidentalmente, o dedo de um amigo entre o balde e sua cabeça, e o menino começou a chorar. No momento em que a professora se aproximou, a Gabi disse com tranquilidade: "A mana não bateu nele. Ele foi pegar o balde, e ela colocou na cabeça. Aí, prendeu o dedo e chorou." Ao intermediar a conversa entre a irmã e a professora, a Gabi demonstrou

219

a capacidade de "entrar na cabeça da professora" e predizer o que ela iria pensar: *"A professora Talita vai pensar que minha irmã bateu no Joaquim e que merece uma punição"*.

Além de representar o forte laço de amizade e de proteção entre as meninas, essa história ilustra a presença de uma sofisticada habilidade social junto de um processo biológico que se dá por meio da **Teoria da Mente**. Ou seja, para que a criança tenha **empatia**, ela precisa cultivar a habilidade de se conectar com a vida interior da outra pessoa, entendendo com precisão os sistemas comportamentais de recompensa e punição, para então responder com **gentileza, justiça e compreensão**. A pré-escola é um ambiente que favorece a socialização como nenhum outro. Se seu filho tem um temperamento mais tímido e introvertido, busque envolvê-lo em atividades coletivas que o desafiem na medida certa, equilibrando sua timidez com um pouco de exposição até que ele se sinta à vontade. Entre essas atividades que podem ser realizadas fora da escola, um estudo apontou que o teatro é a melhor opção, fortalecendo as conexões de áreas cerebrais relacionadas com a interação social. Acredita-se que, ao interpretar um personagem, a aquisição dessas habilidades sociais vai além do momento em que está no palco, sendo usadas no seu dia a dia. Para comprovar essa hipótese, um estudo foi realizado com crianças de 6 anos de idade que fizeram aulas de teatro, comparadas com um grupo que fez aulas de música e outro que não fez nenhuma das atividades, mostrando que aulas de teatro favorecem o desempenho em testes que avaliam as competências sociais.

As emoções têm papel fundamental na capacidade de fazer escolhas e na tomada de decisões morais de acordo com nossos valores. Como sabemos disso? Em seu livro *O erro de Descartes: emoção, razão e o cérebro humano*, o neurocientista António Damásio mostra como a ausência de emoção prejudica a racionalidade. Ele conta a história de um caso clínico semelhante ao do famoso homem chamado Phineas Gage, um ferroviário norte-americano que sofreu um terrível acidente no século XIX: uma barra de ferro atravessou

O mundo na infância

seus lobos frontais. Apesar de ter sobrevivido, sua personalidade nunca mais foi a mesma.

No caso atendido pelo neurocientista, seu paciente, chamado Elliot, não sofreu um acidente, mas tinha um tumor cerebral. Depois que os neurocirurgiões removeram o tumor de seus lobos frontais, Elliot se tornou um homem diferente. Quando o submeteu a uma série de testes cognitivos, Damásio verificou que Elliot pontuou na faixa superior em provas de QI e em outros testes de memória. Porém, o paciente não experimentava alterações fisiológicas, como aceleração dos batimentos cardíacos, ao ver imagens que normalmente despertam emoções nas pessoas, com conteúdo violento ou sexual.

Assim como Gage, tornou-se impulsivo, indisciplinado e socialmente inadequado. Também perdeu a capacidade de se decidir entre coisas básicas, como o que gostaria de comer, ficando até mesmo incapaz de fazer julgamentos morais. Surpreendentemente, os testes mostraram que Elliot distinguia o certo do errado, mas como não conseguia mais integrar as respostas emocionais em seus julgamentos práticos, era incapaz de decidir.

Nosso objetivo na criação dos filhos é fazer com que eles consigam prestar atenção no que deve ser feito, mantendo **sua vontade alinhada com seu senso de certo e errado na tomada de decisões**. O objetivo é que sejam capazes de redirecionar sua escolha ao bom comportamento e resistir à pressão para fazer as escolhas erradas mesmo sem a ameaça de uma punição ou recompensa, como já conversamos anteriormente. Segundo o psicólogo Martin Hoffman, autor do livro *Empathy and Moral Development: Implications for Caring and Justice*, para vivermos juntos pacificamente em sociedade, a **empatia** deve estar embutida em princípios morais que levam à perpetuação dos atributos sociais de **caridade e justiça** na sociedade ocidental.

Diversos estudos mostraram que **ações altruístas constantes também levam à felicidade e promovem o desenvolvimento da empatia**. Uma pesquisa realizada com mais de 600 pessoas, que resgataram judeus vítimas do Holocausto, foi realizada pelo casal

221

O cérebro na infância

Oliners, professores de Ciências Sociais. Eles resistiram ao nazismo e, graças ao altruísmo de famílias não judias, foram capazes de sobreviver e reconstruir suas vidas. Assim, os pesquisadores tiveram curiosidade em entender o que teria levado aquelas pessoas, homens e mulheres comuns, a arriscar a própria vida em favor dos outros. Em seu livro publicado com os resultados da pesquisa, *The Altruistic Personality*, o casal Samuel Oliner e Pearl Oliner conta experiências, valores e características da personalidade que moveram aquelas pessoas a agir e salvar vidas, enquanto outros vizinhos da mesma comunidade permaneceram em silêncio.

Os autores concluíram que, apesar da diversidade, uma característica geral daqueles que resgataram os judeus foi possível de ser identificada: 70% deles se sentiam mais fortemente conectados aos outros e mais responsáveis pelo bem-estar dos outros, incluindo aqueles fora do seu círculo familiar ou social imediato. Além disso, os pais desses heróis haviam adotado altos padrões de disciplina em sua criação, mas, como explicavam aos filhos as consequências dos seus atos em relação aos outros, raramente precisaram castigá-los.

A empatia também é importante para desenvolver nas crianças a solidariedade e o sentimento de pertencer à comunidade. É necessário conversar com transparência sobre as pessoas que precisam de ajuda ou que vivem em situação de vulnerabilidade. Não devemos fingir que não existe pobreza e muito menos omitir a verdade da criança, informando-a sobre aquilo que ela tem curiosidade em saber e de acordo com a sua maturidade, adequando a explicação da realidade à capacidade de compreensão dela em cada fase do seu desenvolvimento. Por exemplo, na nossa casa, nas noites de frio intenso na cidade, procuramos distribuir cobertores aos moradores de rua com a ajuda das nossas filhas, que se sentem gratificadas com essa ação. Além disso, algumas vezes ao ano, levamos as meninas para participarem de **ações de voluntariado** na nossa comunidade. Também pedimos a ajuda delas quando separamos roupas e brinquedos para doação e estimulamos que **trabalhem em colaboração**.

O **desenvolvimento cerebral** em direção à **maturidade** envolve certas capacidades, como autonomia, reciprocidade e cooperação. Um dos principais hábitos mentais, que podemos ensinar aos nossos filhos, é pensar com o tipo de **"mentalidade ganha-ganha"**, levando em consideração a perspectiva do outro, além de si mesmo. Assim, procure mostrar que o melhor caminho é achar uma solução em que todos se sintam felizes. Por exemplo, é comum que a criança insista em pedir alguma coisa depois de o pai ou a mãe dizer não. Nesses casos, quando você ouvir a famosa frase "você nunca me deixa fazer nada", pergunte o que ela pode fazer para ajudar ou o que pode mudar para conquistar o que tanto quer. Diga: "O que você acha que deixaria o papai e a mamãe felizes?" ou "Meu filho, vamos fazer uma lista de coisas que você pode fazer para a mamãe pensar em lhe dar o cachorrinho que você tanto quer? Assim, você, a mamãe e o papai ficarão satisfeitos!".

Mas afinal, como podemos desenvolver a empatia nas crianças?

- **Seja você empático com seu filho e com todos à sua volta:** faça a seguinte pergunta a si mesmo: "Se meu filho tivesse apenas o meu comportamento para copiar, estaria presenciando um exemplo do que eu gostaria que ele imitasse?" Tenha em mente que interagir de forma empática é uma forma de comportamento poderosa, capaz de manter pais e filhos mais próximos uns dos outros. Então, se você quer ter filhos empáticos, eles precisam ver esse modelo sendo praticado em seu dia a dia.

- **Seja um bom ouvinte se você quer que seu filho escute o que você fala:** minha filha Stella costumava gritar, e muito! Quando ela não conseguia que as coisas acontecessem do seu jeito ou queria ser escutada, gritava – essa era sua forma de chamar a atenção. Nós, adultos, não gritamos (ou não deveríamos!), e procuramos agir de formas mais eficazes (no lugar de somente falar mais alto) quando as outras pessoas não estão prestando atenção na mensagem que queremos comunicar.

Uma das necessidades mais profundas do ser humano é a de ser entendido. Use a intuição e conecte-se com seu filho, olhando no olho dele. Tente se lembrar de como você se sentia quando era criança, abaixe-se e enxergue o mundo da altura dele. Escute, com todo interesse, aprenda a ouvir tudo até o fim, sem interromper, o que tem a dizer e deixe que se expresse. Isso também é fundamental. Ele provavelmente fará o mesmo com as outras pessoas, escutando-as com toda atenção e criando esse hábito para a vida toda. A atenção dos pais é o maior presente que a criança pode ter. Aproveite!

- **Certifique-se de estar praticando o que fala:** viva com pessoas diferentes, mas sem a necessidade de apontar que são diferentes, comprometendo-se com um ambiente tolerante e respeitoso em relação à diversidade. Desde cedo, os pais podem apresentar aos filhos pessoas de idades, etnias e culturas diversas, seja da própria comunidade se isso for possível, seja por intermédio da música, literatura, vídeos e exemplos de representantes dos variados grupos étnicos, por exemplo.

- **Trate seu filho com a mesma gentileza com que você trata as outras pessoas:** se queremos que nossos filhos usem palavras como "por favor", "desculpa" e "obrigado", devemos nos lembrar de aplicar esses termos no nosso dia a dia, principalmente ao falarmos com eles. Da mesma forma, quando errarmos, devemos pedir desculpas e estarmos atentos à maneira como tratamos aqueles que nos servem em casa, no restaurante ou no mercado.

Algumas vezes, sem nos darmos conta, tratamos nossos amigos e colegas de trabalho de forma bem diferente dos filhos. Na rua somos bem-humorados, alegres, disponíveis, prestativos e gentis. Porém, quando chegamos em casa, passamos a reclamar de tudo e permanecemos conectados só às telas, incapazes de trocar uma palavra ou um gesto de carinho. Os pais devem se lembrar de que as crianças observam tudo. Desde muito pequenas, elas captam "como que no ar" essas inconsistências. Isso é péssimo para a credibilidade dos pais e para a segurança dos filhos em relação a eles. Os filhos precisam de pais que sejam consistentes, ou seja, que pratiquem aquilo que falam tanto dentro quanto fora de casa.

Na nossa família, costumamos seguir algumas regras que mostram consideração ao outro: bater na porta do quarto ao entrar (eu bato no quarto das meninas quando elas estão brincando), pedir licença ao se retirar da mesa, oferecer aquilo de que está se servindo para a outra pessoa beber ou comer, por exemplo.

- **Demonstre interesse genuíno pelos sentimentos do seu filho:** quando a criança estiver diante de uma emoção forte, tente descobrir o que ela está sentindo. Coloque em palavras, procurando adivinhar a causa e fazendo com que ela entenda, em primeiro lugar, os próprios sentimentos. Chame a atenção para a linguagem corporal, ensinando sobre as pistas da comunicação não verbal que nos ajudam a entender a mensagem recebida.

Um exemplo de como descrever o que ele pode estar sentindo: "Que carinha de bravo! Você me parece aborrecido porque o dia está chuvoso e você gostaria de estar na rua brincando com o Prince, não é mesmo?" Se a criança tiver uma crise de birra porque perdeu o brinquedo para outra criança, você pode perguntar: "Você parece brava porque sua amiga lhe tomou a pá enquanto você brincava na areia. Foi isso que aconteceu?" Isso dará a ela a oportunidade de expressar sua emoção e entender a experiência, ajudando-a a aprofundar a compreensão sobre os próprios sentimentos.

Quando o cérebro da criança percebe a empatia, o nervo vago é ativado e relaxa o corpo todo – esse nervo conecta o

O cérebro na infância

tronco cerebral, a parte do sistema nervoso central situada entre a medula espinhal e o cérebro, a outras áreas do corpo, como abdômen, tronco e pescoço. Por isso, quando oferecemos uma resposta empática, demonstrando tranquilidade em relação aos sentimentos dos nossos filhos, e servimos de modelo, acionamos os seus neurônios espelhos e conseguimos consequentemente acalmá-los também, como já conversamos no capítulo anterior.

- **Ajude-o a desenvolver a curiosidade sobre o ponto de vista das outras pessoas:** essa é a base da construção da empatia e do engajamento social. À medida que os impasses surgirem, aproveite a oportunidade para ensinar a criança a considerar a perspectiva da outra pessoa, mostrando as repercussões de suas próprias ações. Mas, antes de fazer isso, certifique-se de reconhecer os sentimentos de seu filho, para que ele não se sinta prejudicado.

No lugar de gritar com a criança por ela ter se desentendido com outra, mostre elementos concretos, como as lágrimas do amigo para ajudá-la a imaginar como o outro se sente e o que pode tentar fazer a respeito. Use frases como: "Meu filho, como você acha que seu amigo se sente? Você acha legal fazer as outras pessoas ficarem tristes ou magoadas? Ele parece bravo porque você tomou o brinquedo dele. O que você pode fazer para ele parar de chorar?"

Quando estiverem em um parque com brinquedos, e uma criança estiver chorando, pergunte ao seu filho: "Por que você acha que aquele menino está chorando? Ele se machucou? Será que está triste ou bravo porque perdeu sua vez no balanço?"

Enquanto você estiver lendo uma história ou assistindo a um filme com a criança, aproveite para perguntar: "Por que você acha que a princesa está triste?" Identifique um

O mundo na infância

personagem que está vivenciando um determinado sentimento e converse com o seu filho sobre como ele se sente
como expectador ou o que faria no lugar do personagem em
tal situação. Também explore a linguagem não verbal, tentando adivinhar como o personagem deve estar se sentindo
naquele momento. Por exemplo, se seus olhos estão arrega-
lados, sugira que ele está com medo; se está cabisbaixo, que
parece triste e por aí vai.

• **Ensine a regra de ouro "Faça com os outros o que você
gostaria que fizessem com você mesmo":** em algum momento da infância, seu filho pode pegar algo da escola ou
da casa de um amigo sem pedir emprestado. Em vez de falar: "Você não pode ficar com essa bola que pegou na casa
de seu amigo", diga: "Eu sei que você gostaria de ficar com
essa bola, que é bem diferente da sua, mas como você acha
que seu amigo vai ficar quando não encontrá-la na casa dele?
Você quer que eu ajude você a devolver?" Com isso, você fa-
vorecerá a consciência moral da criança através da empatia.

Em uma manhã de verão, minhas filhas estavam brincando
na beira da praia com as vizinhas. Quando as amigas tiveram de ir embora, resolveram deixar seu balde para que a
Stella e a Gabi continuassem construindo o castelo que haviam começado juntas. Na hora de irmos embora, o balde
se quebrou por acidente. Para solucionar o problema, sugerimos que nossas filhas reparassem o erro: dissemos que
as amigas se sentiriam felizes se ganhassem um balde novo
em substituição ao quebrado. Naquele mesmo dia, quando
as meninas reencontraram as amigas, pediram desculpas,
responsabilizando-se pelo ocorrido. Mais do que isso, repa-
raram a perda dando a elas não só um balde novo, mas um
conjunto completo de brinquedos de praia. As vizinhas ficaram superfelizes, elogiaram a atitude de terem contado

a verdade e ainda se dispuseram a seguir emprestando seus brinquedos. Além de ser um exemplo de empatia e generosidade, essa história também traz uma lição sobre a virtude da honestidade: a Stella e a Gabi falaram a verdade, assumiram o erro e honraram a confiança das amigas.

REALIZAÇÃO

O ser humano tem vários aspectos dentro de si: social, profissional e espiritual – e a realização vem do equilíbrio entre eles. Quando nós, como pais, temos em mente o conceito de realização ampliado, conseguimos desenvolver todas as potencialidades da criança, além de ensinarmos a elas a importância de aproveitarem a jornada, e não somente a conquista em si.

Muitos pais, com a melhor das intenções, "lotam a agenda da criança" com atividades supostamente enriquecedoras para seu cérebro e deixam de proporcionar espaço para atividades que levam ao verdadeiro sucesso e à felicidade, como brincar, imaginar, explorar e viver em contato com a natureza. A verdade é que as aulas e atividades extras em excesso acabam sendo contraproducentes para os cérebros e as mentes em desenvolvimento, uma vez que a criança pode passar a perder o interesse em determinada atividade, que talvez adorasse e na qual poderia se sair bem, caso não tivesse sido exposta tão precocemente.

Quando a criança se sente pressionada a cumprir uma tarefa intelectual para a qual seu cérebro não está maduro o suficiente, pode ter seu aprendizado bloqueado. Isso acontece com mais frequência com os meninos, cujo amadurecimento cerebral ocorre mais tarde em relação às meninas e que, portanto, podem apresentar mais dificuldades para cumprir as mesmas tarefas na pré-escola. Nesse caso, o problema não é a criança, e sim a exigência equivocada.

Afinal, por que persiste uma onda de "miniexecutivos", em que as crianças fazem atividades em excesso? Um dos motivos é que essas atividades possibilitam que seus objetivos sejam mensurados, dando aos pais uma sensação de controle e segurança, como se tivessem mais "poder" sobre o destino da criança. Com isso, os pais podem escolher, orientar e decidir se a criança deve ingressar ou continuar em determinada atividade, por exemplo, de acordo com os resultados que ela apresenta. Além disso, com tantas ofertas, muitos pais se sentem inseguros sobre o que seria melhor para o futuro do filho, sem querer arriscar que ele "fique para trás" ou que ponha seu "sucesso em risco" por deixar de fazer alguma atividade supostamente essencial.

Como consequência, em vez de ter prazer e curiosidade em aprender, a criança pode se sentir exausta e extremamente cobrada até mesmo na educação infantil. Seu desenvolvimento emocional é prejudicado, apresentando mais chances de se tornar um adolescente ansioso, deprimido e insatisfeito e com sentimentos de vazio e tédio no futuro. Infelizmente, isso é cada vez mais comum nos dias de hoje.

Do ponto de vista evolucionista, o cérebro é um órgão de sobrevivência, preocupado com o aqui e o agora. E qual é o elemento mais importante para a sobrevivência da criança? A segurança, representada pela aprovação que os pais podem oferecer. Esse é um dos motivos pelos quais sua atenção – e reconhecimento – é crucial para o desenvolvimento saudável do cérebro do seu filho. Desde muito cedo, a criança tem dois tipos de motivações, a intrínseca e a extrínseca, que a "empurram" em direção aos seus interesses e objetivos ao longo da vida:

- **Motivação intrínseca:** é um impulso interno que leva a criança a buscar uma atividade não por recompensas externas, mas pela atividade em si. A criança realiza a tarefa por diversão, desafio ou satisfação, e não por pressão, ou para adquirir um resultado externo ou recompensa.

  A vantagem desse tipo de motivação é que a criança tende a ser mais persistente e menos propensa a abandonar a atividade quando encontra uma dificuldade, alcançando resultados melhores, com soluções mais criativas e inovadoras.

Alguns exemplos: praticar futebol porque é divertido, não porque quer ganhar uma recompensa; tocar piano porque gosta de música, não para evitar punições; dizer "obrigada" porque gosta de ser gentil, e não somente para seguir as regras; ajudar o irmão porque gosta de servir os mais novos, e não somente para fazer o que os pais pedem; sentir-se orgulhosa quando adquire uma nova habilidade; sentir-se satisfeita quando faz parte de um grupo de amigos.

- **Motivação extrínseca:** refere-se a realizar uma atividade para obter algum objetivo externo, como ganhar uma recompensa, evitar punição ou receber o reconhecimento dos outros. As atividades escolhidas por esse tipo de motivação tendem a ser influenciadas pelos pais ou familiares em geral. Por exemplo: ajudar a arrumar a mesa do jantar para receber uma recompensa; fazer aulas de tênis em troca de ter mais tempo para jogar videogame; praticar futebol, porque acredita que se não se sair bem será excluído e menosprezado no grupo; fazer o tema de casa para evitar punição. Diferente da motivação intrínseca, nesses exemplos a satisfação não é inata à atividade em si.

As pesquisas mostram que, quando as crianças são motivadas extrinsecamente, a qualidade do engajamento, persistência e criatividade tende a ser pior. Mas a motivação extrínseca ainda é importante. Quando você precisa ajudar seu filho a se manter motivado em uma tarefa, recompensas externas podem funcionar no curto prazo, principalmente se houver o motivo certo e com regras claras para que a criança adquira um senso de competência e sinta-se no controle.

Especialmente na educação, ela pode ser usada. Isso ocorre pois nem toda atividade é agradável para todos, e nem todos tendem a gostar das mesmas coisas. Portanto, na ausência de motivação intrínseca, contamos com a motivação extrínseca para realizar o que deve ser feito. Por exemplo: um aluno que se esforça muito para obter uma boa nota (objetivo interno) e receber uma recompensa de seus pais (objetivo externo). Embora o comportamento seja intencional, ele é controlado por uma fonte externa.

Nossos filhos não vão corresponder a todas as nossas idealizações, já que são livres para escolherem viver a vida como a realidade se apresenta para eles. Os pais devem fazer a si mesmos, constantemente, perguntas do tipo: "Qual é o objetivo dessa atividade que meu filho está fazendo?"; "Essa atividade está sendo importante para quem – para mim ou para meu filho?". Muitas vezes, os pais, inconscientemente, acabam projetando e influenciando algumas das suas próprias preferências ou até mesmo frustrações em seus filhos. Como consequência, por não quererem decepcionar os pais, alguns acabam aceitando o caminho imposto sem questionar o motivo da escolha, que pode – ou não – ser motivo de insatisfação e infelicidade mais adiante. Da mesma forma, quando queremos que a criança se adapte às nossas expectativas, corremos o risco de ser contraproducentes e eliminar as motivações, habilidades e talentos inatos dela.

Os pais devem, então, se esforçar para identificar os dons e os talentos dos filhos, descobrindo o que eles desempenham com mais facilidade, identificando habilidades especiais em relação às outras crianças e quais são suas paixões. Isso faz com que a criança cresça com força, foco, atenção e persistência, favorecendo a habilidade que é da sua natureza, além de desenvolver sua autoestima e autoconfiança. Por exemplo: se seu filho adora estar em contato com a água, estimule-o a praticar algum esporte aquático. Se sua filha é apaixonada por animais, apresente alguma atividade relacionada, como a equitação, ou faça passeios em minifazendas, onde ela possa ordenhar vacas e ter contato com a natureza. Se ela adora cantar, inscreva-a em um curso de canto infantil ou pratique essa atividade em casa.

O cérebro na infância

A Neurociência mostra a "vantagem da felicidade" por meio de estudos consistentes. Por exemplo, quando a criança está alegre e entusiasmada – com emoções positivas –, seu cérebro se torna mais engajado na atividade. Isso se dá no momento em que sua mente está em estado de *flow* no pico de performance, mobilizando toda sua atenção e seu poder de concentração. Nesse "modo de funcionamento positivo", ocorre grande liberação de neurotransmissores que ajudam no desempenho da atividade em que está envolvida, como serotonina, dopamina, endorfina e ocitocina. Com isso, seu cérebro se torna mais criativo, motivado e resiliente, tendo maior flexibilidade e capacidade de solucionar problemas.

O cérebro da criança é mais vulnerável ao poder da sugestão. As crianças mais novas são ainda mais sugestionáveis que as maiores. Assim, as expectativas dos pais em relação aos seus filhos também têm um papel fundamental na sua felicidade. As crianças dependem dos pais, querem deixá-los felizes e satisfeitos, procurando cumprir ou até mesmo superar as expectativas depositadas nelas. Elas atendem às expectativas baseadas no que se espera delas. Ou seja, o que nós esperamos dos nossos filhos acaba influenciando a performance deles.

Você já se pegou pensando coisas do tipo "eu sou burro"; "nunca vou conseguir aprender inglês" ou "cozinhar não é para mim"? Pensamentos como esses são chamados de crenças improdutivas ou limitantes e podem nos impedir de crescer e seguir em frente rumo aos nossos objetivos. Nossas crenças dão suporte às nossas atitudes e escolhas e foram criadas a partir das nossas experiências, do que vimos, ouvimos, sentimos e fazemos. Elas são conclusões que tiramos dos fatos que nos aconteceram desde a primeira infância.

Na maioria das vezes, nem temos consciência delas, mas nossas crenças existem e se tornam **profecias autorrealizáveis**, já que moldam a maneira como vemos o mundo e agimos sobre ele. Algumas pessoas carregam crenças úteis e produtivas; outras, extremamente limitantes e inadequadas, sem ao menos se darem conta da existência delas. Esses padrões de comportamento levam a situações de satisfação ou insatisfação, dependendo se estão adequados ou não à motivação intrínseca da pessoa.

De acordo com o neurocientista austríaco (naturalizado norte-americano) e prêmio Nobel de Medicina Eric Kandel, "Nós somos o que lembramos. Nosso passado molda o presente e o futuro por meio de associações que ocorrem em nosso cérebro". Ainda segundo Kandel, a capacidade de aprender e lembrar novas experiências está no cerne da nossa existência. Por mais de meio século estudando os mecanismos da memória, o neurocientista observou quais mudanças sinápticas ocorrem no processo de aprendizado, definindo grande parte do que sabemos até hoje sobre a memória. Suas pesquisas apontam que as memórias são formadas e armazenadas por meio do fortalecimento das conexões neurais. Esse princípio, conhecido como "regra de aprendizagem", define que "os neurônios que disparam juntos, se conectam" *(neurons that fire together, wire together)*. Isso quer dizer que quando um grupo de neurônios se torna ativo em um espaço de tempo muito próximo, durante um evento específico, suas conexões (sinapses) são fortalecidas e "uma memória" desse evento é formada. Como consequência, a conexão neural forma algum tipo de plasticidade – capacidade de ser modificada – com base nos padrões de disparos mútuos de neurônios interconectados, a fim de formar memórias e associações.

Tendo esse conceito em mente, podemos dizer que as experiências que seu filho tem com você, assim como as interações e sua presença física na vida dele, são capazes de mudar a arquitetura do seu cérebro. A forma como as redes neuronais responsáveis pelo apego e pela memória se conectam criam os modelos mentais. Esses modelos mentais são formados pelas experiências passadas, que balizam como antecipamos o que vem pela frente e de que forma agiremos em relação ao futuro.

Além disso, os modelos mentais são responsáveis pela forma como o cérebro processa as informações, criando expectativas sobre como o mundo funciona, se é considerado um lugar perigoso

O cérebro na infância

ou seguro, dependendo das generalizações de repetidas experiências significativas que a criança teve no passado. Lembrando da Teoria do Apego, que vimos antes, a criança prevê o que vai acontecer baseada em experiências prévias e repetidas que teve com os pais. Essas experiências, positivas ou negativas, determinam se seu apego será seguro ou inseguro.

Claro que nem tudo é definido por crenças limitantes. Há pessoas dotadas de aptidões e características físicas (como altura, por exemplo) para serem jogadoras de basquete profissional, outras não. Da mesma forma, alguns podem ser cantores de talento, outros nem tanto. Esses exemplos envolvem fatos da realidade e nada têm a ver com crenças limitantes. Na prática, nós, como pais, devemos incentivar nosso filho a sonhar, além de promover um ambiente para que ele possa desenvolver suas potencialidades, aproveitando suas características e vocações naturais.

Sabemos que o cérebro faz associações entre o estímulo e a recompensa. Por exemplo: no momento em que um menino, ao fim da aula de futebol (estímulo), recebe um abraço cheio de carinho do pai (recompensa), que o espera na porta da escola, ele terá mais chance de voltar animado para a aula seguinte do que aquele que recebe críticas e relaciona o treino esportivo a emoções negativas. Ou seja, cada vez que passa pela primeira experiência, o cérebro a conecta automaticamente à segunda. O gatilho pode ser um evento interno (um pensamento, um sentimento) ou externo (um presente) associado a um evento passado. Independentemente do gatilho, essa lembrança desencadeia expectativas para o futuro.

Por meio dos **circuitos de recompensa**, o cérebro associa um determinado estímulo a algum comportamento que causou **liberação de dopamina** (recompensa) no passado. E o que isso significa na prática? Só de sentir o cheiro do bolo (estímulo) sendo preparado, você já começa a salivar e tem saudades de sentar-se à mesa para ter bons momentos em família. Quando nos deparamos com alguma novidade, uma experiência nova ou uma descoberta,

O mundo na infância

a dopamina (um neurotransmissor que estimula os circuitos cerebrais de recompensa) é liberada em nosso cérebro, e temos a sensação de gratificação.

Conforme já vimos anteriormente, as crianças são muito sensíveis ao ambiente que as cerca e, mesmo que não tenham a formação da linguagem totalmente desenvolvida, são *experts* na comunicação não verbal e captam as mensagens com muita facilidade. Elas percebem muito bem os rótulos usados em relação ao comportamento delas, que podem impulsionar ou atrasar seu desenvolvimento. Mesmo quando tentamos esconder o que pensamos sobre nossos filhos, há sempre uma palavra, um gesto ou certas atitudes que transmitimos – e eles são rápidos em perceber.

Por isso, nós, como pais, devemos ter extremo cuidado com os rótulos, uma vez que as crianças podem acabar se conformando e moldando seu comportamento para se encaixar em determinada crença ou modelo mental. Como no exemplo do menino que faz aulas de futebol: se ele vier a ter um professor que critique frequentemente sua forma de chutar, pode criar o modelo mental de que não é capaz de praticar o esporte, apesar de gostar da atividade e ter talento para ela.

A expectativa que os pais colocam nos resultados dos filhos, quaisquer que eles sejam, é o ponto mais importante para a formação da autoestima da criança. E a autoestima, por sua vez, é um fator determinante para a felicidade. Desde muito pequenos, nossos filhos podem perceber nossa frustração em relação à performance deles quando esta ocorre abaixo do que esperávamos. As crianças são exploradoras e curiosas por natureza. Mas, se os pais tiverem apenas expectativas educacionais rígidas, seu interesse acaba se extinguindo aos poucos. Assim, em vez de fazerem a si próprias perguntas espontâneas como "estou curiosa sobre como isso acontece?", pensam: "o que irá satisfazer meus pais?". No momento em que não recebem o incentivo correto, que deveria favorecer a curiosidade, esse comportamento acaba se perdendo pelo medo de errar e de não agradar aos pais.

O cérebro na infância

Além disso, quando temos expectativas muito além do que a criança é capaz de oferecer, a colocamos em um estado de estresse. E então corremos o risco de criar crianças inseguras, que desistem mais facilmente do que se propõem a fazer, que se sentem incapazes e inferiores – se consideram burras, sofrendo de sintomas depressivos ou tendo comportamentos reativos – crises de birra e irritabilidade. Além disso, a mensagem que a criança recebe é que se ela não apresentar o resultado esperado, não é "digna" do amor e não merece o carinho dos pais. É claro que isso não é verdade, mas é assim que o cérebro do seu filho recebe essa mensagem.

Por outro lado, se temos baixas expectativas e deixarmos nossos filhos fazerem tudo o que quiserem sem qualquer tipo de exigência, nem ensinamos a importância de exercitar a força de vontade, que é importante para cumprir com os combinados, manter a rotina e as regras da casa, ter um bom desempenho escolar, por exemplo, estaremos criando crianças que não conseguem se esforçar ou ter a disciplina para alcançar seus objetivos.

Como chegar no caminho do meio? Como em tudo na vida, a fórmula para evitar a frustração, tanto dos pais quanto das crianças, depende da busca do equilíbrio. Na prática, os pais devem diminuir as demandas, ajustando suas expectativas ao grau de habilidade do seu filho, ao mesmo tempo que podem ajudar as crianças a melhorarem aquelas habilidades que estão com mais dificuldades e que devem ser mais praticadas.

Também devemos acreditar na nossa capacidade durante todo o processo, diminuindo as exigências sobre nós mesmos, como os "pais perfeitos" – o que, como bem sabemos, não existe. Uma sugestão é: não faça nada para a criança que ela possa fazer sozinha. As crianças, especialmente as mais novas, querem contribuir com os pais, já nascem com esse entusiasmo para a colaboração. Elas ficam muito felizes e se sentem realizadas quando cumprem uma tarefa, por mais simples que seja, porque têm um instinto poderoso para tanto. Isso pode exigir um pouco de paciência, porque elas tendem a levar mais tempo para fazer determinada tarefa, como arrumarem a cama e se vestirem sozinhas – mas vale a pena. Se você observar bem, vai saber quando a criança estará pronta para a próxima tarefa, e ela ficará satisfeita com sua trajetória. Tudo isso faz parte do desenvolvimento da sua autoestima de forma saudável.

É muito importante que, como pai ou mãe, suas **expectativas sejam claras e comunicadas**: converse com a criança e proponha que ela nivele seus objetivos e estabeleça as metas junto com você. Aproveite para mostrar a importância de não desistir e de superar a predisposição do nosso cérebro de achar "desculpas" quando encontra alguma "pedra no caminho", mudando de rota para as atividades mais fáceis e que gratifiquem no menor tempo possível. Acima de tudo, você deve demonstrar para a criança que essa postura é para o bem dela, mesmo que, em algum ponto, isso signifique que a brincadeira e a diversão terão de ficar para depois. Esta me parece ser a demonstração do verdadeiro amor: pais exigentes, mas que não demandam além do nível de desenvolvimento físico, cognitivo e emocional da criança e que estão sempre ao seu lado para dar o suporte necessário.

Você pode estar se perguntando se não seria cedo demais conversarmos sobre metas, sonhos e objetivos com nossos filhos ainda na primeira infância. A verdade é que podemos fazer isso de forma lúdica, leve e divertida. Na nossa família, temos o hábito de registar as resoluções de Ano-Novo junto com as meninas. Quando elas tinham 5 anos, as resoluções foram as seguintes: a Stella queria aprender a fazer estrelinha – um movimento básico da ginástica –, a ler e escrever e patinar; a Gabi queria aprender a fazer bonecas de pano, a ler e escrever, assim como a irmã, e a cantar. A cada aniversário das meninas, no meio do ano, aproveitamos para revisar o que foi alcançado durante o período.

Com uma lista de resoluções, temos maior clareza dos nossos objetivos, o que torna mais fácil montar uma estratégia para pôr em prática o que desejamos. Uma vez que o cérebro humano foi feito

O cérebro na infância

para ter prazer rapidamente, o segredo é encontrar recompensas de curto prazo durante a trajetória na direção do seu objetivo maior. Por isso, ensine seu filho a celebrar as pequenas vitórias, os passos curtos de cada conquista no dia a dia. A vida fica mais leve e feliz quando aproveitamos os momentos com entusiasmo.

Registrando um plano no papel, os pais ensinam a criança a iniciar uma tarefa, tendo um objetivo em mente, **exercitando o córtex pré-frontal**, a parte mais madura do cérebro, responsável pelas funções executivas, como planejamento, atenção e autocontrole. Isso pode ser feito de várias formas, como separar à noite as roupas que serão usadas no outro dia, planejar qual passeio a família quer fazer no fim de semana ou apontar alguma coisa que ela precisa mudar – como escovar melhor os dentes todas as noites – e começar a mudança de hábitos com sua ajuda.

A Stella e a Gabi estavam com 5 anos quando organizaram sua primeira venda com o objetivo de conseguir arrecadar o valor suficiente para comprar chapéus novos – em *tie-dye* supercoloridos – para usar no verão. Como era dezembro, as meninas tiveram a ideia de montar uma banca para vender biscoitos natalinos e suco de laranja no condomínio dos avós. Com ajuda deles, no dia anterior, elas desenharam os cartazes, separaram o caderninho para anotar as vendas, empacotaram os biscoitos e organizaram os copos para servir o refresco. A euforia e a ansiedade para pôr o plano em prática eram tantas que elas quase não dormiram na noite anterior.

Às 8 horas da manhã, desinibidas e determinadas, elas iniciaram as vendas. Foram de casa em casa para oferecer seus produtos, entregaram os biscoitos de bicicleta e serviram suco até para quem passava de carro pela frente da sua banca e pedia uma prova. Durante essa atividade, elas receberam o prestígio de muitos amigos queridos, conversaram com quase todos os vizinhos que já conheciam e fizeram novas amizades. No fim do dia, a dupla estava exausta, mas satisfeita com o resultado, e fecharam o expediente contando o valor arrecadado com a ajuda do avô. Assim que a loja

238

de roupas estava aberta, no dia seguinte, as meninas foram com a avó, levando cada uma um saquinho separado com sua parte da venda, e compraram os chapéus que tanto queriam.

Em uma atividade como essa, as crianças praticam várias habilidades importantes. Entre elas, planejamento e controle de impulsos, ao juntar o valor para comprar o que queriam; habilidades matemáticas, quando somaram os biscoitos e contaram o valor que receberam; colaboração, por terem trabalhado em equipe; comunicação, ao oferecerem seu produto de casa em casa e conversarem com pessoas das mais diferentes idades; perseverança, por permanecerem na banca desde a manhã até a noite para alcançar a meta proposta. Acima de tudo, as meninas se divertiram durante todo o processo e aproveitaram cada momento para desenvolver a autoestima, a autonomia e o senso de responsabilidade com muita alegria.

Além disso, se criarmos nas crianças, desde muito pequenas – quando já sabem falar e fazer pequenas contas –, o hábito de planejar, pôr valor nos seus planos e esperar para que se concretizem, estaremos contribuindo para o desenvolvimento de pessoas mais organizadas financeiramente e com maiores chances de alcançar seus objetivos. Por meio de situações do seu dia a dia relacionadas ao dinheiro, a criança aprende o valor das coisas. Por exemplo: leve seu filho ao supermercado para escolher o que é essencial e o que pode ser deixado para depois. Estimule-o a pesquisar o preço dos itens da lista de compras e a planejar os passeios da família de acordo com o orçamento.

Ao mesmo tempo que é importante o incentivo de metas e desafios, devemos ter cuidado com competição e comparação exageradas. É claro que podemos buscar inspirações como modelos de comportamento. Aprendemos com a vida de um esportista que nos inspira por seu caráter e suas habilidades. Somos estimulados pela história de uma figura pública que usa seu carisma para fazer o bem e ajudar outras pessoas pelas redes sociais. Lemos livros sobre a vida de líderes e heróis que honram nossas tradições e valores. Porém, quando buscamos metas impossíveis de serem atingidas, acabamos causando insatisfação e frustração nas nossas crianças, além de gerar sentimentos negativos, como inveja e raiva.

Com isso, procure ensinar seu filho sobre a importância de reconhecer, admirar e elogiar genuinamente as virtudes de seus amigos, irmãos e familiares, lembrando que as diferenças fazem parte da vida e que nenhuma pessoa é igual a outra. Quantas vezes já ouvimos frases do tipo "fulano é bem-sucedido porque tem as costas quentes"? Quando passamos a desejar o que o outro tem, ao mesmo tempo que desmerecemos o esforço e a conquista dele, estamos nutrindo, inconscientemente, o sentimento da inveja. Por isso, devemos evitar essa espécie de comentário, principalmente, na frente das crianças.

Embora o talento e a inteligência sejam características importantes, para que o potencial inato da criança seja plenamente atingido é fundamental que ela tenha esforço, comprometimento, garra e disciplina. A psicóloga e professora da Universidade de Stanford Carol Dweck defende que as crianças devem ser ensinadas a encarar desafios, valorizar o esforço e a capacidade de se manter aprendendo. Para ela, cada palavra ou ação dos pais, educadores e treinadores manda uma mensagem em relação à forma como a criança deve pensar a respeito de si mesma. Por exemplo: "você tem características permanentes, que estão sendo avaliadas" ou "você é uma pessoa capaz de se desenvolver e eu tenho interesse no seu desenvolvimento".

Segundo Dweck, **existem dois tipos de modelos mentais**:

- **Mentalidade fixa:** as crianças com esse tipo de modelo mental evitam correr riscos para ter boas notas ou apresentar um bom desempenho em qualquer atividade que seja. Além disso, não se interessam por aprender coisas novas, pois temem não saber como vão se sair na nova atividade. Os pais com esse tipo de mentalidade entendem que a inteligência é uma característica fixa e estática e transmitem para os filhos o desejo de que sejam reconhecidos como "inteligentes". Assim, essas crianças têm a tendência de evitar desafios, desistem facilmente perante os obstáculos, enxergam que o esforço não traz resultados, ignoram a opinião construtiva das outras pessoas e se sentem ameaçadas pelo sucesso dos seus pares.

- **Mentalidade de crescimento:** as crianças com essa mentalidade têm uma atitude revigorante em relação ao fracasso. Em lugar de verem os erros como falhas, que podem levar ao desespero, elas entendem que são simplesmente problemas a serem resolvidos. Os pais que pensam assim sabem que a inteligência pode ser desenvolvida e ensinam para as crianças que o desejo de aprender é o mais importante. Assim, elas se sentem inspiradas pelo sucesso dos outros, aprendem com a crítica e enxergam que o esforço é o caminho para a maestria. Quando as falhas acontecem, não são encaradas como um problema, porque, na verdade, o importante é o **esforço** que investiram na experiência. Elas aprendem desde cedo que somente as derrotas mostram o que é preciso ser feito para melhorar e quais ferramentas são necessárias para evoluir. São crianças que abraçam os desafios e persistem diante dos obstáculos.

Na prática, qual é a diferença entre esses dois tipos de modelos mentais? Se dissermos para nossos filhos que estamos 100% focados no resultado (como o número de vitórias em um campeonato de futebol), provavelmente eles se sentirão pressionados e ficarão ainda mais tensos durante as partidas. Porém, se entendermos que o aprendizado e a experiência durante o processo é que fazem a verdadeira diferença na vida, é possível que eles se sintam mais tranquilos para terem um bom desempenho durante o torneio. Com isso, a criança aprende que a jornada é tão importante para a felicidade quanto a conquista em si.

Acima de tudo, quando valorizamos o processo como um todo, e não somente o resultado, mesmo que a vitória não aconteça, a criança entende que seu relacionamento com os pais permanece o mesmo, uma vez que ela tentou tudo o que estava ao seu alcance, fazendo o melhor possível. Dessa forma, ela aprende que mesmo não tendo controle sobre os resultados, que dependem de múltiplas variáveis, ela pode controlar o próprio esforço e sua atitude diante dos desafios.

RESILIÊNCIA E ESFORÇO

A capacidade de se refazer ao enfrentar obstáculos, controlando sua própria resposta às situações, física ou mentalmente estressantes, chama-se **resiliência**, competência fundamental para que o ser humano possa alcançar a plena realização. Além disso, a Neurociência mostra que quanto mais resiliente for a criança, melhor desempenho ela terá na sua vida pessoal, acadêmica e profissional. Isso tudo faz sentido, pois o sucesso é reflexo dos erros e falhas que foram transformados em oportunidades de aprendizado e crescimento.

A resiliência é construída com o tempo por meio das experiências que temos ao longo da vida, interagindo com a nossa genética, que é única. Recentes estudos detectaram a presença de genes envolvidos na capacidade da criança ser mais ou menos resiliente. Algumas crianças nascem sensíveis ao estresse, enquanto outras são naturalmente mais resistentes. A base genética é uma das explicações para esse fato. Desde o estudo de Dunedin, já mencionado na parte de autorregulação, foi encontrado um gene relacionado com a capacidade de lidar com o estresse e a resiliência. O gene transportador da serotonina (um importante neurotransmissor para várias regiões do cérebro) pode ocorrer em duas formas, a "longa" e a "curta". Para quem tem duas cópias do mesmo alelo longo desse gene, a chance de recuperação diante das adversidades é alta, apesar do que sofreu na infância. Já aqueles que apresentam a forma curta, correm risco maior de desenvolver reações negativas diante do estresse, como depressão, além de terem mais dificuldade em regular as emoções e na socialização.

Esse é o motivo pelo qual lidamos com as adversidades de formas tão diferentes uns dos outros. Como conversamos anteriormente neste livro, crianças com apego seguro respondem ao mundo com segurança, demonstrando resiliência, autoconfiança e empatia. Os caminhos neurais criados no cérebro da criança para que ela tenha garra e resiliência se formam através das interações positivas e negativas com os pais. Sendo assim, o apego seguro é uma espécie de ferramenta de proteção emocional, que desenvolve as funções mais sofisticadas do seu cérebro, localizadas no córtex pré-frontal, como as funções executivas – habilidade de planejar, monitorar e regular o comportamento, entre outras.

Desde muito cedo, as experiências da vida, especialmente quando o cérebro está se desenvolvendo mais rapidamente, causam adaptações epigenéticas que influenciam se, quando e como os genes liberam suas instruções, determinando condições de saúde, habilidades e competências futuras, incluindo a resiliência. Sabemos disso através dos resultados de um estudo com roedores, no qual foi mostrado que o comportamento protetor da mãe com seus filhotes – mais tempo lambendo, amamentando e cuidando – produz descendentes que são menos temerosos ao crescer e têm **respostas hormonais atenuadas ao estresse**. De certo modo, o estilo de criação diz aos filhotes algo sobre o mundo em que eles crescerão. Além disso, esses efeitos positivos são transmitidos de forma comportamental para a geração seguinte, sugerindo uma base **epigenética** para o fenômeno. Ou seja, essas informações são transmitidas para a prole sem ter que passar pelos lentos processos de mutação aleatória e seleção natural.

Mesmo quando confrontada com situações difíceis, a criança que na primeira infância teve um apego seguro a pelo menos uma figura importante em sua vida geralmente desenvolve uma resistência biológica à adversidade e estabelece relacionamentos sólidos com os adultos em sua família e na comunidade. Se enfrentar as adversidades sem apoio, a criança pode se tornar mais frágil e até mesmo mais vulnerável a algum tipo de trauma. Mas quando seu filho tem alguém com quem contar, isso faz uma grande diferença. E a adversidade pode realmente fortalecê-lo, ensinando que é capaz de enfrentar momentos difíceis e que as pessoas especiais estarão lá para ajudá-lo quando precisar.

A base da resiliência está na combinação de relacionamentos com segurança emocional, capacidade de adaptação e experiências positivas que servem de modelo, interagindo com a nossa genética. Da mesma forma, como ocorre com outras características da personalidade, nossa postura diante das adversidades é determinada predominantemente por aquilo que aprendemos ou nos foi transmitido na infância. Observando a maneira pela qual as pessoas mais influentes da nossa vida respondem aos desafios, começamos a adotar e a experimentar diferentes aspectos desses padrões de resposta inconscientemente.

A criança resiliente, por sua vez, conta com diversos fatores de proteção ao longo da vida, como inteligência, autoestima, autocontrole, autonomia, regulação emocional, forte senso de identidade, além de acreditar em suas próprias capacidades. Ela também demonstra iniciativa e flexibilidade, sendo capaz de elaborar alternativas e buscar soluções para suas necessidades. Ao mesmo tempo que propõe metas realistas para si própria, é esforçada, otimista e vê o futuro como oportunidade de sucesso. Por ser empática e atenciosa, a criança resiliente demonstra suas emoções com facilidade, se comunica bem e, diante das dificuldades, é capaz de usar o senso de humor. Aliás, a capacidade de rir de si mesmo é um mecanismo de defesa do ego muito importante para que cada um de nós consiga lidar com o sofrimento e a frustração de forma mais madura.

A resiliência está presente quando a saúde e o desenvolvimento da criança apontam para resultados positivos, apesar da existência de uma carga pesada de fatores negativos. Um ótimo exemplo para

O mundo na infância

ilustrar o **desenvolvimento da resiliência** é visualizar uma balança: experiências de proteção e habilidades de enfrentamento de um lado contrabalançam as adversidades significativas do outro.

Do ponto de vista neurobiológico, a presença de um sistema nervoso resiliente significa que ele não permanece em um estado de estresse com duração prolongada. Se levarmos em conta as crianças que sofrem experiências traumáticas, como situações de violência e abandono dos pais, ou que têm desafios adicionais, como problemas de saúde e dificuldades de aprendizagem, o apego seguro e a resiliência são ainda mais importantes. É claro que os desafios permanecem – obviamente não podem ser retirados –, mas o amor e a presença de um adulto significativo servem como modelo de uma forma mais saudável para a criança se relacionar com outras pessoas, fazendo com que ela encontre uma alternativa mais adaptada para se defender e resolver o problema que enfrenta.

Por exemplo, seu filho vai sofrer se não for escolhido para o time do jogo de futebol do condomínio ou convidado para a festa de aniversário de um colega. Mas terá "proteção emocional" para lidar com a rejeição e atravessar o período de tristeza e frustração com um senso de *self* mais sólido, sem a sensação de que teve uma perda permanente na sua identidade. Ou seja, a criança resiliente pode passar pela mesma situação de estresse, mas se sairá melhor do que aquela sem a mesma capacidade por ter mais facilidade para lidar com o que está sentindo.

Os pais podem ensinar seus filhos a serem esforçados e a desenvolverem garra e resiliência, ao criarem situações em que eles alcancem aquilo que desejam por seu merecimento, e não por benevolência dos adultos. Além disso, devem ajudar a criança a abraçar os retrocessos, desafios e obstáculos, que inevitavelmente ocorrerão, encarando-os como oportunidades mais significativas de crescimento e aprendizado, buscando soluções em conjunto. Assim, em vez de retirar as oportunidades de crescimento do seu filho, ofereça-lhe liberdade e segurança suficientes para que ele consiga lidar com as emoções mais fortes, como o medo e a frustração. Sirva de modelo, mostre que você que confia que ele também pode lidar com a situação desafiadora e que você vai estar ao seu lado. Quando a criança atravessa adversidades repetidas vezes, com apoio consistente, ela aprende a reconhecer que é capaz de lidar com os problemas e que é resiliente também.

Um exemplo comum é o envolvimento dos pais no encorajamento e na facilitação do dever de casa, que é bem-vindo, mas não tanto a ponto de os pais fazerem tudo pela criança. Assim, mantenha o hábito de conversar sobre o que seu filho aprendeu, fazendo perguntas de forma interessada, sem responder por ele e muito menos tornando as coisas mais fáceis para a criança. Ela precisa ter a possibilidade de falhar e de se frustrar em um ambiente seguro, como o lar – e com a atenção dos pais. No momento em que supera os desafios por si mesma, tendo o apoio dos pais, a criança desenvolve a autoconfiança. Essa é a formação da base da resiliência, que, assim como um músculo, deve ser exercitada e fortalecida ao longo de toda a vida. Pais superprotetores, que desde cedo evitam que o bebê se exponha a qualquer tipo de risco, tendem a criar filhos mais inseguros, menos autoconfiantes e, assim, com menos capacidade de resiliência. Da mesma forma, sem a presença de um apego seguro, a criança tende a ser menos resiliente.

Além disso, examine como você justifica seus erros para si mesmo. Da mesma forma, os erros podem ter um peso muito grande para algumas crianças, e elas devem ter a clareza de que serão amadas e aceitas quando errarem. Mostre ao seu filho que errar ou falhar é algo que você *faz*, não algo que você *é*. Essa atitude ajuda as crianças a compreenderem que os erros são, na verdade, ferramentas valiosas, porque nos ajudam a melhorar. Assim, na próxima vez que seu filho cometer um equívoco, tente ajudá-lo a encontrar maneiras de aprender com a experiência, perguntando o que pode ser feito se isso voltar a acontecer. Como já foi mencionado, ter um apego seguro e saber que tem alguém com quem contar, como seus pais, é o fator mais importante para desenvolver a resiliência e seguir em frente.

Para a psicóloga Angela Lee Duckworth, autora do livro *Garra*, o esforço e a perseverança são fundamentais para alcançar qualquer objetivo na vida, tanto nas atividades esportivas, quanto acadêmicas e profissionais. A garra é tão importante quanto altura e QI. Por exemplo, de nada adianta ter altura suficiente se o jogador não treinar com disciplina para ser um bom competidor. Assim como ter um alto QI não é o bastante para encontrar soluções e resolver problemas de forma inovadora.

Cada **desafio** é uma oportunidade para ensinar a criança a se superar e não desistir, encarando as dificuldades diretamente sem pôr a culpa nos outros. Por outro lado, se os adultos fazem tudo pelas crianças, elas se tornam mimadas e, quando crescerem, não saberão como se defender, tornando-se **apáticas e sem garra**. O certo é que há diferentes tipos de falhas: aquela que ocorre por uma tentativa que não deu certo, a outra em que a tentativa nem aconteceu porque desistiu antes mesmo de tentar; porque se esqueceu de realizar determinada tarefa ou porque não treinou o bastante, por exemplo.

Infelizmente, tudo isso é muito mais frequente do que se imagina. Muitos jovens, hoje em dia, seguem se comportando como crianças, tendo dificuldade para lidar com os problemas e as frustrações do dia a dia. Eles costumam **resistir aos comentários negativos**, agindo como se tivessem direito a serem felizes o tempo todo e de obterem sempre o que desejam.

Todos nós conhecemos histórias de adultos que sofreram adversidades na primeira infância e foram resilientes, demonstrando garra, enquanto outros não. Esses últimos desenvolveram um quadro de apatia perante os desafios, com sensação de desamparo e falta de controle sobre os resultados de uma situação estressante que desejavam evitar. Ao longo da vida, essas pessoas apresentam sintomas depressivos e ansiosos, desistindo rapidamente dos desafios em lugar de procurar soluções. São aqueles que muitas vezes transferem os problemas para os outros, repetindo o mesmo padrão esquivo de quando eram crianças.

O cérebro na infância

É o que os especialistas chamam de desamparo aprendido. Em estudos com animais, descobriram que aqueles que recebiam choques que não podiam ser evitados aprenderam que nada do que fizessem tinha resultado e se tornaram passivos e deprimidos. Alguns até morriam mais cedo. No sentido contrário, animais que receberam exatamente os mesmos choques, mas que podiam controlá-los – ou seja, tinham a possibilidade de acionar um mecanismo que interromperia os choques –, apresentaram resultados opostos: demonstraram atividade, afeto e boa saúde.

A diferença entre os dois tipos de comportamento diante da adversidade é a **percepção que o cérebro tem de controle** e **responsabilidade** sobre a situação: quando a adversidade surge, até que ponto eu percebo que posso influenciar o que acontecerá a seguir? Estudos mostram que a sensação de controle está diretamente relacionada com o nível de estresse e, consequentemente, com a saúde. Existe aqui uma implicação direta para a criação dos nossos filhos. Devemos estar atentos à importância da sua percepção de controle sobre os resultados já que a falta de correlação entre as ações e os resultados gera passividade, depressão e, inclusive, prejuízos para a saúde física.

Como já foi mencionado, a resiliência é resultado da genética e do meio em que a criança se desenvolve. Nos casos de crianças que sofreram adversidades importantes na infância, como perda dos pais, separação ou mudança de cidade, por exemplo, a presença de pelo menos um adulto, que tenha servido como figura de **apego seguro** (um professor, tio ou avô), deve ter feito parte da sua história, demonstrando amor e segurança de forma constante e previsível, servindo de modelo e apoio para enfrentar as situações difíceis. O fato é que essas crianças podem não ter tido controle sobre a situação em si, mas modificaram a forma como encararam os desafios, dando um sentido diferente à sua história, aprendendo a lidar com as emoções, ressignificando seus traumas e acontecimentos que não podiam controlar naquela época.

248

O mundo na infância

Algumas histórias infantis podem servir como exemplos para ensinarmos esses conceitos às crianças. Em *O Rei Leão*, Simba aprende a viver com os valores e ensinamentos do pai, mostrando que o seu legado permanece vivo dentro dele. *O Patinho Feio*, *Bambi* e *Dumbo*, *A Noviça Rebelde* também são histórias clássicas que abordam temas como a perda dos pais, aceitação das diferenças e sobre como lidar com as emoções em situações difíceis – sempre apontando a importância de ter alguém confiável, que forneça segurança e apoio ao seu lado. *Como Treinar o seu Dragão*, *Toy Story*, *Procurando Nemo*, *A Bailarina*, entre tantos outros, são filmes que abordam esforço e resiliência e podem ser assistidos em família.

E como os pais podem desenvolver a capacidade de sensação de controle na criança em relação aos resultados das suas ações? Desde muito cedo, nas brincadeiras de esconde-esconde, como "cadê-achou", em que ela alterna com os pais quem aparece e quem se esconde, ou quando os pais fazem jogos de imitação dos sons que seu filho emite ao bater na mesa ou soltar gritinhos. Nessas situações do dia a dia, seu filho tem a percepção de controle sobre o meio.

À medida que a criança se desenvolve, você pode dizer frases como: "Tente mais vezes"; "Você consegue melhorar"; "Isso não está bom, mas você pode melhorar se fizer de outro jeito"; "Acredito que você consegue fazer de outra forma, vamos buscar uma solução diferente". Ou seja, isso é diferente de ensinar a criança a controlar tudo o tempo todo – o que não é possível e nem mesmo desejável –, mas quando ela sente que tem como influenciar, que pode mudar de alguma forma o resultado do que está lhe trazendo frustração ou sofrimento, tem maiores chances de desenvolver garra e resiliência.

O mesmo efeito acontece quando os pais não cedem às inevitáveis crises de birras; ensinam que o filho precisa esperar a vez para andar no balanço, por exemplo. Além disso, é essencial que os pais mantenham as combinações. Ao cumprir o prometido, você ajuda o cérebro da criança a ter a noção de previsibilidade, entendendo que para toda ação existe uma consequência. Quando você usar a famosa frase "esta é a última vez e pronto", cumpra o que acabou de dizer e deixe que seu filho arque com as consequências de seus atos.

Desde muito pequenos, nossos filhos observam como agimos, como fazemos para alcançar os nossos objetivos. Eles percebem a forma como lidamos com nossos erros e falhas. Por isso, é importante admitirmos que não sabemos tudo o tempo todo. Aproveite para contar exemplos de suas experiências, assim como de seus familiares, para transmitir lições de humildade, mantendo a consciência das suas próprias limitações e vulnerabilidades ou crie histórias imaginárias, relacionadas à situação que a criança esteja vivendo, buscando um final que tenha uma lição de resiliência e superação.

Na nossa casa, procuramos explicar para nossas filhas que o lugar onde moramos, a bicicleta em que pedalamos, os livros que lemos, tudo isso é fruto de trabalho duro e constante, que obtemos ao fazer o melhor possível todos os dias. Elas adoram ouvir as histórias que os avós contam sobre as situações difíceis que passaram na infância e como superaram as dificuldades, valorizando o suporte da família e o papel do estudo e da educação.

Um dos problemas da modernidade é o **imediatismo e a superficialidade** da sociedade em que vivemos, onde a maioria das coisas são descartáveis, e as pessoas se tornam insatisfeitas facilmente. O excesso de consumo esconde um sentimento de vazio que acaba sendo preenchido desta forma. Esse é um dos motivos pelos quais os jovens sofrem de tédio e vazio cada vez mais cedo: procuram *ter e parecer* em vez de *ser* acreditando que o sucesso e a gratificação devem vir rapidamente, sem esforço ou persistência, de forma fácil e sem sofrimento.

Dessa forma, quando os pais focam em resultados imediatos – e que invariavelmente não acontecem – para os próprios objetivos de vida, assim como os de seu filho, transmitem, de forma inconsciente, a seguinte mentalidade: "Eu me esforço, mas não consigo o que quero, nem recebo o elogio dos meus pais; assim, não vale a pena tentar." Por não desenvolver o "músculo da resiliência", a criança pode deixar de realizar seus sonhos no meio do caminho,

O mundo na infância

tornando-se cada vez mais fraca, incapaz de saborear as vitórias e conquistas, que levam à verdadeira felicidade – e logo volta a sentir o mesmo vazio. Essa é uma das causas do crescimento assustador dos sintomas depressivos e ansiosos, além do suicídio, principalmente, em crianças e jovens.

Esforço é a disposição de focar a atenção e, em seguida, manter esse foco. O esforço também envolve elementos das funções executivas, como controle de impulsos, planejamento e capacidade persistente de atrasar a gratificação. Em relação ao desempenho acadêmico da criança, estudos mostram que crianças elogiadas pelo esforço resolvem 50% a 60% mais problemas difíceis de matemática do que as crianças elogiadas pela inteligência.

Mais de 30 anos de estudos mostram que o desempenho acadêmico de crianças criadas em lares nos quais predomina a **mentalidade de crescimento** superam consistentemente o de seus colegas criados em ambientes caracterizados pela **mentalidade fixa**. As primeiras também se saem melhor na vida adulta. Tanto no laboratório da escola quanto na sala de aula, elas passam muito mais tempo realizando tarefas com maior grau de dificuldade do que os alunos com mentalidade fixa.

Também sabemos que as pessoas têm melhores escores em testes de QI quando estão altamente motivadas. Usando esse conhecimento a seu favor, inspire seu filho a aprender com entusiasmo genuíno. O processo de aprendizagem é muito mais eficaz quando se dá de maneira ativa, quando aplicamos o conhecimento adquirido. Você pode usar a sua criatividade e transformar o processo de aprendizagem em uma espécie de competição ou gincana, usando jogos para pôr o conhecimento em prática e fazer seu filho vibrar a cada novo conhecimento adquirido. Nada motiva mais uma criança do que perceber o olhar interessado dos pais sobre algo que ela está fazendo.

De qualquer forma, a criança deve saber que, muitas vezes, ela vai ter dificuldades, o que faz parte do processo. Nem sempre vai ganhar "estrelinhas" ou elogios pelo trabalho que fez, nem mesmo vai acertar tudo o que foi perguntado pela professora, por exemplo.

Por isso, os pais costumam perguntar: "Se elogiar demais, posso deixar a criança muito preguiçosa, como alguém que não sai do sofá. Por outro lado, se não elogiar, a criança pode ficar com a sensação de falta de amor, desconectada, distante e sem a capacidade de desenvolver seus talentos. O que fazer?"

A Neurociência indica que elogiar e valorizar o empenho genuinamente e demostrar que acreditamos no seu potencial é fundamental para a formação da autoestima da criança. Ela percebe o quanto é amada por todos e vê o mundo de forma positiva. É muito importante para todos nós termos um *feedback* a respeito do nosso desempenho – e para a criança também. Ela precisa de um parâmetro para saber se está fazendo a coisa certa e devemos **elogiar o progresso**, prevenindo o seu comodismo. O resultado final deve ser recompensado, mostrando-lhe a lógica de que o esforço vem antes do merecimento. Ao atingir um ótimo resultado, como conquistar uma nova habilidade, por exemplo, aí sim deve vir a recompensa que ela está buscando. Ou seja, o elogio deve vir na mesma medida tanto do esforço como das conquistas, sem a intenção única de fazer a criança se sentir bem.

Por isso, **elogie o esforço, mas sem exageros!** Sabemos que toda a criança precisa de reconhecimento, mas procure o equilíbrio, pois a autoestima do seu filho pode ficar "dependente" da presença de elogios e, consequentemente, da **aprovação externa**. Quando você elogia constantemente seu filho, independentemente do comportamento dele, dois possíveis problemas acontecem. O primeiro é ele se tornar uma criança passiva, confiante de que os elogios virão de qualquer jeito. O segundo é ter dificuldade em reconhecer seu sucesso, quando o elogio for sincero. Uma torrente de opiniões positivas incondicionais e bem-intencionadas pode deixá-lo incapaz de aprender com os erros e os acertos. Assim, o perigo de oferecer o elogio indiscriminadamente é que a criança pode ficar desapontada por não ter sido elogiada ou ter recebido poucos elogios, o que é, provavelmente, **a base da criança "mimada"**. Por exemplo, seu filho pode não ter vencido o torneio de futebol, mas jogou até o final, esforçou-se para fazer um gol e tentou vencer até o último minuto. Mesmo que a conquista não tenha acontecido, ele merece o elogio pelo empenho e pelo seu esforço em todo o processo. E deve ser estimulado a seguir com essa atitude. Por outro lado, se a mesma criança, ao perceber que o time adversário estava em vantagem tivesse evitado entrar em campo ou desistido de jogar no meio da partida, o elogio não seria merecido.

E o que acontece no cérebro da criança quando ela escuta um elogio? A dopamina é liberada, ativando o sistema de recompensa do seu cérebro, provocando uma intensa emoção positiva. Para ter a mesma sensação de prazer, que vem da liberação desse neurotransmissor, o cérebro faz com que tal comportamento seja repetido cada vez mais. Dessa forma, a criança pode acabar se acostumando com o elogio, e você corre o risco de fazer com que ela goste mais do seu reconhecimento do que da atividade em si. Ou seja, é importante que a criança tenha prazer – liberação de dopamina –, quando se envolve com entusiasmo genuíno no desempenho do que está fazendo, evitando que ela se afaste das tarefas nas quais seu desempenho não é naturalmente tão bom apenas porque sabe que não vai receber a mesma quantidade de elogios e, por consequência, a mesma liberação de dopamina.

Ao elogiar o comportamento ou a atitude da criança, como o quanto ela praticou uma nova música para se sair bem na apresentação de canto, você reforça sua identidade como uma pessoa esforçada, disposta a assumir desafios e a ver os erros como parte do processo. Se você elogiar sua filha por ser "inteligente e uma ótimo cantora" simplesmente, ela pode acabar acreditando que a realização em qualquer área é uma característica inata. Com esse estado de espírito, ela vai continuar a querer ser vista como "a inteligente", o que pode fazer com que evite correr riscos e assuma menos desafios, porque não quer errar e parecer "burra", nem mesmo decepcionar os pais. Em termos práticos, o que você deve fazer:

- **Evite dizer:** "Você é o melhor!" ou "Como você é incrível!", que só reforçará um **traço intelectual fixo e incontrolável** e a criança desiste mais facilmente.

O cérebro na infância

- **Em vez disso, diga:** "Nossa, como você se esforçou!"; "Como você é curioso e gosta de aprender!"; "Você deveria ir com calma e tentar descobrir como isso funciona"; "Que bacana, você adora um desafio!"; "Estou tão orgulhoso de você! Você se dedicou muito!". Isso aponta para o esforço, que é uma **característica controlável**, e a criança se torna **resiliente**.

O exemplo a seguir ilustra o que pode acontecer quando as crianças são **elogiadas por alguma característica fixa**.

Os pais de Bernardo diziam a ele constantemente: "Você é tão esperto! Você pode fazer qualquer coisa, Bê! Estamos muito orgulhosos de você." Eles elogiavam todas as vezes que o filho acertava as letras do alfabeto, tinha um bom desempenho em um teste de ortografia ou em qualquer tipo de atividade. Com a melhor das intenções, eles relacionavam a realização de Bernardo a alguma característica inata.

Quando chegou ao ensino médio, o menino se deparou com matérias que exigiam esforço e, sem saber como aprender, começou a cometer erros e a falhar. Porém, ele não viu esses erros como oportunidades. Ao contrário, passou a ficar desanimado e, em seguida, deprimido. Afinal, até então, ele se achava inteligente por compreender todas as coisas instantaneamente em virtude de seu "dom natural". No momento em que não conseguia mais aprender coisas novas com a mesma rapidez, qual a mensagem seu cérebro recebeu? Que ele não era mais capaz. De uma hora para outra, Bernardo parou de tentar e seu desempenho despencou.

Deve haver, incondicionalmente, uma atmosfera de afeto e entusiasmo, com sinais claros de segurança, além de amor, acompanhada de elogios sinceros. Quanto maior a oferta de emoções positivas, mais segura a atmosfera se tornará e mais feliz a criança vai se sentir. E quanto mais feliz e segura ela estiver, maior será sua tendência de explorar e adquirir novas habilidades e de receber elogios, formando-se um círculo virtuoso.

BULLYING

Um dos ritos de passagem mais difíceis da infância ocorre quando a criança é excluída de um grupo. Quem nunca passou pela situação de ter ficado de fora do time da escola ou de uma brincadeira quando era pequeno? Pense no seguinte exemplo: seu filho de 5 anos chega em casa bravo, chutando a porta, contando a seguinte história: "Ninguém me escolheu para jogar futebol, mamãe. O João disse que eu não sou bom e ninguém me chamou!"

O que você, como mãe ou pai, deve fazer? Negar ou minimizar o sentimento de rejeição do menino, tentando distrair sua atenção, ou jogar a culpa na outra criança, fazendo com que seu filho projete nesse colega toda a raiva que está sentindo? Sugerimos que você preste atenção nos sentimentos dele, dizendo: "Meu amor, você ficou muito triste por não ter sido escolhido, não é mesmo? Você parece tão bravo! Eu sinto muito por você estar se sentindo assim."

Com essa demonstração de empatia, é possível que a criança se sinta com maior controle de suas emoções, com menos irritabilidade e agressividade, o que possibilita que ela mesma encontre uma alternativa para a causa da sua frustração. Você também pode lhe dar um abraço e sugerir uma solução: "Meu filho, o que você acha de combinar com seu primo mais velho para treinar futebol mais vezes nesta semana na casa da vovó? Não parece uma boa ideia?"

Situações como a descrita podem dar a você a chance de explicar ao seu filho que existem pessoas que têm maior aptidão física para um determinado desempenho atlético do que outras, assim como existe o conceito de vitória e de derrota, de melhor e pior. Nem sempre vamos ser os premiados ou os escolhidos. Aproveite também para apontar as qualidades dele, mostrando que podemos compensar as habilidades que não temos de outras formas, investindo atenção e energia naquilo em que somos bons.

A diversidade está em valorizar as diferenças: cada pessoa tem diferentes aptidões e características. Assim, diga a seu filho que ele é

O cérebro na infância

único e especial. Por exemplo: se seu filho não é bom no futebol, ele pode se esforçar e treinar para se tornar cada vez melhor ou então aceitar que é muito melhor na prática de caratê e desistir do esporte coletivo. Descubra com ele quais atividades prefere e no que se destaca. Ou seja, tente ajudá-lo a usar essas experiências negativas como uma forma de motivação para realizar mudanças positivas.

Da mesma forma que ocorre com o nosso sistema imunológico, a criança precisa de uma exposição adequada às emoções negativas, como dor e sofrimento, para montar seu próprio "sistema de defesa contra o mundo". Desde a infância, estamos construindo nossa defesa contra o mundo por meio da exposição a experiências negativas, assim como nosso sistema imunológico cria anticorpos para se defender de um vírus, por exemplo. Ou seja, seu filho deve estar preparado para saber como lidar não somente com a frustração e o fracasso, mas também com a experiência da exclusão ou, pior, com a malevolência genuína, que está por toda a parte. Infelizmente, a criança não saberá como enfrentar e responder a esse mal real se não tiver a oportunidade de passar por tais experiências. Nassim Taleb, engenheiro e analista de riscos, autor do livro *Antifrágil*, descreve esse conceito como "antifragilidade", explicando que um sistema precisa ser testado e desafiado para desenvolver sua estrutura de defesa.

Quando os pais, com a melhor das intenções, mantêm seu filho em um "mundo artificial", onde ele não é excluído, provocado ou insultado, em qualquer idade que seja, essa criança perde a oportunidade de entender e de aprender a lidar de forma adaptada com a dinâmica social, que faz parte da vida. No momento em que uma criança expressa a possibilidade de excluir outra criança, além de fazer provocações e de estimular a competição, ambas acabam treinando importantes habilidades sociais, que se devolvem durante a infância por meio das interações entre os pares.

Como pais, não gostamos de ver nossos filhos sendo chamados por apelidos que podem soar agressivos e de mau gosto. Pode acontecer, por exemplo, de seu filho ser chamado de "magrela" ou "baleia", por exemplo. Lembro-me da história que um paciente me contou: quando era criança, queixou-se ao professor de que os colegas o chamavam de "gordo", e que por esse motivo queria abandonar as aulas de caratê. Em vez de apenas pedir para que os colegas parassem, o que foi feito, seu professor falou: "Eduardo, como você se sente em relação a isso? Você se considera acima do peso?" Ele respondeu que sim. E o professor continuou: "E você gostaria de continuar assim?" Como a resposta foi não, o mestre emendou: "Então, eu posso ajudar você."

Junto com os pais, foi elaborado um plano de trabalho para quebrar o ciclo vicioso em que Eduardo se encontrava. O menino alimentava-se mal, não gostava de fazer esportes, sentia-se desajeitado e em desvantagem por estar acima do peso. Além disso, dormia tarde, tinha dificuldade de se relacionar com as outras crianças por conta da sua timidez e passava muito tempo na frente das telas. Nos jogos on-line, sentia-se protegido, forte e com coragem de encarar o que não enfrentava na vida real. Com a ajuda do professor, ele começou a fazer exercícios físicos todos os dias e, sob a orientação de uma nutricionista, passou a se alimentar de forma saudável.

Levando em conta o conceito da neuroplasticidade, sabemos que o cérebro se modifica através do aprendizado e da repetição das mesmas conexões cerebrais responsáveis pela execução de determinada atividade. Com o tempo, o resultado do esforço de Eduardo apareceu, e ele passou a gostar de praticar esportes cada vez mais. No momento em que o menino mudou seu comportamento, ele adquiriu o domínio de uma nova atividade, passou a se sentir mais forte e confiante, tendo também a possibilidade de se defender. Com isso, aumentou sua autoestima e autoconfiança, e teve mais facilidade para se relacionar com as outras crianças, ampliando seu círculo social e favorecendo o desenvolvimento das suas habilidades socioemocionais. Como consequência de todas essas mudanças de hábitos, a criança acabou perdendo peso, dormindo melhor e passando muito menos tempo em frente às telas, criando um ciclo virtuoso.

O cérebro na infância

Esse exemplo mostra como uma situação de dificuldade pode ser uma oportunidade para ensinar conceitos importantes, como vida saudável e equilibrada, ação e consequência e autorresponsabilidade. No lugar de simplesmente negar a realidade e pedir que os outros alunos parassem com as provocações, o professor ajudou Eduardo a nomear o que estava sentindo e questionou se gostaria de mudar de verdade, lidando com o problema de forma mais madura do que a violência e a revanche. Em um primeiro momento, o menino se sentiu triste, mas depois foi capaz de usar esse sentimento para reparar uma situação que lhe trazia desconforto havia muito tempo.

Por outro lado, o que você acha que aconteceria se Eduardo não fosse confrontado com seu sofrimento? Ele poderia chegar à juventude com um sentimento de vazio, sem saber lidar com as experiências negativas, correndo o risco de fazer de tudo para ser aceito, mudando de fora para dentro para pertencer a grupos, por exemplo. Em um mundo onde tantas pessoas têm tendência a reclamar e a se vitimizar, essa história nos traz uma lição de coragem. Na época, o menino preferiu enfrentar seus medos e encontrar uma solução, evitando pôr a culpa nos outros ou procurar o caminho mais fácil.

Nesse caso, Eduardo contou com suporte de uma equipe multidisciplinar, o que favoreceu a sua mudança, levando em conta sua saúde física e emocional, lembrando que a busca do equilíbrio é o desejado, tomando cuidado para o desenvolvimento de transtornos alimentares, como anorexia, por exemplo. Além disso, era possível modificar aquilo que a criança desejava. Porém, algumas vezes, ela pode sofrer provocações por uma característica física, como altura. Então, o que fazer? Como tudo na vida, existem coisas possíveis e impossíveis de mudar. O papel dos pais é potencializar as qualidades das crianças, sendo importante ensiná-las a valorizar suas características positivas, ao mesmo tempo que procura ajudá-las a mitigar aquelas que podem ser vistas como negativas. Por exemplo, se a criança não tem altura suficiente para participar de um esporte específico, como o basquete, procure colocá-la em uma atividade na qual seu tipo físico é mais valorizado, como a equitação ou a ginástica olímpica, favorecendo sua autoestima.

Alguns filmes ilustram situações parecidas, em que o personagem, muitas vezes um animal indefeso, consegue superar suas deficiências, que acabam virando qualidades quando usadas da maneira certa. Quem não conhece a história do *Patinho Feio*, do elefante *Dumbo*, entre tantas outras? Um filme mais recente da Disney conta a história de *Lucca*, um "monstro marinho" temido e odiado pelos humanos da cidade. Ele e seus amigos, por se sentirem diferentes, formam um vínculo forte de amizade, tendo coragem e confiança suficientes para superar os desafios apesar das dificuldades. O filme é uma ótima oportunidade para conversar com os filhos sobre exclusão, *bullying*, a importância de aceitar e valorizar as diferenças, além do fundamental apoio dos pais.

As **crianças são essencialmente egocêntricas, por não terem ainda formada a capacidade de levar os outros em consideração** – e isso é perfeitamente normal. Algumas crianças são mais egoístas do que as outras, por apresentarem mais dificuldades para considerar a perspectiva dos outros. Elas podem não gostar de dividir seus brinquedos, procuram sempre garantir o último pedaço de chocolate, exigem sentar-se nos melhores lugares disponíveis e se envolvem em disputa diversas. Antes de ficarem preocupados com a capacidade do seu filho de desenvolver empatia no futuro, é importante que os pais saibam que a principal área do cérebro responsável por considerar o ponto de vista dos outros – o córtex pré-frontal – ainda não está plenamente desenvolvida nas crianças pequenas. O importante é considerar que, como vimos anteriormente neste livro, essa capacidade pode ser desenvolvida e aprendida.

A capacidade de aceitar dividir não se desenvolve até a idade de 3 e meio a 4 anos. Em vez de dar uma sentença sobre o caráter de seu filho a longo prazo, tente ver a situação do ponto de vista dele, procurando investigar o que pode estar acontecendo nesse determinado período de tempo. Tenha em mente que as crianças estão

O cérebro na infância

sempre mudando; observamos saltos em seu desenvolvimento em poucas semanas, assim como alguns retrocessos também. E tudo isso faz parte da jornada da vida. Então, evite cair na tentação de rotular uma criança de 3 anos como egoísta diante do fato de ela não querer dividir seus brinquedos, já que esse comportamento faz parte do desenvolvimento normal. Ou, então, pode indicar que a criança esteja passando por alguma mudança devido a uma fase específica, como a chegada de um irmão ou a troca de escola, por exemplo.

Nascemos preocupados com nós mesmos. Os bebês são doces e inocentes, mas, ao mesmo tempo, totalmente egocêntricos. Isso é natural, e assim devem ser por uma questão de sobrevivência: *quero a mamãe, quero leite, quero alguém que me acalme, quero que troque a minha fralda.* Se o bebê não é consolado, se você não fizer o que ele quer, ele chora. Com o crescimento e o amadurecimento cerebral das regiões responsáveis pelas funções executivas, a criança vai deixando o egocentrismo de lado, passa a perceber que o mundo não gira ao seu redor e começa a levar em conta a perspectiva dos outros. Durante esse período, os pais devem prestar ainda mais atenção no comportamento do filho, fazendo o possível para que a criança se desenvolva em direção à empatia, como já vimos, antes que o egoísmo esteja instalado na sua personalidade.

Por volta dos 4 a 5 anos de idade, as áreas do cérebro ligadas ao comportamento inibitório, como o **controle de impulsos**, já estão mais desenvolvidas. Nessa fase, a criança deve ser capaz de entender que, caso venha a machucar alguém, essa outra pessoa vai sentir dor – e que ela sofrerá as consequências do seu ato. Ou seja, ela já sabe o que é certo e errado, contando com a capacidade de inibir seu comportamento para não fazer algo de mal a alguém, por exemplo.

Uma recente metanálise (artigo que faz uma revisão sistemática da literatura) relacionou a autorregulação com a probabilidade das crianças serem vítimas de seus colegas no futuro. A pesquisa mostrou que crianças com a capacidade de autorregulação mais desenvolvida em idade pré-escolar (aos 4 anos em média) estão menos propensas a sofrerem vitimização por seus colegas – como serem alvos de agressividade ou exclusão social – nos primeiros anos escolares (aos 6 anos em média).

Segundo os mesmos autores, a autorregulação e o controle de impulsos têm o potencial de promover as interações sociais ao reduzir os comportamentos agressivos que, por sua vez, podem resultar na rejeição de colegas. Esse achado corrobora pesquisas anteriores que constataram que crianças com poucas habilidades sociais têm risco aumentado de vitimização por seus colegas. Além disso, outros estudos de revisão apontam associação entre maior capacidade de autorregulação e menor probabilidade de problemas de comportamento, como agressividade, impulsividade e dificuldade de cooperação, que estão fortemente relacionados ao autocontrole e à regulação emocional.

O certo é que existe um limite entre a competição e a formação de grupos – que fazem parte da infância e desenvolvem a **resiliência** da criança –, de um lado, e a prática do **bullying**, de outro. A palavra, originada no idioma inglês e que foi incorporada ao nosso vocabulário cotidiano, é utilizada para descrever comportamentos violentos no âmbito escolar que acontecem de forma recorrente e intencional, como agressões, assédios e ações desrespeitosas.

Embora poucos estudos tenham relatado a prevalência de sinais de alerta de *bullying* em pré-escolares, os resultados de uma pesquisa realizada na Espanha, publicada em 2019, mostrou a prevalência 4,2% de vítimas de *bullying*. Esse número esteve de acordo com o relatado por estudos anteriores realizados em países como Holanda, Finlândia e Dinamarca entre pré-escolares de 4 a 5 anos de idade, que também sofreram vitimização persistente.

No Brasil, dados de um estudo realizado pela Pesquisa Nacional de Saúde do Escolar (PeNSE) em 2019, antes da pandemia da covid-19, e divulgados em 2021 pelo IBGE, mostraram que 23% dos estudantes afirmaram ter sido vítimas de *bullying* na escola. Nas redes sociais, o número é menor, mas ainda preocupante: 13,2%. A pesquisa ouviu quase 188 mil estudantes, com idade entre 13 e 17 anos, em 4.361 escolas de 1.288 municípios de todo o país.

O cérebro na infância

Outra pesquisa, realizada na cidade de São Paulo em 2017, trouxe dados semelhantes: 29% dos adolescentes relataram ter sido vítimas de *bullying* no período da pesquisa e 23% afirmaram ter sido vítimas de outros tipos violência, que não são definidas como *bullying*. Além disso, 15% disseram ter cometido *bullying* e 19% ter cometido violência. Foram entrevistados 2.702 adolescentes do 9º ano, na faixa etária entre 14 e 15 anos, em 119 escolas públicas e privadas.

No momento em que as crianças estão cada vez mais envolvidas no mundo virtual, não é surpreendente que a empatia esteja em declínio. Como já vimos nos capítulos anteriores, a empatia se desenvolve na vida real, quando as crianças interagem, brincam e resolvem conflitos. A diminuição dos índices de empatia deixa clara sua relação com o aumento das taxas de *bullying* nas escolas, o que ocorre cada vez mais precocemente entre as crianças – inclusive a partir da idade pré-escolar. Devido à explosão do uso das diversas redes sociais, ocorreu um aumento do narcisismo e diminuição da empatia ao potencializar características que já existiam no ser humano, mas que se tornaram mais evidentes e presentes, como ostentação, inveja, competição e exibicionismo.

A empatia vem diminuindo neste século XXI. Uma metanálise de 72 estudos diferentes com alunos adolescentes dos Estados Unidos, incluindo quase 14 mil participantes, mostrou que os estudantes de 2009 eram **40% menos empáticos do que os alunos** entrevistados em 1979. Conclusões semelhantes foram mostradas por uma pesquisa do National Institutes of Health: a incidência de transtorno de personalidade narcisista foi quase três vezes mais alta em 2009 em comparação com 1982. As taxas de comportamento narcisista entre os estudantes – incluindo **egoísmo**, sentimento de importância exagerada a respeito de si mesmo, uma enorme necessidade de admiração – tiveram um **aumento de 58%** neste mesmo tempo.

O que vemos, infelizmente, nos dias de hoje, é que qualquer aluno que fuja do padrão estético ou comportamental imposto por um determinado grupo pode ser alvo da violência escolar e da

O mundo na infância

prática de *bullying*. Em geral, essas agressões não apresentam motivações específicas, muito menos justificáveis, e acontecem apenas para divertir alguns ou para servir como demonstração de poder. As vítimas são maltratadas, intimidadas e humilhadas, o que invariavelmente produz **isolamento e sofrimento**. Como já sabemos, a exclusão de um grupo pode levar ao sofrimento por diversos motivos, incluindo neurobiológicos, entre os quais a diminuição da liberação da ocitocina – que é o hormônio do amor e do bem-estar.

Quando sofrem uma humilhação, é comum que as crianças escutem os adultos dizerem, com a melhor das intenções, "criança não chora", repreendendo seu sentimento e fazendo com que ela não o expresse. Se a criança não tem suas emoções acolhidas, traduzidas em palavras e ressignificadas com a ajuda de um adulto, ela pode desenvolver sintomas de ansiedade, pois seu cérebro cria mecanismos compensatórios para se defender dessas humilhações. Na idade adulta, também poderá apresentar dificuldades de se relacionar, de confiar nas pessoas e de falar em público, por exemplo.

No momento em que a criança sofre *bullying* e está sob estresse, ocorre liberação de adrenalina e cortisol, responsáveis por acionar no cérebro a resposta ao medo e os mecanismos fisiológicos do estresse. Com isso, seu cérebro passa a ser comandado pela sua área mais primitiva, como a amígdala, focando somente na sua sobrevivência pelos mecanismos "lutar, fugir, paralisar". Assim, a vítima de *bullying* pode reagir de forma irritada e agressiva, usando o mecanismo de "luta ou fuga". Ou então pode ter comportamento evitativo, se escondendo e se esquivando das pessoas, usando inconscientemente o mecanismo de ficar paralisado, da mesma forma que ocorre com os animais que "parecem desfalecer" para enganar um predador.

Por esse motivo, a vítima de *bullying* geralmente se mostra insegura, triste e, com o tempo, pode manifestar quadros mais graves como ansiedade, depressão ou crises de pânico. Além disso, quando seu cérebro está sob estresse, o córtex pré-frontal não consegue trabalhar de forma adequada, o que faz com que a criança tenha **sérias**

O cérebro na infância

dificuldades de aprendizado em razão dos prejuízos das suas **funções executivas**.

A criança **que sofre agressões e não se defende** também precisa sair da passividade e aprender a se proteger. A verdade é que a maioria das crianças acaba cruzando com outras que costumam ser mais agressivas. Quando você ensina a seu filho maneiras eficazes de responder ao *bullying,* pode reduzir as chances de que ele seja vítima, bem como ajudá-lo a lidar com as adversidades futuras da vida através da resiliência. É claro que nenhuma criança deveria ter que lidar com exclusão, provocações e maldades constantes. Cabe aos adultos assumir uma posição ativa contra o *bullying*, enfatizando que a crueldade é inaceitável.

A Stella e a Gabi adoram frequentar um espaço em Porto Alegre onde as crianças desenvolvem suas capacidades físicas e motoras, estimuladas pelo espírito de aventura e diversão do local. Lá, elas aprendem não somente técnicas de autodefesa, mas também valores como superação, coragem, liderança, companheirismo e disciplina, entre tantos outros. Muitos pais temem colocar seus filhos em modalidades esportivas relacionadas à defesa pessoal, como as artes marciais, por acreditarem que elas incentivam a violência, o comportamento desafiador e o *bullying,* mas na verdade essas atividades ensinam as crianças a respeitarem a autoridade, favorecendo a disciplina e o autocontrole. Por ajudar os pequenos a canalizar a agressividade de uma forma mais madura e adaptada, promovem o equilíbrio entre a competição e a cooperação, além de transmitirem o senso de justiça e a compaixão ao próximo.

Além disso, esse tipo de esporte possibilita às crianças, principalmente aquelas **mais tímidas**, se tornarem desinibidas, desenvolvendo a autoconfiança e autoestima. Cerca de um quarto das crianças tímidas se tornam alvo preferencial de *bullying*. Uma vez que as crianças socialmente mais retraídas costumam treinar menos as habilidades socioemocionais, cria-se um ciclo vicioso.

Atendi uma menina que tinha um comportamento retraído, era tímida e procurava passar despercebida por onde andava. Por ser a mais nova da turma e a menor em altura também, Bia parecia se sentir ainda mais frágil em relação aos colegas, inclusive às meninas. Assim, deixava que todos passassem na sua frente, não formulava perguntas e nem apresentava trabalhos para os colegas na sala de aula. Ela frequentava aulas de balé, mas seu pai teve uma ideia: "Quem sabe devemos sugerir que a Bia faça algum tipo de arte marcial, além da dança?" A menina topou, e logo que iniciaram as atividades, ela passou a se sentir mais confiante: sua atitude corporal mudou, assim como a mental. Ela aprendeu a se impor, a levantar a voz quando necessário e a apontar o dedo quando não concordava com algo. Também, passou a se arriscar em outras atividades esportivas e a confiar no próprio potencial em outras áreas da vida, incluindo a escola e as amizades.

Assim que a atividade de autodefesa cumpriu a sua função, Bia trocou de esporte para um que tinha mais a ver com seus interesses. Acompanho essa família até os dias de hoje e posso dizer que Bia é uma menina delicada, com muitos amigos e que tem a intenção de estudar moda assim que terminar a escola. Talvez, se tivesse permanecido somente nas aulas de balé, como a maioria das meninas da sua sala de aula naquela época, teria perdido a ótima oportunidade de promover sua autoestima e autoconfiança em uma fase tão importante do desenvolvimento da personalidade.

Para combater a prática do *bullying* devemos nos preocupar com as crianças que fazem parte dos dois grupos: tanto as que cometem os atos agressivos quanto aquelas que são vítimas deles. Sabemos que a postura de "valentão" está sinalizando a presença de algum problema emocional que precisa ser investigado. A criança que passa dos limites e intimida seus colegas pode estar sofrendo de um transtorno do comportamento, como o **Transtorno de Oposição Desafiante (TOD)** – caso em que ela também não sabe lidar com os próprios sentimentos e acaba projetando sua agressividade nas outras crianças.

É importante ensinarmos aos nossos filhos que a verdadeira autoestima não se expressa pela autoglorificação à custa dos outros ou pela intenção de se tornar superior aos demais ou de diminuí-los para elevar a si próprio. A arrogância e a ação de superestimar nossas capacidades são atitudes que refletem uma autoestima inadequada, e não, como imaginam alguns, excesso de estima em relação a si mesmo. O certo é que quanto mais segura a criança for, menos ela vai achar necessário excluir, agredir ou bater em outras crianças para provar quem é.

Pode acontecer de uma criança praticar algum ato maldoso sem querer – como machucar um animal de estimação, por exemplo –, mas ela, ao perceber o que fez, expressará arrependimento. Nos desvios graves do comportamento, como o transtorno de conduta, a causa inclui um componente orgânico, com **alteração do funcionamento normal do cérebro**. Nesses casos, desde a infância, o indivíduo **não desenvolve o controle de impulsos adequadamente** e acaba apresentando comportamentos inadequados. Esse transtorno surge entre o início da infância e a puberdade e pode persistir até a idade adulta. Neste caso, é chamado de transtorno de personalidade antissocial, que é diagnosticado somente após os 18 anos, já que a personalidade ainda está em formação na adolescência.

A prevenção em saúde mental ocorre quando se trabalha na base. Os pais não devem ter qualquer tipo de constrangimento para disciplinar seu filho com autoridade e afeto ao perceberem que ele está cometendo atos de maldade, causando sofrimento, rindo da dor de outras crianças ou de animais. O pai e a mãe precisam agir juntos na disciplina e na educação com o objetivo de **moldar o comportamento da criança antes que sua personalidade esteja formada**. Provavelmente, muitos dos jovens com transtornos de conduta, infelizmente, não tiveram a possibilidade de diagnóstico e intervenção precoce, sem falar na orientação por parte da família.

É preciso promover o desenvolvimento de um cérebro que esteja preparado para cuidar dos outros e saber o que é certo e errado, fortalecendo as funções relacionadas ao córtex pré-frontal. Dessa forma, os pais devem ensinar ao filho que seus atos têm consequências e que ele será punido toda vez que agir com maldade. A criança precisa aprender que é fundamental viver de acordo com as normas da sociedade para alcançar qualquer tipo de objetivo na vida. Aqui, enfatizamos que os pais não devem achar "bonitinho" tudo que o filho faz, dar tudo o que deseja e, muito menos, atender a todas as vontades dele.

O mundo na infância

O QUE PODE SER FEITO PARA PREVENIR O *BULLYING*?

- **Estimule a empatia para criar filhos emocionalmente saudáveis:** ensinar a respeitar para ser respeitado é a melhor forma de prevenir a prática do *bullying*. Use situações do dia a dia para reforçar a capacidade da empatia, como nas **comemorações das vitórias nos jogos esportivos e gincanas**. Aproveite para ensinar à criança a regra de ouro da ética, estimulando que ela trate o adversário como gostaria de ser tratada. Ou seja, que trate com respeito o time ou o colega que perdeu, cumprimentando-o pela partida, evitando ostentar a vitória com uma comemoração inadequada, com xingamentos e provocações.

- **Explique como o mau comportamento tem consequências para os outros:** quando uma criança se comportar mal, ajude-a a entender como as ações dela podem ferir outras pessoas, perguntando "como você acha que sua colega se sentiu ao ser excluída da brincadeira?" Ao considerar o impacto negativo que podem ter sobre os outros, as crianças começam a sentir empatia e culpa, o que fortalece sua motivação para corrigir os próprios erros e para evitar repetir essa ação no futuro.

- **Estimule seu filho a contar tudo o que lhe ocorre de bom, assim como de ruim:** deixe claro para a criança o quanto ela é especial, o quanto tem valor e é amada pela família, não importa o que aconteça, estabelecendo um vínculo de confiança. Como já recomendamos neste livro, mantenha aberto um canal de comunicação, evitando julgamentos ou punições precipitadamente.

  Quando seu filho contar que agiu de uma forma errada – ou diferente do que você esperava – com os amigos, nas atividades escolares, em casa, na internet ou onde quer que seja, converse com ele, oriente-o e mostre como ele poderia ter feito de outra forma, ajudando-o a **corrigir a rota**. Isso é muito importante para que a criança tenha confiança em você e continue contando o que acontece até chegar à adolescência, interessando-se genuinamente em dividir com os pais seus problemas e dúvidas.

- **Ensine seu filho a se defender:** alguns pais precisam ensinar o filho a se defender, enfatizando a importância de que ele imponha seus desejos em vez de privilegiar a vontade dos demais. Como, por exemplo, a minha filha Gabi, a quem ensinamos através do nosso modelo a expressar a vontade dela quando algum amigo ou a própria irmã pegava seu brinquedo sem a permissão: "Eu não gostei que você pegou meu carrinho. Quero de volta." Vale lembrar que essa postura ativa não representa falta de empatia, uma vez que empatia não é agradar os outros à custa de si mesmo, por insegurança ou medo de não ser aceito.

  Além disso, caso seu filho seja **vítima de *bullying*,** ensaie com ele uma estratégia de defesa, fazendo com que tenha mais segurança para enfrentar seu agressor. Explique que embora ele tenha o direito de ficar com raiva, não é bom que perca o controle. Mostre que a raiva acaba alimentando o "valentão", que pode se sentir fortalecido pela reação. Por exemplo, você pode ensinar para ele apontar o dedo na direção do agressor e repetir várias vezes, em tom sério e com a voz alta: "Eu não gostei do que você disse. Isso não está certo."

- **E o mais importante:** ensine seu filho a sempre chamar um adulto quando houver o risco de ele ou de algum amigo sofrer agressão. É muito importante que a criança confie nos pais e responsáveis, sem guardar segredo sobre qualquer agressão física ou verbal.

TELAS E APARELHOS ELETRÔNICOS

As telas estão por toda parte. Para onde quer que a gente olhe, há uma tela com imagens brilhantes e sons interessantes: smartphones e computadores, *tablets* e TVs. Os pais costumam perguntar se toda essa tecnologia é boa ou não para os bebês e as crianças pequenas, se ajuda na educação e na aprendizagem ou se serve apenas para distração e diversão. A verdade é que o potencial para as oportunidades de aprendizagem por meio da tecnologia se realiza quando os adultos – pais, cuidadores e professores – se concentram na criança, em primeiro lugar, e nas experiências on-line que se alinham com seus interesses atuais e suas habilidades nos momentos fora das telas.

O mundo na infância

A revolução digital nos dá uma visão única de como a experiência molda o cérebro e, por sua vez, como essas mudanças cerebrais podem mudar nossa experiência. Quais são as implicações, para o bem ou para o mal, das mudanças dramáticas na maneira como nossos filhos gastam o tempo? Como a tecnologia pode ser aproveitada para otimizar os aspectos positivos e minimizar os negativos? Será que o próprio ritmo dessa mudança sem precedentes na história da humanidade pode sobrecarregar os mecanismos adaptativos?

A Organização Mundial da Saúde (OMS) e a Academia Americana de Pediatria (*The American Academy of Pediatrics*) recomendam que o tempo de tela não deve exceder 60 minutos para crianças em idade pré-escolar (de 2 a 5 anos) e 1h30 para aquelas em idade escolar (de 6 a 10). De acordo com as diretrizes dessas instituições, crianças abaixo de 2 anos não deveriam ser expostas às telas. Ou, pelo menos, deveriam fazê-lo por tempo limitado: a partir dos 18 meses, seria restrito a 15 minutos o tempo de exposição a vídeos, preferencialmente com pessoas ou fantoches, evitando-se animações com trocas sucessivas de imagens. A Sociedade Brasileira de Pediatria (SBP) também não indica o uso de telas até os 2 anos de idade, sendo que dos 2 aos 5 anos a exposição diária deve ser de 1h no máximo.

Apesar das orientações emitidas por diferentes organizações, sabemos que, na prática, a quantidade de tempo que as crianças passam diante das telas é bem maior. Além disso, muitos pais não têm acesso à informação de que o uso excessivo de equipamentos eletrônicos é nocivo – alguns ficam surpresos quando são advertidos sobre os possíveis malefícios dessa prática.

O excesso de tempo gasto diante de telas pode ser responsável por muitas **alterações do comportamento** que as famílias costumam trazer como queixas: "meu filho não para quieto", "ele não interage", "minha filha não faz contato visual", "ela tem atraso de fala", "essa criança está tão distraída, não consegue se concentrar nem aprender", "meu filho tem crises de birra, anda muito irritado e nervoso". Sim, tudo isso pode ser causado pelo uso excessivo de aparelhos eletrônicos. Faça um teste retirando as telas por 30 dias para ver o que acontece. Muitas vezes, a melhora do comportamento da criança é surpreendente.

Pesquisas recentes mostram os prejuízos que as telas podem causar ao cérebro do bebê e da criança. A longo prazo, o aumento do tempo de exposição a vídeos, programas de TV ou videogame pode afetar o desenvolvimento da criatividade, da linguagem e das funções executivas, que envolvem planejamento, organização, atenção e memória, como vimos nos capítulos anteriores. Com isso, as crianças podem apresentar diminuição da capacidade de reflexão, dificuldades para reter informações e diminuição do tempo de reação, o que leva a uma menor capacidade de autocontrole. Também, pode ocorrer prejuízo nas horas de sono, obesidade (pelo menor tempo gasto em atividades físicas) e até mesmo desenvolvimento de transtornos de ansiedade e déficit de atenção e hiperatividade.

O desenvolvimento das **habilidades de linguagem e alfabetização** depende da substância branca do cérebro. Estudos demonstram que essa estrutura cerebral pode ser comprometida pelo uso dos aparelhos eletrônicos. A **aquisição dessas habilidades** é mais prejudicada pelo uso de e-books com efeitos de som, que oferecem muitas distrações, em comparação aos materiais de aprendizagem tradicionais, como papéis e livros impressos. Isso ocorre porque quando leem livros impressos, assim como e-books básicos, os pais e as crianças conseguem manter maior foco no conteúdo da história, o que é importante para a aquisição da linguagem. A interação na tela, os sons e os efeitos visuais promovem mais diversão do que aprendizado e retenção da informação em si.

Como já conversamos anteriormente, as crianças absorvem e aprendem a respeito do mundo a partir dos seus sentidos. O mesmo acontece com a leitura, que tem a ver não somente com o cérebro das crianças, envolvendo seu corpo como um todo. De acordo com a professora Maryanne Wolf, autora do livro *O cérebro no mundo digital: os desafios da leitura na nossa era*, diferente do que acontece com um *tablet*, as crianças veem, cheiram, ouvem, sentem e podem, inclusive,

O mundo na infância

morder os livros. Tudo isso faz com que elas fixem o melhor das conexões multissensoriais e linguísticas, favorecendo o aprendizado.

Também já vimos anteriormente, no capítulo sobre a previsibilidade, a importância da repetição e da constância para o cérebro da criança. Segundo Wolf, as crianças precisam ter esse tipo de experiência física, sensorial e repetitiva que os livros proporcionam antes de descobrirem a "instabilidade" das telas. Uma das grandes vantagens dos livros, especialmente para o aprendizado das crianças pequenas, é a possibilidade de voltar suas páginas, repetindo quantas vezes quiserem as mesmas imagens da história, absorvendo com maior facilidade os seus detalhes. Quando conseguem repassar as informações na memória de trabalho, aumenta a capacidade de consolidarem aquilo que aprenderam na memória de longo prazo.

Nessa mesma linha, Wolf descreve a importância da leitura para as futuras crianças do mundo, mostrando a necessidade de preservar os diferentes papéis que ela desempenha na formação intelectual, socioemocional e ética delas. Como se mostrou fundamental durante a pandemia da covid-19, quando a maioria das escolas exigiram que as crianças tivessem acesso a um computador ou *tablet* para realizar as aulas on-line, a autora ressalta a importância de preparar nossas crianças, onde quer que elas vivam, para que leiam em profundidade e bem, em qualquer mídia.

Rejeitando uma solução binária, a neurocientista traz uma nova proposta para o desenvolvimento na infância: a criação de um cérebro duplamente letrado, defendendo um letramento global. E o que seria isso? A formação de um cérebro duplamente letrado, capaz de alternar entre códigos, que assimilou as melhores características das duas formas de leitura: a partir de impressos e digital. Há muitas crianças que convivem, dentro ou fora de casa, com livros e *tablets* e se desenvolvem plenamente com ambas as mídias, encontrando o tão desejado equilíbrio. Para Wolf: "Na verdade, o que precisa estar no centro do equilíbrio que procuram hoje os pais dos pré-escolares e a maioria dos criadores e pesquisadores digitais é a **formação ativa e curiosa da mente da criança.**"

O cérebro na infância

Muitos pais acreditam estar fazendo a coisa certa para melhorar as habilidades cognitivas de seu bebê ao expô-lo a aplicativos e alguns ditos programas educativos. Porém, resultados de estudos que testaram produtos infantis, como o DVD "Baby Einstein", não encontraram efeito positivo no vocabulário dos bebês que assistiram aos vídeos dos 17 aos 24 meses, e as crianças que passaram uma hora por dia assistindo a determinados vídeos para bebês compreenderam em média seis a oito palavras a menos do que as que não os viram.

Já sabemos que nada substitui o afeto humano, o olhar, a expressão facial e o contato com a família, que são de fundamental importância para a criança pequena e não podem ser trocados por telas ou equipamentos eletrônicos. Pesquisadores que estudam como as crianças aprendem observam que é mais fácil para as crianças pequenas aprenderem com as interações da vida real com pessoas e objetos, em comparação com as informações fornecidas através de uma tela. Além disso, a aprendizagem com base nas telas reduz o contato visual e a conversa face a face, que são atividades essenciais para aprender a ler, escrever e falar bem.

Ainda nessa linha, Wolf defende que antes dos 2 anos a interação humana e a interação física com os livros e outros materiais impressos são o melhor acesso ao mundo da língua falada e escrita e do conhecimento internalizado, que são os blocos que vão montar o circuito de leitura mais tarde. Por isso, crianças menores de 2 anos aprendem melhor pessoalmente do que a partir de vídeos. Caso, porém, haja interação com pessoas reais por meio da tela o aprendizado também pode ocorrer, situação comum durante o isolamento exigido pela pandemia da covid-19.

Tendo esse conhecimento em mente, se o seu filho não está aprendendo ou falando dentro da faixa etária esperada, preste atenção na exposição dele às telas. Atrasos no desenvolvimento da linguagem e das habilidades cognitivas e sociais são frequentes em bebês e crianças que ficam passivamente expostas às telas por períodos prolongados. Por vezes, quando investigamos uma queixa desse

O mundo na infância

tipo no consultório, descobrimos que por trás desse problema estão crianças que passam muito tempo assistindo à TV ou com seu *tablet* na mão, sem interação nenhuma com seus pares. Por isso, se seu filho estiver com atraso na fala, faça um *detox* de telas; deixe-o livre de todas elas por um tempo.

Nos casos em que os hábitos inadequados, como passar muito tempo na frente das telas, já foram estabelecidos, pode ser mais complicado para a criança desfazer-se deles. Depende muito do esforço dos pais para que tenha sucesso nesse desafio. Quando os pais costumam passar muito tempo usando celular ou computador, assistindo à TV ou jogando videogame, pode ser ainda mais difícil impor regras e limites no uso de telas dos filhos. Como vimos anteriormente, muitos dos comportamentos das crianças têm causa em algum comportamento dos próprios pais, que inconscientemente reforçam a formação desses hábitos. Portanto, antes de limitar o uso de telas de seu filho, reflita sobre como isso vai ocorrer na prática, uma vez que toda a família deve estar alinhada.

Tenha em mente quais são seus objetivos e saiba por que está fazendo essa escolha: "Vou limitar o tempo de telas do meu filho porque é o melhor a fazer para sua saúde física e mental." Isso ajuda a diminuir a culpa, que tende a aparecer: "Ah, coitadinho do meu filho, vai ficar sem *tablet* e sem TV na hora de dormir." Procure antecipar as dificuldades e planeje como lidar com elas: "Qual explicação vou dar para o padrinho dele, que insiste em presenteá-lo com um videogame?" Por fim, tente achar formas de incentivar outras atividades: "Vamos andar de bicicleta em vez de jogar videogame?" Principalmente, elogie o comportamento desejado, lembrando que toda a reversão de um hábito envolve muita repetição, dedicação e disciplina, exigindo esforços de todos envolvidos.

Estudos de neuroimagem indicam que os jogos e as mídias sociais ativam o **sistema de recompensa cerebral**. É o mesmo processo acionado durante os jogos de azar, que modulam o prazer da recompensa (a vitória em um "joguinho" ou um *like* no Tik Tok) com a frustração

O cérebro na infância

da derrota, acrescentando a necessidade de melhorar as próprias habilidades para alcançar cada vez mais sucesso diante de uma nova tentativa de jogo ou vídeo postado. O cérebro da criança, como já sabemos, não tem o sistema de controle de impulsos totalmente desenvolvido para ajudá-la nesse tipo de comportamento compulsivo, sendo ainda mais vulnerável ao potencial de vício das telas. Com tudo isso, a criança tende a ficar "anestesiada" para outros estímulos, literalmente viciada em videogame ou redes sociais e com dificuldade de controlar seus impulsos.

Como saber quando começa o "vício"? Quanto à duração, acredito que não exista fórmula mágica para implementar o que as diretrizes recomendam. Como nos diferentes tópicos deste livro, cada família deve adaptar e usar as informações à sua realidade, de acordo com sua rotina e características de seu filho. Porém, se a criança prefere estar no videogame a fazer outra atividade, como um passeio em família; se faz as refeições ao mesmo tempo em que está com a tela ligada na mesa; se tem alterações do sono, do comportamento ou crises de birra toda a vez que deve desligar o jogo, mesmo tendo sido avisada antes, não respeitando as combinações, os pais devem entender como sinais de alerta. Assim, mais uma vez, sugiro que os pais tenham bom senso, e que a criança seja apresentada aos poucos aos aplicativos e joguinhos, permanecendo um curto período de tempo em frente a essas telas, priorizando as brincadeiras com seus amigos e os livros físicos lidos pelos seus pais.

Muitas vezes, as alterações de comportamento causadas pelo uso excessivo de telas acabam sendo confundidas com o Transtorno de Déficit de Atenção e Hiperatividade. É comum os pais reclamarem: "Meu filho é hiperativo!". Porém, nessa condição a hiperatividade ocorre em nível mental. Ou seja, a criança tem muitos pensamentos ao mesmo tempo, sem necessariamente apresentar a agitação física à qual os pais se referem.

Vivemos em um mundo cada vez mais rápido, onde tudo deve ser respondido imediatamente. Até mesmo os filmes, as músicas e os jogos ganharam um ritmo mais acelerado do que o de décadas passadas. A tecnologia exerce um papel importante nessa cultura

O mundo na infância

do imediatismo. A gratificação instantânea que o cérebro da criança experimenta quando exposto aos videogames, desenhos animados e filmes com excesso de estímulos luminosos e sonoros pode ser explicada pela liberação imediata da dopamina, que atua no mesmo sistema de recompensa. A dopamina é um neurotransmissor envolvido em uma ampla variedade de funções cerebrais, como atenção, movimento, humor e até mesmo comportamentos compulsivos.

Alterações na liberação de dopamina podem ser a causa de diversas condições neuropsiquiátricas, incluindo abuso de substâncias psicoativas. Segundo a psiquiatra e neurocientista Anissa Abi-Dargham, a maioria das drogas de abuso leva a uma **diminuição geral da liberação de dopamina** na fase crônica da dependência, o que acaba contribuindo para um desfecho ainda pior. Além disso, a abundância de dopamina em certas áreas do cérebro pode resultar em sintomas psicóticos (como delírios e alucinações), tiques ou movimentos compulsivos; enquanto a carência de dopamina em outras áreas cerebrais pode causar sintomas depressivos e diminuição da concentração.

Por meio de estudos de neuroimagem, pesquisas mostram que a exposição às telas libera grandes quantidades de dopamina, tornando os receptores excessivamente sensibilizados a esse neurotransmissor em determinadas regiões cerebrais e, ao mesmo tempo, dessensibilizados em outras. Vários experimentos demostraram que as animações infantis com trocas muito rápidas de estímulos visuais e sonoros são mais nocivas para o cérebro por produzirem uma quantidade e intensidade de informações que o cérebro da criança não consegue absorver. Além disso, esse tipo de desenho animado é feito para que a criança concentre toda a sua atenção, permanecendo "parada" na frente da tela – o que não é normal, natural ou esperado para a idade. Essas animações também podem causar um estado de alta excitabilidade e irritabilidade que estimula a liberação de adrenalina e do hormônio do estresse, o cortisol.

E qual é o resultado? A criança tem uma reação do tipo "luta ou fuga" ao estresse. É comum que ela se torne extremamente agitada

O cérebro na infância

logo depois de ter assistido a um desenho ou ficado horas sentada, passivamente movimentando apenas o dedo indicador em frente às telas ou por conta de um jogo de videogame. Isso ocorre porque os equipamentos eletrônicos "estressam" o cérebro, que por sua vez "desliga" o lobo frontal, responsável pelas **funções executivas**, enquanto hiperestimula as **vias visuais** e o **sistema de recompensa**.

A exposição da criança às telas, repetidamente e por longos períodos, capta sua atenção e **molda seu cérebro**. Como conversamos anteriormente, as atividades que a criança realiza com frequência durante o neurodesenvolvimento determinam quais conexões serão reforçadas e quais irão se perder pelo processo da **neuroplasticidade**. Estudos de neuroimagem mostram que o córtex pré-frontal tem mudança de volume nas crianças que usam *tablet* em excesso, quando comparadas àquelas que não usam esse aparelho eletrônico. Como resultado, o cérebro da criança se desenvolve de forma **fragmentada**, tornando-se menos flexível e resiliente, com menor controle de impulsos e aumento da agitação psicomotora. Tudo isso afeta seus escores nos testes de tarefas, que dependem de tomada de decisão, quando comparados aos das crianças que não têm o hábito de usar *tablets*.

Por que os pais passaram a incentivar o uso precoce de smartphones e a exposição às telas? Pode parecer mais fácil, até mesmo educativo ou divertido, entregar um aparelho para distrair a criança, mas os danos causados ao seu cérebro em formação podem ser irreparáveis. O que os estudos mostram é que os jovens de hoje são a primeira geração da história com um QI mais baixo do que o da anterior. E qual o principal fator? Justamente o excesso de telas, que tem relação com o imediatismo e baixa tolerância à frustração desses jovens.

Muitos pais se preocupam em apresentar a tecnologia precocemente a seus filhos, porque temem que eles "fiquem para trás" em relação às crianças mais familiarizadas com os equipamentos eletrônicos, ou também se sentem pressionados a isso, já que as telas, como disse no início do capítulo, se tornaram onipresentes. Porém, sabemos que o sucesso na vida depende da integridade do seu **córtex pré-frontal**, responsável pelas habilidades socioemocionais e as funções executivas bem desenvolvidas: o autocontrole é o que possibilita à criança fazer boas escolhas e persistir em tarefas, mesmo que sejam difíceis ou pouco interessantes.

PERIGOS DO EXCESSO DE TELAS

Humor e comportamento: a criança pode ficar deprimida, irritada ou apresentar oscilações de humor. Seu rendimento escolar e sua capacidade de aprendizado correm o risco de serem afetados. O comportamento pode se tornar desafiador, imaturo ou impulsivo. Socialmente falando, o tempo de tela afeta de forma negativa a capacidade das crianças de fazer contato visual, reconhecer as emoções e lidar com conflitos. Ou seja, todos os seus **relacionamentos são prejudicados**. O que vemos no consultório é que, quando são mais tímidas ou introvertidas, as crianças tendem a se esconder atrás das telas, criando um círculo vicioso de isolamento e sintomas depressivos e ansiosos.

A relação entre o comportamento agressivo e o tempo de exposição infantil às telas vem sendo estudada há décadas. O aumento da agressividade pode se dar devido ao fato de as crianças terem uma ótima capacidade de imitação, como já vimos. Além disso, quanto mais tempo passam em frente às telas, menor é sua capacidade de controlar os impulsos, o que aumenta a agitação e a agressividade.

Efeitos colaterais: a criança corre o risco de buscar constantemente a mesma gratificação momentânea oferecida pela tecnologia, tendo sensação similar ao aumento imediato de dopamina, que ocorre em frente às telas. Com isso, dispõe de menos estímulos para as tarefas do dia a dia e para as brincadeiras off-line. Ao deixar de exercer a perseverança e a garra perante os desafios de longo prazo, que precisam de planejamento, foco e disciplina, a criança se sentirá mais facilmente entediada. Essa dinâmica é muito diferente daquela dos jogos interativos, quando ela joga cartas ou brinca de mocinho e bandido, pensando sobre conceitos como justiça e injustiça, relacionando com os temas do dia a dia, expressando emoções e interagindo socialmente de forma equilibrada e feliz.

O cérebro na infância

Já vimos nos capítulos anteriores que a criança tem o direito fundamental de brincar e aprende através de experiências concretas. Fora das telas, sua atenção e seu tempo se concentram em atividades muito mais interessantes para o desenvolvimento cognitivo, emocional e social. A criança corre o risco de viver uma infância sem experiências e histórias para contar, sem aventuras e desafios, sem "joelho ralado" e corridas de bicicletas. Ela precisa subir em árvores, cair e se machucar, tendo a experiência e usando seus sentidos para aprender. O maior dano das telas é a passividade, a falta de interação bidirecional e de reciprocidade, uma vez que a experiência ocorre somente no nível mental. Além do que, muitas vezes, esse tipo de comportamento isola a criança da família, inibindo potenciais canais de comunicação e de interação entre pais e filhos.

Também, devemos estar atentos ao **conteúdo**. O que você permite que chegue ao cérebro de seu filho vai influenciar a expectativa dele sobre o mundo, que por seu lado influenciará não apenas o que ele é capaz de perceber, mas seu próprio comportamento. Visto que as crianças conseguem memorizar e posteriormente repetir uma série de eventos após uma única exposição, imagine o que ela é capaz de absorver durante as horas que passa na frente da TV e da tela do computador?

Quando essa privação e passividade são combinadas com conteúdo inadequado, ocorre um duplo impacto. Uma pesquisa estabeleceu a associação nada surpreendente entre exposição a conteúdos de violência nas telas e aumento de problemas do sono em crianças de 3 a 5 anos. Quer mais motivos para não expor seu filho a conteúdo violento ou assustador? Há evidências de que os jogos de videogames violentos têm efeitos diferentes no cérebro das crianças se comparados com aqueles que não representam atos agressivos. Elas se tornam insensíveis à violência de uma forma que não ocorre com as demais. Além disso, quanto mais realista a cena de ação, maiores são os efeitos no comportamento da criança: jogar esse tipo

O mundo na infância

de videogame por um período de meses e anos parece causar comportamentos, pensamentos e sentimentos mais agressivos, além de diminuir a capacidade de empatia.

Uma das áreas mais bem pesquisadas é o impacto do tempo de telas na qualidade do **sono das crianças**. Sabemos que os painéis eletrônicos emitem *"blue light"*, efeito que imita a luz do dia e, portanto, leva o cérebro ao estado de alerta, suprimindo o sinal do sono devido ao prejuízo na produção de melatonina. A falta de **melatonina** dessincroniza o relógio biológico, resultando em sono raso, química cerebral alterada e ciclos hormonais interrompidos, como já vimos anteriormente neste livro.

Seja por proporcionar mais momentos de lazer ou por exigência das escolas, como conversamos anteriormente, em função da pandemia da covid-19, muitas famílias tiveram que colocar as crianças precocemente em frente às telas. De qualquer forma, procure evitar o uso de telas no **quarto** do seu filho. Há vários motivos para isso: além de diminuir a interação entre a criança e seus pais quando não está na sala de estar, há mais chances de a criança ser exposta a conteúdos inadequados, sem a nossa supervisão quando está sozinha. Além disso, a presença de TV no quarto de uma criança aumenta o tempo de exposição a telas (quatro horas e meia a mais por semana) em comparação com crianças sem o aparelho no seu quarto. Considerando que esses equipamentos podem ser estimulantes, eles dificultam ainda mais a criança a pegar no sono, assim como a sua qualidade. Além disso, vários estudos comprovam que as crianças que dispõem do aparelho de TV no quarto assistem por mais tempo e têm pior desempenho escolar do que as demais.

Trabalhos científicos mostram que a exposição às telas tem efeitos sobre o peso da criança, sendo considerada um fator de risco para obesidade infantil devido ao aumento da ingestão de alimentos, redução da atividade física e ao maior interesse por alimentos de baixa qualidade. Contudo, como acontece com a maioria das

O cérebro na infância

pesquisas sobre o tempo de tela, muitos estudos não consideram o conteúdo ou o contexto dessa exposição à mídia, nem como esses fatores podem afetar os resultados. Um achado interessante em alguns trabalhos é a conclusão de que a variável-chave que contribui para o aumento de peso provavelmente seja a maior ingestão de alimentos enquanto as crianças estão na frente das telas.

No YouTube, existem alguns canais somente para apresentar como utilizar e vender mais brinquedos, criando necessidades nas crianças com frases repetidas como "você não pode perder", "não fique de fora", "toda a turma deve ter esse brinquedo". O conteúdo apresentado nesses canais infantis é, sim, regulamentado de acordo com a faixa etária. Porém, com a tecnologia, os pequenos têm acesso a um mundo de informações. Tudo é muito atraente para o público infantil, que é bombardeado por imagens de comidas, objetos, roupas e brinquedos que disparam uma enxurrada de **dopamina** em seu sistema nervoso. Cria-se, assim, uma cultura pautada pelo **imediatismo e pela insatisfação**, dado que tudo muda a toda hora.

Muitos de nós, mesmo sendo adultos, com *regulação emocional e autocontrole bem desenvolvidos*, queremos tudo o que vemos nas redes sociais! Não é verdade? Com as crianças acontece o mesmo em relação ao conteúdo a que estão expostas nas mídias, porém com a diferença de que elas não têm a capacidade de refletir sobre o que ouvem ou veem – acreditam que tudo é verdade, que precisam de tal produto apresentado, o que aumenta muito a nossa responsabilidade. Isso também pode acontecer com a publicidade em aplicativos de smartphone e *tablets*, por exemplo.

Sem esquecer do maior perigo a que as crianças podem estar expostas: a **pedofilia**. Esse é um assunto delicado, mas cuja importância exige que seja abordado para permanecermos atentos aos riscos. Os criminosos estudam o comportamento infantil. Eles sabem o que é interessante para cada criança, como ela pensa, que canal frequenta, qual linguagem usa para se comunicar e como pode se sentir ameaçada. Por exemplo: provocam medo na criança ao dizer a ela que se o segredo for quebrado, a família sairá machucada. Assim, os pais devem prestar atenção a alterações de comportamento e sintomas ansiosos, fóbicos e regressivos (como voltar a fazer xixi na cama), procurando ajuda profissional se necessário. É importante ressaltar que não existe medida mais eficaz do que os pais cultivarem uma relação de confiança com seus filhos para que eles possam se sentir seguros e acolhidos para compartilharem qualquer ameaça sem medo ou culpa, mantendo aberto um canal de comunicação.

Na prática de atendimento a famílias com crianças pequenas e adolescentes, o que percebemos, cada vez mais, é o excesso de telas como parte de um **"pacote de sinais e sintomas"**, que inclui sedentarismo, obesidade, síndrome metabólica, sono irregular, falta de concentração e dificuldades de aprendizado, *bullying*, isolacionismo e habilidades socioemocionais enfraquecidas, além de transtornos emocionais e comportamentais – como ansiedade e depressão. Também chama a atenção, que em muitos desses casos, os pais são ocupados demais e encontram-se ausentes em relação à supervisão dos filhos. Isso deve servir como sinal de alerta ao uso dos eletrônicos como uma forma de "terceirização" dos filhos, assumindo o papel de uma "babá eletrônica". Como vimos no capítulo anterior, fazer refeições em família tem um efeito protetor para a saúde física e mental das crianças e adolescentes e pode servir como ferramenta simples e ao acesso de todos nós para quebrar o círculo vicioso descrito anteriormente.

Os pais devem servir como "motoristas", aqueles que guiam seus filhos na hora de decidir o que é ou não adequado em relação ao uso de telas e equipamentos eletrônicos. Assim como não permitimos que nossos filhos assumam a direção e conduzam nosso carro, muito menos andem pela cidade sozinhos, não devemos deixá-los sem supervisão ao navegar pela internet – ambiente repleto de riscos.

Observe estas **estratégias para o uso de telas e equipamentos eletrônicos**:

- **Considere o conteúdo:** que tipo de informação o cérebro da criança está recebendo? Escolha o conteúdo e o tipo de mídia usado pela criança de acordo com a sua idade, interesses específicos, capacidade de atenção e até mesmo o estado de humor em determinado momento. Uma vez que a criança aprende melhor quando a experiência faz parte do processo, apresente conteúdos interativos no lugar de passivos. Selecione temas que despertem o interesse e a curiosidade dele, que divulguem informações relevantes e cujo significado tenha a ver com o que ela vive no dia a dia. Pergunte-se: "Faz sentido meu filho assistir a esse filme, desenho ou série agora?" Assistir a filmes é um programa que gostamos de fazer em família. Somente depois que eu e meu marido já assistimos juntos e consideramos o conteúdo adequado, as meninas podem assistir aos filmes sem a nossa presença.

- **Preste a atenção ao contexto:** seu filho está sozinho ou sentado ao seu lado quando assiste ou joga algo na tela? Converse sobre o que está acontecendo ou o que ele está descobrindo. A criança absorve melhor as informações quando o aprendizado é social, ou seja, quando um adulto está com ela para responder a suas perguntas e ajudá-la a entender e a aplicar o que está vendo e experimentando na tela. Por exemplo, nomeie os objetos e as pessoas, faça perguntas, responda aos comentários do seu filho, cante junto as músicas, faça conexões com o que vocês já vivenciaram, com lugares que visitaram, com os animais que ele tem curiosidade em aprender.

- **Brinque junto com a criança:** nem todos os aplicativos são realmente educativos, e a melhor forma de saber se o conteúdo é adequado ou não para seu filho é brincar junto com ele. Assim que meu marido baixa um joguinho para as meninas, além de ler as "avaliações dos usuários", ele costuma jogar com elas e conferir se vale a pena passar algum tempo nele ou não. Ele gosta de conferir o progresso que fizeram, quais as habilidades foram conquistadas e se diverte também. Algumas vezes, ele mesmo desinstala o aplicativo se considera o joguinho "inútil ou perda de tempo".

- **Escolha o melhor tipo de telas:** assistir a um bom filme na televisão, conversando sobre o conteúdo com a criança, é uma ótima atividade em família. Além disso, é preferível que a criança assista à TV do que a vídeos do YouTube no *tablet,* onde ela tem a possibilidade de trocar de desenhos a toda hora, sem tolerar a frustração e favorecendo o imediatismo. Da mesma forma, ouvir contação de histórias infantis, ver vídeos com músicas educativas e ler livros em plataformas digitais, em *tablets,* é preferível a expor a criança aos riscos das redes sociais tão precocemente.

- **Use plataformas de leitura digital:** o Portal Domínio Público é uma biblioteca virtual que disponibiliza livros infantis para *download* gratuitamente. O Elefante Letrado tem amplo acervo de livros com curadoria voltada para a infância. Storyline Online é um projeto gratuito voltado para a literatura infantil e realizado por uma fundação dos Estados Unidos, que reúne diversas histórias, entre muitos clássicos, narradas por vozes conhecidas, como Oprah Winfrey e Kevin Costner, com legendas em espanhol e inglês. Todas essas plataformas podem ser aproveitadas em casa, incentivando a criança a exercitar o hábito de leitura com a família.

- **Envolva ativamente a atenção da criança:** encoraje seu filho a aplicar na vida real as habilidades que ele aprendeu nas telas, como escrever em um papel as letras que ele aprendeu na música do vídeo. Estimule que o aparelho eletrônico seja uma ferramenta de aprendizado. Ele pode usá-lo para criar vídeos, registrando imagens do que foi produzido concretamente para enviar à família que mora em outro estado, para falar com a avó que está impossibilitada de receber visitas, e por aí vai.

- **Seja um bom modelo:** alguns adultos mal conseguem pôr o telefone de lado, mesmo em momentos de interação com as crianças. Mostre ao seu filho como você guarda o celular e se dedica aos momentos em que está aproveitando a família – como nas refeições, por exemplo. Nós, pais, somos os modelos e precisamos estar atentos ao nosso comportamento em relação ao uso da tecnologia também.

- **Limite o tempo de utilização:** a melhor maneira de ajudar as crianças a usar a tecnologia de maneira saudável e produtiva é restringir o uso enquanto ainda são pequenas, criando regras e limites claros antes que o mau hábito esteja estabelecido. Evite usar as telas como uma recompensa ou como forma de a criança se acalmar e se distrair em uma crise de birra. Limite o uso da tela a uma hora por dia, sempre com programas de alta qualidade e desenvolvidos para crianças. Não deixe a televisão ligada como **"som ambiente"** na casa, principalmente durante as refeições e na hora de dormir.

- **Explique:** não subestime a capacidade de entendimento da criança. Mostre o motivo pelo qual não é adequado assistir a determinados conteúdos, nem passar horas na frente do *tablet*. Ajude seu filho a planejar como passar o tempo, concentrando-se em atividades importantes e nas suas preferidas, evitando que ele recorra às telas.

- **Ensine que há riscos na internet:** a criança precisa estar ciente de que a rede não contém apenas diversão e que é muito fácil fingir ser outra pessoa por trás da tela. Por isso, ela não deve fazer amigos on-line, conversar com estranhos e, muito menos, mandar informações pessoais, fotos ou vídeos de si. Caso perceba algo estranho ou que cause constrangimento, ela deve fechar o site e avisar imediatamente algum adulto. É muito importante que os pais façam com que a criança se sinta acolhida e não julgada, mesmo quando ela fizer algo fora do combinado, para que a confiança seja mantida. Use filtros de controle da navegação na internet.

No dia a dia, a infância rodeada de múltiplas plataformas é uma realidade: nossos filhos podem ter momentos voltados para o mundo virtual, porém a vida real deve ser predominante. Assim, é preciso termos flexibilidade e bom senso suficientes para evoluirmos com a tecnologia sem esquecer da importância de usá-la da maneira correta. Nosso papel, como pais, é seguir em frente com os olhos abertos, encarando as dificuldades com criatividade, planejamento e jogo de cintura para não cairmos nas armadilhas das telas, conseguindo aproveitar seus aspectos positivos sem esquecer os negativos.

Posfácio

A médica psiquiatra Mariana Uebel, mãe de gêmeas, neurocientista nata e estudiosa e clínica das emoções transgeracionais com foco na primeira infância nos presenteia agora com este *O cérebro na infância*, um livro daqueles que queremos maratonar, ler e reler infinitas vezes. Quem será o público-alvo desta obra-prima, um livro de cabeceira, sem ser sensacionalista do tipo que promete a melhor e mais positiva maternidade com a promoção do filho mais inteligente do mundo? Mães, pais, clínicos do desenvolvimento infantil, educadores e interessados em compreender múltiplas facetas de uma das fases mais complexas, intrigantes e decisivas do desenvolvimento do ser humano: a primeira infância, de 0 aos 6 anos de idade. Não percam este livro! Se deem de presente andar neste trem de evidências trazidas e sintetizadas com maestria pela Dra. Mariana!

Desde sua "Introdução", quando aborda o dito popular "faça o que eu digo, não faça o que eu faço", Mariana traz à tona o importante conceito da modelagem, da inspiração das funções executivas, em formação desde o primeiro ano de vida até aproximadamente quase 30 anos de idade, na vida adulta, nosso maior investimento de capital mental cognitivo e socioemocional. Mais do que falar aos nossos filhos, aos nossos bebês e crianças, precisamos dar exemplo, mostrar, inspirar, modelar como agir, pensar e sentir. Este livro traz ainda o conceito que deve ser o pilar na promoção do neurodesenvolvimento, uma eficiência cognitiva ligada à eficiência cerebral. O que é isso? Para que nosso órgão oficial dos pensamentos, dos sentimentos e das ações se desenvolva e ajude a dar base para uma vida eficaz e feliz, a própria vida tem que modelá-lo, ou seja, a neuropsicologia e as neurociências evidenciam que a vida modela mais o cérebro do que este último modela a vida! A eficiência diz respeito a colocar em prática o que adquirimos transformando capacidades biológicas em habilidades cognitivas e socioemocionais, acertando mais em menos tempo, sendo menos impulsivos, mais assertivos e não tão lentos! Como nos mostra brilhantemente a Dra. Mariana, ser eficiente é muito mais importante do que ser inteligente!

Com as evidências revisadas de modo quase poético e bem prático nesta obra, vamos reconstruindo gradativamente de mãos

Posfácio

dadas com a autora conceitos antiquados e mitos sensacionalistas. Ela também traz um tom crítico e pessoal-profissional em equilíbrio constante e contínuo com a literatura que nos é indicada e sobre as múltiplas mídias de como ser uma mãe empenhada em formar filhos saudáveis e realizados. Além disso, Mariana aborda como é impossível, e até mesmo utópico, colocarmos em mente metas inalcançáveis que só fazem gerar culpa parental, em especial materna.

A relação entre ambiente e genética é constante na vida infantil e no restante do ciclo vital. Dra. Mariana salienta que genética não é destino ao criticar a interpretação reducionista dos gêmeos bivitelinos, natureza *versus* criação. Ela traz o modelo de estresse precoce na infância, que nos mostra o quanto o neurodesenvolvimento pode ser limitado, assim como pode ser otimizado com fatores e vetores mais positivos que o impulsionam para uma maior eficiência – como o bebê ter a chance de ter uma mãe o mais saudável possível! Ainda, a importância da ordem, da rotina e da disciplina é ressaltada neste livro. Na Neuropsicologia das funções executivas, domínio mental mais complexo e necessário para todo o desenvolvimento humano, é essencial que o cérebro seja organizado de fora para dentro, principalmente pelos pais e pelos educadores. Aos poucos, com base na aprendizagem de regras sociais, a criança vai flexibilizando para se adaptar a diferentes pessoas, momentos e contextos.

Outra parte que me encantou no livro é a revisão acerca dos estilos parentais. Destaco as habilidades de regulação e de nomeação de suas próprias emoções como um "pensar em voz alta" para conscientizar e modelar a criança sobre a importância de estarmos conscientes e de expressarmos nossas emoções. De tal modo, as emoções não serão expressas de forma inadequada, como por meio de comportamentos externalizantes, como agressões verbais e físicas em frequência e intensidade que prejudiquem sua socialização. Em uma ponta a negligência, em outra, a superproteção. Entre o 8 e o 80, é preciso sempre buscar o 36! Nesse sentido, a estabilidade emocional foi a chave para as famílias com crianças que viveram a pandemia de covid-19.

A obra aborda também algo que tem tirado o meu sono: a *autorregulação emocional*. Postergar ganhos, adiar recompensas ou saber se monitorar, se controlar para esperar, reagindo sem escândalos excessivos ou crises porque algo não aconteceu imediata e exatamente como queria, vale mais do que moedas virtuais! Precisamos investir nessa habilidade em extinção em toda a sociedade, principalmente nesta geração e no mundo pós-pandemia!

Por fim – sim, pois é muito difícil concluir um posfácio de um livro que não consegui parar de ler e de uma autora que se tornou minha amiga do Comitê Científico do Projeto Lugar de Criança é na Escola, quando passamos a discutir, conversar e "livear" sobre desenvolvimento –, ressalto os fatores neuroprotetores e positivos para a formação de reserva cognitiva, ou seja, de conexões extras que poderão ser usadas em momentos estratégicos: 1) ambientes e momentos que propiciem atividades motoras; 2) comunicação (conversar sobre o que acontece ao redor, por exemplo); 3) leitura e contação de histórias (esse assunto em especial me move, pois há inúmeras e cada vez mais robustas evidências em prol da literacia familiar e da consolidação de hábitos de leitura e de escrita frequentes, intensos e duradouros como fundamentais para o desenvolvimento da linguagem, das funções executivas e da aprendizagem acadêmica); 4) conexão emocional; 5) outra(s) língua(s); 6) sono em quantidade e qualidade

Posfácio

adequadas *versus* rotina com higiene do sono (se preparar para dormir); 7) alimentação qualificada, entre outros.

Gratidão, admiração e expectativa por continuidade após ler duas vezes este livro me definem. Espero que vocês curtam tanto esta obra como eu! Ser mãe é meu papel indubitavelmente mais difícil de todos. Se vocês concordam, não deixem de ler e de receber "este colo clínico-científico-maternal" da Mariana.

Rochele Paz Fonseca, psicóloga e fonoaudióloga,
Presidente da Sociedade Brasileira de Neuropsicologia
e professora da PUC-RS

O cérebro na infância

"Como mãe, neurocientista e clínica, a Dra. Mariana escreveu um livro considerável, que integra informações disponíveis com suas próprias experiências sobre a criação de filhos. O livro é escrito em uma linguagem acessível a todos com exemplos destinados a transmitir a mensagem principal. E a mensagem é de extrema importância para nossa sociedade, que é destacar a influência desses anos de formação da infância no futuro de nossos filhos. Como mãe e neurocientista, saúdo a Mariana por assumir a responsabilidade na difícil tarefa de educar os pais, uma vez que eles podem ter uma grande influência na definição do futuro de seus filhos. Uma leitura obrigatória!"

Anissa Abi-Dargham, M.D., médica psiquiatra e neurocientista americana. Professora emérita da Universidade de Columbia, em Nova York.

"O livro da Dra. Mariana Uebel traz uma importante contribuição para todos os pais que desejam criar seus filhos para os novos tempos. A abordagem da autora sobre o uso das telas merece atenção ao fazer um alerta relevante e revelador: a tecnologia deve ser utilizada com equilíbrio e de forma complementar, pois a boa educação é aquela que ensina os filhos a viver em sociedade a partir de atividades significativas e com base em valores sólidos. A atenção aos desafios da modernidade e o respeito à tradição é uma das maiores riquezas trazidas pela autora neste belo livro."

Scheila Vontobel, sócia-fundadora da plataforma digital de leitura Elefante Letrado.

"De uma maneira inteligente, didática e sensível, a Dra. Mariana Uebel nos presenteia com um livro completo sobre o desenvolvimento infantil. A autora trata de temas complicados e polêmicos com embasamento de dados científicos e a prática do dia a dia como mãe e médica psiquiatra. Com uma linguagem acessível e de fácil compreensão, esse livro nos ajuda a navegar e entender comportamentos e o que é importante em cada fase do desenvolvimento da criança. Se você tem crianças em sua vida, esse é um livro de cabeceira para ler e reler à medida que suas crianças vão se desenvolvendo."

Sergia Kelling, fonoaudióloga, psicopedagoga e especialista em desenvolvimento infantil. Desenvolve currículos para o Centro de Desenvolvimento Infantil da Universidade de Stanford na Califórnia.

"Espetacular a leitura, carregada de ciência e compaixão. Obrigatória para pais, educadores e pessoas apaixonadas pelo desenvolvimento e pela vida!"

Mariela Silveira Pons, médica e diretora do Kurotel. Fundadora e presidente da Organização Mente Viva e embaixadora do Global Wellness Day no Brasil.

Bibliografia

AAMODT, Sandra; WANG, Sam. *Bem-vindo ao cérebro do seu filho*: como a mente se desenvolve desde a concepção até a faculdade. Rio de Janeiro: Cultrix, 2013.

ACHOR, Shawn. *O jeito Harvard de ser feliz*: o curso mais concorrido da melhor universidade do mundo. São Paulo: Benvirá, 2012.

BARON-COHEN, Simon; LUTCHMAYA, Svetlana; KNICKMEYER, Rebecca. *Prenatal Testosterone in Mind*: Amniotic Fluid Studies. Cambridge: MIT Press, 2004.

BORBA, Michele. *UnSelfie: Why Empathetic Kids Succeed in Our All-About-Me World*. New York: Touchstone, 2016.

CENTER ON THE DEVELOPING CHILD AT HARVARD UNIVERSITY. Enhancing and Practicing Executive Function Skills with Children from Infancy to Adolescence. Disponível em: <www.developingchild.harvard.edu>. Acesso em: 10 out. 2021.

CHARNEY, Dennis S. et al. *Neurobiology of Mental Illness*. New York: Oxford University Press, 2011.

COMSTOCK, Douglas. *The Mental Toughness Advantage*: A 5-Step Program to Boost Your Resilience and Reach Your Goals. New York: Rockridge Press, 2018.

DAMÁSIO, António R. *O erro de Descartes*: emoção, razão e o cérebro humano. São Paulo: Companhia das Letras, 1996.

DOMAN, Glenn; DOMAN, Douglas; HAGY, Bruce. *Fit Baby, Smart Baby, Your Baby!*: From Birth to Age Six. New York: Square One Publishers, 2012.

DUCKWORTH, Angela. *Garra*: O poder da paixão e da perseverança. Rio de Janeiro: Intrínseca, 2016.

DWECK, Carol S. *Mindset*: a nova psicologia do sucesso. Rio de Janeiro: Objetiva, 2017.

EIZIRIK, Cláudio Laks; BASSOLS, Ana Margareth Siqueira. *O ciclo da vida humana*: uma perspectiva psicodinâmica. Porto Alegre: Artmed, 2013.

GRAY, Peter: TEDx Talks "The Decline of Play". Disponível em: <www.ted.com>. Acesso em: 10 out. 2021.

HOFFMAN, Martin L. *Empathy and Moral Development*: Implications for Caring and Justice. Cambridge: Cambridge University Press, 2000.

KANDEL, Eric R. et al. *Princípios de Neurociências*. Porto Alegre: Artmed, 2014.

KELLING, Sergia. Descobrir e Aprender "Brincar Livre". Disponível em: <www.sergiakelling.com>. Acesso em: 10 out. 2021.

KLAUS, Marshall H. *Seu surpreendente recém-nascido*. Porto Alegre: Artmed, 2000.

KUHL, Patricia: TEDx Talks "The Linguistic Genius of Babies". Disponível em: <www.ted.com>. Acesso em: 10 out. 2021.

LEVITT, Pat. Brain Architecture. *Center on The Developing Child at Harvard University*. 2009. Disponível em: <https://developingchild.harvard.edu/science/key-concepts/brain-architecture/>. Acesso em: 10 mar. 2022.

MEDINA, John. *A ciência dos bebês*: da gravidez aos 5 anos – como criar filhos inteligentes e felizes. Rio de Janeiro: Zahar, 2013.

MISCHEL, Walter. *O teste do marshmallow*. Rio de Janeiro: Objetiva, 2016.

NATIONAL SCIENTIFIC COUNCIL ON THE DEVELOPING CHILD. *The Timing and Quality of Early Experiences Combine to Shape Brain Architecture*: Working Paper No. 5. 2007. Disponível em: <www.developingchild.harvard.edu>. Acesso em: 10 mar. 2022.

NELSON, Charles A. *From Neurons to Neighborhoods*: the Science of Early Childhood Development. Eds. J. Shonkoff e D. Phillips. Washington: National Academies Press, 2000.

OSTER, Emily. *Cribsheet*: a Data-Driven Guide to Better, More Relaxed Parenting, from Birth to Preschool. London: Penguin Press, 2019.

PETERSON, Jordan. *12 regras para a vida*: um antídoto para o caos. Rio de Janeiro: Alta Books, 2018.

RUBIN, C. David. *Memory in Oral Traditions*: the Cognitive Psychology of Epic, Ballads, and Counting-Out Rhymes. Oxford: Oxford University Press, 1995.

SAX, Leonard. *Por que gênero importa?* São Paulo: LVM Editora, 2019.

SELIGMAN, Martin E. P. *Felicidade autêntica*: use a Psicologia Positiva para alcançar todo seu potencial. Rio de Janeiro: Objetiva, 2019.

SHONKOFF, Jack P. *Handbook of Early Childhood Intervention*. Cambridge: Cambridge University Press, 2000.

_____; PHILLIPS, Deborah. *From Neurons to Neighborhoods*: the Science of Early Childhood Development. Washington: National Academies Press, 2000.

SIEGEL, Daniel; BRYSON, Tina. *O cérebro da criança*: 12 estratégias revolucionárias para nutrir a mente em desenvolvimento do seu filho e ajudar sua família a prosperar. São Paulo: Editora nVersos, 2015.

_____; _____. *O cérebro que diz sim*: como criar filhos corajosos, curiosos e resilientes. São Paulo: Planeta, 2019.

_____; _____. *The Power of Showing Up*: How Parental Presence Shapes Who Our Kids Become and How Their Brains Get Wired. New York: Ballantine Books, 2020.

SIVIERO, Álvaro. *Aprenda a gostar de música de verdade!*. Produzido pela Brasil Paralelo.

SOCIEDADE BRASILEIRA DE PEDIATRIA. SBP atualiza recomendações sobre saúde de crianças e adolescentes na era digital. Disponível em: <https://www.sbp.com.br/imprensa/detalhe/nid/sbp-atualiza-recomendacoes-sobre-saude-de-criancas-e-adolescentes-na-era-digital/>. Acesso em: 10 out. 2021.

TALEB, Nassim N. *Antifrágil*: coisas que se beneficiam com o caos. Rio de Janeiro: Objetiva, 2019.

VAILLANT, George. Citado em Liz Mineo, "Harvard Study, Almost 80 Years Old, Has Proved That Embracing Community Helps Us Live Longer, and Be Happier", abr. 2017. Disponível em: <https://news.harvard.edu/gazette/story/2017/04/over-nearly-80-years-harvard-study-has-been-showing-how-to-live-a-healthy-and-happy-life/>. Acesso em: mar. 2021.

WALDINGER, Robert: TEDx Talks "Do que é feita uma vida boa?". Disponível em: <www.ted.com>. Acesso em: 10 out. 2021.

WILLINK, Jocko; BABIN, Leif. *Extreme Ownership*: How U.S. Navy SEALs Lead and Win. New York: St. Martin's Press, 2017.

WINNICOTT, Donald W. *Conversando com os pais*. São Paulo: Martins Fontes, 1999.

Bibliografia

WOJCICKI, Esther. *Como criar filhos para o mundo*: lições simples para resultados radicais. Rio de Janeiro: Fontanar, 2020.

WOLF, Maryanne. *O cérebro no mundo digital*: os desafios da leitura na nossa era. São Paulo: Contexto, 2019.

WORLD ECONOMIC FORUM. The Future of Jobs Report 2020. Retirado de: <https://www.weforum.org/reports/the-future-of-jobs-report-2020>. Acesso em: fev. 2021.

Artigos

AINSWORTH, M. S. The Personal Origins of Attachment Theory. An Interview with Mary Salter Ainsworth. Interview by Peter L. Rudnytsky. *Psychoanal Study Child*. 1997;52:386-405.

ALLARD, T. et al. Measuring Neural Mechanisms Underlying Sleep-Dependent Memory Consolidation During Naps in Early Childhood. *J Vis Exp*. 2019;(152):10.3791/60200.

AMERICAN ACADEMY OF PEDIATRICS. Council on Communications and Media. Media and Young Minds. *Pediatrics*. 2016;138(5):e20162591.

ANDERSON, R.; MANOOGIAN S. T.; REZNICK, J. S. The Undermining and Enhancing of Intrinsic Motivation in Preschool Children. *Journal of Personality and Social Psychology*. 1976; 34(5):915-922.

ARBIB, M. A.; LIEBAL, K.; PIKA, S. Primate Vocalization, Gesture, and the Evolution of Human Language. *Curr Anthropol*. 2008 Dez.;49(6):1053-1063.

BAKERMANS-KRANENBURG, M. J.; VAN IJZENDOORN, M. H. *Research Review*: Genetic Vulnerability or Differential Susceptibility in Child Development: The Case of Attachment. *J Child Psychol Psychiatry*. 2007;48(12):1160-1173

BELCHER, B. R. et al. The Roles of Physical Activity, Exercise, and Fitness in Promoting Resilience During Adolescence: Effects on Mental Well-Being and Brain Development. *Biol Psychiatry Cogn Neurosci Neuroimaging*. 2021 Fev.;6(2):225-237.

CAMPBELL, Anne. Sex Differences in Direct Aggression: What Are the Psychological Mediators?. *Aggression and Violent Behavior*. 2006;11(3):237-264.

_____. Attachment, Aggression and Affiliation: The Role of Oxytocin in Female Social Behavior. *Biological Psychology*. 2007;77(1):1-10.

CANLI, T.; LESCH, K. P. Long Story Short: the Serotonin Transporter in Emotion Regulation and Social Cognition. *Nat Neurosci*. 2007;10:1103-1109.

CHEN, Y. et al. Positive Parenting Improves Multiple Aspects of Health and Well-Being in Young Adulthood. *Nat Hum Behav*. 2019 Jul.;3(7):684-691.

CROSS, Catharine P.; COPPING, Lee T.; CAMPBELL, Anne. Sex Differences in Impulsivity: a Meta-Analysis. *Psychological Bulletin*. 2011;137(1):97-130.

DE ASIS-CRUZ, J. et al. Association of Prenatal Maternal Anxiety With Fetal Regional Brain Connectivity. *JAMA Netw Open*. 2020 Dez. 1;3(12):e2022349.

DE KOVEL, C. G. F.; FRANCKS, C. The Molecular Genetics of Hand Preference Revisited. *Sci Rep*. 2019 Abr. 12;9(1):5986.

DIPIETRO, Janet. Baby and The Brain: Advances in Child Development. *Annual Review of Public Health*. 2000;21(1):455-71.

DOYLE, C. M.; LASCH, C.; ELISON, J. T. Emerging Evidence for Putative Neural Networks and Antecedents of Pediatric Anxiety in the Fetal, Neonatal, and Infant Periods. *Biol Psychiatry*. 2021 Abr. 1;89(7):672-680.

ELBAU, I. G.; CRUCEANU, C.; BINDER, E. B. Genetics of Resilience: Gene-by-Environment Interaction Studies as a Tool to Dissect Mechanisms of Resilience. *Biol Psychiatry*. 2019 Set. 15;86(6):433-442.

ELBERT, T.; et al. Increased Cortical Representation of the Fingers of the Left Hand in String Players. 1995. *Science* 270:305-307.

FALCETO, Olga Garcia; FERNANDES, Carmen Luisa; KERBER, Suzi Roseli. Alerta sobre a depressão pós-parto paterna. *Revista Brasileira de Ginecologia e Obstetrícia* [online]. 2012;34(7):293-295.

FERJAN RAMÍREZ, N.; LYTLE, S. R.; KUHL, P. K. Parent Coaching Increases Conversational Turns and Advances Infant Language Development. *Proc Natl Acad Sci U S A*. 2020 Fev. 18;117(7):3484-3491.

FONSECA, R. P.; SGANZERLA, G. C.; ENÉAS, L. V. Fechamento das escolas na pandemia de Covid-19: impacto socioemocional, cognitivo e de aprendizagem. *RDP*. Out./Dez. 2020;10(4):28-37.

GERBER, A. J. et al. Anatomical Brain Magnetic Resonance Imaging of Typically Developing Children and Adolescents. *J Am Acad Child Adolesc Psychiatry*. 2009 Maio;48(5):465-470.

GIEDD, J. N. The Digital Revolution and Adolescent Brain Evolution. *J Adolesc Health*. 2012 Ago.;51(2):101-105.

GIEDD, J. N. et al. Review: Magnetic Resonance Imaging of Male/Female Differences in Human Adolescent Brain Anatomy. *Biol Sex Differ*. 2012 Ago. 21;3(1):19.

GIJSBERT, Stoet; GEARY, David C. Sex Differences in Academic Achievement Are Not Related to Political, Economic, or Social Equality. *Intelligence*, 2015;48:137-151.

GOGTAY, N. et al. Dynamic Mapping of Human Cortical Development During Childhood Through Early Adulthood. *Proc Natl Acad Sci USA*. 2004;101(21):8174-8179.

GRAY, P. The Decline of Play and the Rise of Psychopathology in Children and Adolescents. *Am J Play*. 2011;3(4):443-463.

GREVEN, C. U. et al. More Than Just IQ: School Achievement is Predicted by Self-Perceived Abilities- -but For Genetic Rather than Environmental Reasons. *Psychol Sci*. 2009 Jun.;20(6):753-762.

HABIBI, A. et al. Music Training and Child Development: a Review of Recent Findings From a Longitudinal Study. *Ann N Y Acad Sci*. 2018 Mar. 6.

_____. et al. An Equal Start: Absence of Group Differences in Cognitive, Social, and Neural Measures Prior to Music or Sports Training in Children. *Front Hum Neurosci*. 2014 Set. 9;8:690.

HAN, V. X. et al. Maternal Acute and Chronic Inflammation in Pregnancy is Associated with Common Neurodevelopmental Disorders: a Systematic Review. *Transl Psychiatry*. 2021 Jan. 21;11(1):71.

HARTSHORNE, J. K.; TENENBAUM, J. B.; PINKER, S. A Critical Period for Second Language Acquisition: Evidence from 2/3 million English Speakers. *Cognition*. 2018 Ago.;177:263-277.

HELM, A. F.; SPENCER, R. M. C. Television Use and Its Effects on Sleep in Early Childhood. *Sleep Health*. 2019 Jun.;5(3):241-247.

HENNESSY, S. L; et al. Effects of Music Training on Inhibitory Control and Associated Neural Networks in School-Aged Children: a Longitudinal Study. *Front Neurosci*. 2019 Out.;13:1080.

HORWOOD, L. J.; DARLOW, B. A.; MOGRIDGE, N. Breast Milk Feeding and Cognitive Ability at 7-8 years. *Arch Dis Child Fetal Neonatal* 2001 Jan.;84(1):F23-7.

HUTTON, J. S., DUDLEY, J.; HOROWITZ-KRAUS, T.; DEWITT, T.; HOLLAND, S. K. Associations Between Screen Based Media Use and Brain White Matter Integrity in Preschool-Aged Children. *JAMA Pediatrics*. 2020;174(1):e193869.

GUPTA, S. *Keep Sharp*: Build a Better Brain at Any Age. Nova York: Simon & Schuster, 2021.

GÜLLICH, A.; MACNAMARA, B. N.; HAMBRICK, D. Z. What Makes a Champion? Early Multidisciplinary Practice, Not Early Specialization, Predicts World-Class Performance. *Perspectives on Psychological Science*. 2021.

JUNEK, W. The Development of the Person: The Minnesota Study of Risk and Adaptation from Birth to Adulthood. *J Can Acad Child Adolesc Psychiatry*. 2007;16(4):180-181.

KORHONEN, L. The Good, the Bad and the Ugly of Children's Screen Time During the COVID-19 Pandemic. *Acta Paediatr*. 2021;110(10):2671-2672.

KURDZIEL, L. B. F.; KENT, J.; SPENCER, R. M. C. Sleep-Dependent Enhancement of Emotional Memory in Early Childhood. *Sci Rep*. 2018 Ago. 22;8(1):12609.

LENROOT, R. K.; GIEDD, J. N. Sex Differences in the Adolescent Brain. *Brain Cogn*. 2010 Fev.;72(1):46-55.

LILLARD, A. S.; LI, H.; BOGUSZEWSKI, K. Television and Children's Executive Function. *Adv Child Dev Behav*. 2015;48:219-248.

MARSH, S.; DOBSON, R.; MADDISON, R. The Relationship Between Household Chaos and Child, Parent, and Family Outcomes: a Systematic Scoping Review. *BMC Public Health*. 22 Abr. 2020;20(1):513.

Bibliografia

MAUL, S. et al. Genetics of Resilience: Implications from Genome-Wide Association Studies and Candidate Genes of the Stress Response System in Posttraumatic Stress Disorder and Depression. *Am J Med Genet B Neuropsychiatr Genet.* 2020 Mar.;183(2):77-94.

MEHTA, R. et al. "Let Children Play!": Connecting Evolutionary Psychology and Creativity with Peter Gray. *TechTrends.* 2020;64:684-689.

MOODY, A. K.; JUSTICE, L. M.; CABELL, S. Q. Electronic versus Traditional Storybooks: Relative Influence on Preschool Children's Engagement and Communication. *J Early Childhood Literacy* 2010;10(3):294-313.

NATIONAL SCIENTIFIC COUNCIL ON THE DEVELOPING CHILD. Connecting the Brain to the Rest of the Body: Early Childhood Development and Lifelong Health Are Deeply Intertwined: Working Paper n. 15. 2020. Disponível em: <www.developingchild.harvard.edu>. Acesso em: fev. 2021.

NAVARRO, J. B. et al. Warning Signs of Preschool Victimization Using the Strengths and Difficulties Questionnaire: Prevalence and Individual and Family Risk Factors. *PLoS One.* 2019 Ago.;14(8):e0221580.

NEHME, P. A. et al. Reduced Melatonin Synthesis in Pregnant Night Workers: Metabolic Implications for Offspring. *Med Hypotheses.* 2019 Nov.;132:109353.

OCKLENBURG, Sebastian et al. Epigenetic Regulation of Lateralized Fetal Spinal Gene Expression Underlies Hemispheric Asymmetries. *eLife.* 2017;6:e22784.

OHBAYASHI, M. The Roles of the Cortical Motor Areas in Sequential Movements. *Front Behav Neurosci.* 2021 Jun. 9;15:640659.

OLINER, S. P.; OLINER, P. M. *The Altruistic Personality*: Rescuers of Jews in Nazi Europe. Nova York: Touchstone, 1992.

PARISH-MORRIS, J.; MAHAJAN, N.; HIRSH-PASEK, K.; MICHNICK GOLINKOFF, R.; FULLER COLLINS, M. Once Upon a Time: Parent-Child Dialogue and Storybook Reading in the Electronic Era. *Mind Brain Educ.* 2013;7(3):200-211.

PARUTHI, S. et al. Recommended Amount of Sleep for Pediatric Populations: a Consensus Statement of the American Academy of Sleep Medicine. *J Clin Sleep Med.* 2016;12(6):785-786.

PERES, M. F. T et al. Violência, *bullying* e repercussões na saúde: resultados do Projeto São Paulo para o desenvolvimento social de crianças e adolescentes (SP-PROSO). Departamento de Medicina Preventiva / FMUSP, 2018. 156 p.

POLANCZYK, G. V. et al. Annual Research Review: a Meta-Analysis of the Worldwide Prevalence of Mental Disorders in Children and Adolescents. *Journal of Child Psychology and Psychiatry.* 2015; 56:345-365.

RADESKY, J. S.; SCHUMACHER, J.; ZUCKERMAN, B. Mobile and Interactive Media Use by Young Children: the Good, the Bad, and the Unknown. *Pediatrics.* 2015;135(1):1-3.

RAZNAHAN, A. et al. How Does Your Cortex Grow? *J Neurosci.* 2011 Maio 11;31(19):7174–7177.

ROBSON, D. A.; ALLEN, M. S.; HOWARD, S. J. Self-Regulation in Childhood as a Predictor of Future Outcomes: a Meta-Analytic Review. *Psychol Bull.* 2020 Abr.;146(4):324-354.

ROWE, Meredith L. Child-Directed Speech: Relation to Socioeconomic Status, Knowledge of Child Development and Child Vocabulary Skill. *Journal of Child Language.* 2008 Fev.;35(1):185-205.

SACHS. M. et al. Increased Engagement of the Cognitive Control Network Associated with Music Training in Children During an fMRI Stroop Task. 2017. *PLoS ONE.* 2017;12(10):e0187254.

SALEEM, M.; ANDERSON, C. A.; GENTILE, D. A. Effects of Prosocial, Neutral, and Violent Video Games on College Students' Affect. *Aggress Behav.* 2012 Jul.-Ago.;38(4):263-271.

SCHJOEDT, U.; STØDKILDE-JØRGENSEN, H.; GEERTZ, A. W.; ROEPSTORFF, A. Highly Religious Participants Recruit Areas of Social Cognition in Personal Prayer. *Soc Cogn Affect Neurosci,* 2009 Jun.;4(2):199-207.

SCHMITT, J. E.et al. The Dynamic Associations Between Cortical Thickness and General Intelligence are Genetically Mediated. *Cereb Cortex,* 2019 Dez. 17;29(11):4743-4752.

SECKL, J. R.; HOLMES, M. C. Mechanisms of Disease: Glucocorticoids, Their Placental Metabolism and Fetal 'Programming' of Adult Pathophysiology. *Nat Clin Pract Endocrinol Metab.* 2007 Jun.;3(6):479-488.

SHONKOFF, J. P.; RADNER, J. M.; FOOTE, N. Expanding the Evidence Base to Drive More Productive Early Childhood Investment. *Lancet.* 2017 Jan. 7;389(10064):14-16.

SHONKOFF, J. P. Rethinking the Definition of Evidence-Based Interventions to Promote Early Childhood Development. *Pediatrics*. 2017 Dez.140(6):e20173136.

SMITH, A.; TWYNSTRA, J.; SEABROOK, J. A. Antenatal Depression and Offspring Health Outcomes. *Obstet Med*. 2020 Jun.;13(2):55-61.

SUN, R. et al. Oxytocin Increases Emotional Theory of Mind, but Only for Low Socioeconomic Status Individuals. *Heliyon*. 2020 Mar. 26;6(3):e03540.

TOMOPOULOS, S. et al. Children Under the Age of Two Are More Likely to Watch Inappropriate Background Media Than Older Children. *Acta Paediatrica*. 2014;103:546-552.

TROUTON, A.; SPINATH, F. M.; PLOMIN, R. Twins Early Development Study (TEDS): a Multivariate, Longitudinal Genetic Investigation of Language, Cognition and Behavior Problems in Childhood. *Twin Res*. 2002 Out.;5(5):444-448.

VAKRAT, A.; APTER-LEVY, Y.; FELDMAN, R. Sensitive Fathering Buffers the Effects of Chronic Maternal Depression on Child Psychopathology. *Child Psychiatry Hum Dev*. 2018 Out.;49(5):779-785.

VAN DE GIESSEN, E. et al. Deficits in Striatal Dopamine Release in Cannabis Dependence. *Mol Psychiatry*. 2017 Jan;22(1):68-75.

VARADARAJAN, S. et al. Prevalence of Excessive Screen Time and Its Association with Developmental Delay in Children Aged <5 years: a Population-Based Cross-Sectional Study in India. *PLoS One*. 2021 Jul. 6;16(7):e0254102.

VICTORA, C. G. et al. Association Between Breastfeeding and Intelligence, Educational Attainment, and Income at 30 Years of Age: a Prospective Birth Cohort Study From Brazil. *Lancet Glob Health*. 2015 Abr.;3(4):e199-205.

VOYER, D.; VOYER, S. D. Gender Differences in Scholastic Achievement: a Meta-Analysis. *Psychological Bulletin*. 2014;140:1174-1204.

WALSH, T. B.; DAVIS, R. N.; GARFIELD, C. A Call to Action: Screening Fathers for Perinatal Depression. *Pediatrics*. 2020 Jan;145(1):e20191193.

WILLIAMS, Shawna. The Biological Roots of Intelligence. *The Scientist Magazine*, Nov. 2018. Disponível em: <https://www.the-scientist.com/features/the-biological-roots-of-intelligence-64931>. Acesso em: 23 abr. 2021.

WILLIAMSON, A. A. J. et al. Caregiver-Perceived Sleep Outcomes in Toddlers Sleeping in Cribs versus Beds. *Sleep Med*. 2019 Fev.;54:16-21.

WOLFORD, E. et al. Maternal Depressive Symptoms During and After Pregnancy Are Associated with Attention-Deficit/Hyperactivity Disorder Symptoms in Their 3- to 6-Year-Old Children. *PLoS One*. 2017 Dez. 21;12(12):e0190248.

A autora

Mariana Pedrini Uebel é médica psiquiatra e neurocientista, mãe das gêmeas Stella e Gabriela. Possui título de Especialista em Psiquiatria e Psiquiatria da Infância e Adolescência pela Associação Brasileira de Psiquiatria, além de mestrado e doutorado pela Universidade Federal do Rio Grande do Sul (UFRGS). Foi bolsista do CNPq, fazendo parte do seu doutorado na Universidade de Columbia em Nova York. Realizou pós-doutorado em Psiquiatria pela Universidade Federal de São Paulo (Unifesp) e realizou cursos em Transtornos da Perinatalidade pela Université Aix-Marseille 1 e Université de Provence. Mora em Porto Alegre com o marido e as duas filhas. Para conhecer mais do seu trabalho, acesse: www.marianapedriniuebel.com.br; @dramarianauebel.

AGRADECIMENTOS

Minha paixão pela primeira infância e desenvolvimento infantil começou faz tempo. Foi em 1996, há mais de 25 anos, com meus mestres, os psiquiatras Odon Cavalcanti (*in memoriam*) e Salvador Celia (*in memoriam*), na Faculdade de Medicina. Com eles, visitando famílias em situação de vulnerabilidade, aprendi conceitos como apego, vínculo, empatia e resiliência. No Hospital Conceição, a minha "preceptora mãe", Carla Hofmeister, me ensinou tanto sobre a perspectiva da psicodinâmica quanto a da maternidade. Meu amor pela ciência teve início com a Clarissa Gama, que orientou meu mestrado e doutorado, e continuou com a Elisa Brietzke, com quem concluí meu pós-doutorado. Mas foi com meu pai, o mastologista José Luiz Pedrini, que aprendi, desde pequena, o valor da relação médico-paciente e da dedicação ao ensino e à pesquisa sem perder de vista a função social da ciência, validando a importância do conhecimento aplicado na prática ao ajudar as pessoas a viverem melhor.

Escrever este livro me fez voltar à minha própria história. Tive a sorte de nascer e conviver em uma família que me deu bases amorosas e corajosas para seguir adiante. Sou grata aos meus avós e nonos, pelos exemplos de amor e sabedoria, especialmente à vó Neide, com sua autonomia e independência. Às minhas tias e tios, com quem aprendi a importância das tradições e vínculos familiares. Em especial, à minha mãe, Rosana Pedrini, e à sua irmã gêmea, minha tia, Rejane Tomedi, por me ensinarem a valorizar a atenção aos detalhes, a importância da rotina e da beleza como formas de fornecer segurança e amor. Não posso deixar de agradecer a meus sogros, Walderez e Carlos Uebel, por oferecerem uma base sólida e apoio incondicional aos filhos e netos.

Minha gratidão por ter convivido com tantas mães inspiradoras, exemplos de equilíbrio entre a maternidade e a realização profissional, como a Regina Pedrini, minha prima e irmã do coração; a Najate Ojeil, minha *soul sister*; e a Juliane Van Voorst, minha querida cunhada. Além da Eva Rubin e Anissa Abi-Dargham, mulheres e cientistas extraordinárias, pelas quais tive a oportunidade de ter sido acolhida quando estudei nos Estados Unidos. Assim como várias outras mulheres que me serviram de motivação.

Muitas pessoas contribuíram para a concepção deste livro. Agradeço aos amigos Kamila Monteiro e Victor Sorrentino, pelo incentivo e entusiasmo desde o início do projeto. Também agradeço às amigas Gabriela Dornelles, a excelente advogada, e Christina Gadret, inovadora empresária da área da comunicação. Às competentes profissionais Sibelle Pedral e Ana Landi, pelo detalhado trabalho de revisão. Guardo um agradecimento especial à amiga Lina Brochmann por ter me apresentado à Luciana Pinsky, minha editora, que tornou possível a realização desta obra com profissionalismo e agilidade, fazendo provocações que levaram a reflexões importantes sobre pontos que poderiam ser aprimorados.

Tive o privilégio de receber sugestões de pessoas que admiro há muito tempo, entre elas Sergia Kelling, Sheila Vontobel e Mariela Silveira Pons. Agradeço ainda Viviane Senna e Rochele Paz Fonseca, que gentilmente dedicaram seu tempo para ler este livro e escreveram textos especialmente para a obra. Muito obrigada pelo carinho e atenção de todas vocês.

Por fim, minha mensagem de gratidão às mães e aos pais, às crianças e aos jovens que estiveram comigo ao longo da jornada que resultou neste livro. Sinto-me privilegiada pela oportunidade que meu trabalho me dá, pela possibilidade de conscientizar as pessoas a respeito da importância dos primeiros anos de vida e por contribuir, de alguma forma, na direção do desenvolvimento saudável e da realização de uma vida mais plena e com significado.

GRÁFICA PAYM
Tel. [11] 4392-3344
paym@graficapaym.com.br